AF454271

Akira Nitta

Myth of Samsara III

Chinese Buddhism and Rinne thought in China

Japanese Edition

サンサーラ
──輪廻という神話──

第3巻

第3部　中国仏教と輪廻転生

新田　章

Texnai

表紙デザイン　井口寛昭

はじめに

　インド仏教の輪廻転生説に関して我々がこれまで論じてきたことの要点を纏めれば、以下のようになるだろう。—— 先ず、釈尊の出世に先立って、輪廻転生の観念が既にインド思想共通の前提となっていた。しかし、釈尊は霊魂（アートマン）の不滅や死後の人間の運命、つまり前世や来世の存在については「無記」とし、要するに完全に沈黙を守った。彼が語ったと思われるのは、いわゆる四法印或いは四聖諦であった。釈尊は現実の生存の一切を苦と捉え、苦の根拠を執著に看取し、諸行無常・諸法無我の如実知見によって執著から離脱すべきことを説いた。その離脱が苦滅としての涅槃寂静に他ならない。しかもその際、因果は同時、修証は一如と見なされた。それゆえ、仮に釈尊が「輪廻」について語ったとしても、それは現実の迷える生存の諸相としてであって、死後の転生としてではなかったはずである。

　ところが、その後間も無く仏教には業報に基づく輪廻転生という教説が流入した。これは明らかに釈尊の教えからの逸脱であった。この動向は、初期仏教の十二支縁起説の変質過程に容易に看取することができる。十二支が十二「有支」とも呼ばれるように、元来、十二支縁起とは、人間の迷える生存（有）を 12 の項目に分かち、老死等の苦が何に基づくかを解明するものであり、その根本因として渇愛、或いは無明を突き止め、それが滅することによって最終的に老死等の苦が滅する、と見なすものであった。それゆえ、十二支縁起説は四諦説の発展形態であり、そこに輪廻転生の観念を持ち込む必然性はまったく無かったのである。ところがアビダルマ教学になると、「有」は「前世の生存」と見なされ、十二支縁起は三世両重の因果として六道輪廻の緻密な理論となった。これは業報輪廻或いは業感縁起と呼ばれ、因果応報（善因楽果・悪因苦果の異熟因－異熟果の関係）・三世思想（前世・現世・来世）・自業自得（自己責任）の三原則から構成されている。要するに、強力な善悪業はその余習を感覚的には捉えられない無表業（無表色）として残し、それが肉体の死後も微細な五蘊から成る主体を通して来世の生存へと相続される、と考えるのである。しかし、仏教が無我説に立ち、輪廻の主体としての霊魂やアートマンの存在を認めない以上、輪廻転生のこのような基礎づけが根本的に矛盾していることは余りにも明白である。それにもかかわらず、仏教はこの教説を棄てようとしなかった。それは、我々の生存を現世に限れば解決できない善悪業と幸不幸との対応のずれを、この教説だけが合理的に説明できるかのように錯覚したからであろう。仏教もまた、現世の幸不幸を前世の業の結果と捉え、現世の業の結果を来世に持ち越すことで問題の解決を図ろうとしたのである。いずれにせよ、六道輪廻は苦であり、それからの解脱が仏教の究極目的とされる。輪廻を超脱した境界が涅槃であり、これは無為法たる離繋果として、有為法の因果関係（有部では六因・四縁・五果）を超越している。涅槃に到達するには然るべき修行の階梯を踏まねばならない。その根本は輪廻の因たる煩悩の滅尽であり、十二支縁起で言えば無明の滅尽である。そのためには出家して戒・定・慧の三学を修めねばならない。初期仏教では現世で到達可能とされていた涅槃が、アビダルマでは輪廻転生を繰り返しながら長い間修行を積むことでようやく到達できると見なされるようになった。しかも、その涅槃は無余依涅槃や灰身滅智と呼ばれる肉体と精神とを滅した境界であり、現実から隔絶した完全な死の世界である。以上からすれば、19世紀ヨーロッパにおいて「涅槃」が「無」と等置され、仏教が「ニヒリズム的」宗教と呼ばれたのも、強ち誤解とは言えないだろう。かくして、ここに「生死と涅槃」「煩悩と菩提」「輪廻と解脱」の二元論が成立した。要するに、因果の支配する「此岸」と因果を超越した「彼岸」という仏教的二世界説である。

　その後、仏教は教勢を拡大するにつれて、インドの俗信だけでなく、ヘレニズム文化、西南インドの海洋文化、中央アジアの遊牧民族の文化などの異文化を摂取し、教義そのものを多様化させ、また変質させてゆく。例えば、大乗仏教の成立・発展に大きく関与したと近年頓に注目されているクシャーン人（中央アジアの遊牧民で前1世紀頃クシャーナ朝を興し、中央アジアから西北インドを支配した）の場合、死後に対する不安や恐れから魂の救済を仏教に求め、死後天上に再生できるよう布施などの功徳を積んだり、死者の口に金貨をくわえさせて埋葬したり、祖先のために追善供養を行なったりした。西暦1世紀頃、ガンダーラで仏像を初めて制作したのも彼らである。仏教からすれば、天界もまた六道のうちであるから、天界に再生したからといって、それは決して真の救済ではありえない。まして追善供養や偶像崇拝などは、自業自得の原則からの逸脱でしかないのだが、仏教は現に異民族の祖先崇拝と妥協し、死後の浄福を約束するように教義を変えていった。かくして大乗仏教の興起となったわけだが、これに先立って、仏舎利を収めた仏塔の崇拝を中心として仏陀崇拝が盛んになり、仏伝文学が形成され、菩薩の観念が成立した。皮肉なことに、これを推進したのもまた輪廻転生説なのだった。釈尊の前生譚ジャータカによれば、釈尊は現世で覚りを開いて仏陀に成るまでに何度も輪廻転生を繰り返し、無数の修行や功徳を積んだ。この前世の釈尊を菩薩と言い、その時に六波羅蜜を修したとされる。菩薩という観念の成立は、釈尊と同じ菩薩行（六波羅蜜）を積めば誰もが釈尊と同じ仏陀に成りうる、という信仰を生み、また釈迦牟尼仏以外にも空間的・時間的に多数の仏陀が存在し、この娑婆世界以外にも多数の世界が存在するという信仰を生んだ。ここから相反する二つの思想が現れる。

　その第一は、救済者としての仏・菩薩という思想である。これはアビダルマ以上に極端な二世界説を生んだ。その際救済者として特に信仰を集めたのは「阿弥陀仏」と「観音菩薩」とであるが、観音信仰に典型的であるように、仏・菩薩への信仰はそれに応じた様々な利益（無病息災や富・幸福などの現世利益）をもたらすとされた。信仰という行為が救済者の恩寵という果報を引き出すのであるから、なるほどこれも確かに因果応報なのだが、救済者という「他者」の関与を認めたため、明らかに自業自得の原則が崩れている。他方、阿弥陀仏信仰は人々に死後の極楽往生を約束した。極楽が輪廻の世界としての三界六道を超越しているからといって、極楽往生をそのまま覚り（成仏）と見なすことはできないが、少なくとも極楽は苦悩に満ちたこの娑婆世界よりも仏道修行に適した場所なのであるから、そこでの修行が覚りに直結すると見なされたとしても不思議ではない。このように、因果応報は本来の善悪と禍福との対応関係だけでなく、善悪と迷悟との対応関係をも取り込んで、覚りが現在の自己の行為という因の究極の果報であると見なされるようになった。これは、アビダルマからすれば明らかに因果関係の誤用である。しかも極楽往生という観念は、これとは対極的な成仏の絶対的不可能性という観念を生んだ。その象徴が「一闡提」（断善根・極悪人）であり、究極の場所としては「地獄」である。地獄には、更に閻魔による死者の裁きという新しい観念が結合した。元来六道の一つにすぎなかった地獄が六道全体を代表するようになり、ここに地獄と極楽（仏国土）、穢土と浄土という新たな二元論が形成された。この観念は浄土観の発展と密接に関係しているが、救済者としての仏・菩薩という観念や経典の読誦・書写（特に法華経・金剛般若経）の功徳は、ともに中国・日本の因果応報説話において特に好んで取り上げられるようになった。

　第二は、無住処涅槃および自性清浄涅槃という大乗的涅槃観に現れた生死即涅槃、煩悩即菩提の一元論（正確には、不二・相即論と言うべきであろうが）である。大乗仏教の仏・菩薩観はまた、衆生は本来菩薩であるとし、万人の成仏可能性という思想を生み出した。初期仏教では誰しもが現世で涅槃に到達しうると説かれたが、アビダルマでは修行僧の目標を阿羅漢に成ることに置き、仏に成ろうとすることは不遜だとして最初から断念されていた。ところが大乗仏教の、特に如来蔵・仏性思想では、一切衆生の成仏の可能性が明瞭に説かれるようになる。涅槃は元々因果の世界を超越しており、涅槃と輪廻との間には断絶が有るとされたのに、一切衆生が悉く仏性を有すると見なされるに及んで、衆生と仏とは同質的かつ連続的だと捉えられるようになる。即ち、衆生の覚ったのが仏、仏の迷ったのが衆生なのだ、と。ナーガールジュナもまた輪廻と涅槃との完全な同一性を説いたのだった。これは、現実の衆生の有り方が六道輪廻に他ならないこと、しかも六道を離れて涅槃は有りえないということであるから、死後に他界としての六道を流転すると見なすことは総じて無意味となる。これは釈尊の教えへの還帰であるとともに、三世思想の崩壊をも意味している。この仏性思想は、伝統的な漸悟成仏に対して頓悟成仏に道を開くものであり、救済者としての仏・菩薩観とともに、業報輪廻説の変質ないし解体の可能性を孕んでいる、と言うことができる。

　しかし、それでも因果応報の観念は揺るがない。その中心は、惑業によって現在の果を生ずる、とするアビダルマ的業感縁起と、八識種子を因とし悪業を縁として異熟の果を生ずるとする唯識派のアーラヤ識縁起とである。しかも、これに反する諸説は「撥無因果」として厳しく批判された。現実世界の生起の因を絶対者の創造によるとする創造神説、前世の業を決定論的に理解する宿命論、無因或いは偶然論、更にはサーンキャの因中有果説、ヴァイシェーシカの因中無果説などがそれである。だが、既述の通り、業感縁起やアーラヤ識縁起による業報輪廻説の基礎づけは破綻している。それでも仏教は、方便としてにせよ、輪廻転生説を認め続ける。いずれにせよ、因果応報の世界は輪廻の世界であり、生存の苦という現実に他ならず、インドの場合には、この輪廻転生の悪循環からいかにして解脱しうるかが問題なのであって、この解脱こそが救済なのであった。ところが、仏教が東アジアに伝わった当初、輪廻転生説つまり三世応報説こそが仏教の中心思想であるかのように誤解された。それどころか、輪廻転生は望ましいことだとさえ見なされたのである。インドのように深刻な業報輪廻説が無かったせいも有る。だが、その背景には中国・日本独自の死生観も有った。スリランカや東南アジアでは上座仏教が、ティベットでは中観派と密教が比較的忠実に伝えられたのに対し、西域経由で東アジアに入った仏教は次第に変容を遂げてゆく。

サンサーラ　第3部
中国仏教と輪廻転生　　目次

第3部　中国仏教と輪廻転生

第 1 章
中国思想史と死生観

第1節　中国思想史概観

　先ず、中国に眼を向けよう。中国思想史を論ずる場合、儒・仏・道の三教の関係を顧慮せねばならない[1]。一般に中国の思想ないし文化は世俗的で現実主義的傾向が強いとされる。これは、ギリシア文化が哲学的或いは芸術的であり、インド文化が宗教的であることと極めて対照的である。それは、中国思想の骨格を成す儒教に特に顕著である。

　儒教は漢代に国家公認の唯一の正統思想となるが、元来は道徳および政治の教えであって、宗教ではない。しかし、天地の神々や祖先を祭り儀礼を尊重するために、擬似宗教的な性格をも兼ね備えることになった。そもそも中国史において、士大夫と呼ばれる官吏以外に文化人はおらず、知識人がすべて官界に吸収された結果、中国文化は全体として政治色が強くなった。しかしながら官吏といえども人間であるから、自己の生死という永遠の問題に無縁ではありえない。宗教や哲学に対する関心が生ずる所以である。儒教にもまたそういう側面が有った。孔子（551-479 B.C.）も単なる政治思想家に留まらず深い人生哲学をもっていたし、後世の朱子学や陽明学もまた儒教哲学の継承発展に他ならなかった。

　次に道教であるが、厳密に言えば、道家（老荘）思想といわゆる道教とは区別されねばならない。老子（ca.5c. B.C.?）と荘子（ca.4c. B.C.）の教えを中心とする道家思想は主として知識層に、道教は主として大衆層に支持された。そして道家が神霊・死霊の類を信ぜず、祭祀や祈禱とも無縁で、教団組織ももたず、要するに哲学であって宗教ではなかったのに対し、道

1　中国思想史の中に仏教を正当に位置づけた書物は意外に少ない。幾つか理由は考えられるが、一番の理由は中国仏教思想史が独立した研究分野として確立しているためだと思われる。だが、中国仏教の独自性を理解するためには、儒教や道家・道教などの中国の伝統的思想の理解が不可欠である。そのような、しかも一般向けの書物として、森三樹三郎『中国思想史』（上・下、第三文明社、1978 年）のみを挙げておく。本節の記述も同書に多くを負うている。

教はシャーマニズム色の濃い民間信仰や不老長生を目指す神仙説を中心と
して、そこに道家・易・陰陽・五行・占筮・巫祝・天文・占星・儒家など
の説を加え、方術、例えば辟穀・導引・調息・房中・服餌など（後述参照）
を集成して、特に後漢以後、主として仏教に触発されて成立した宗教であ
る。とは言え、道家思想は道教に理論的根拠を与え、また外来の宗教であ
る仏教が中国に定着するのを助け、しかも仏教の中国化を促したのである
から、極めて重要な役割を演じたと言わねばならない。

　一方、後漢初めの 1 世紀半ば頃、西域から中国に伝入した仏教は、当初、
道教の前身の黄老説*2 に類似したものとして受容されたが、六朝時代の
東晋（317-420）になると、知識人の間で本格的に、しかも老荘思想と結
びつけて理解されるようになる。いわゆる「格義仏教」である。六朝は老
荘思想の全盛期だったため、知識人だけでなく僧侶もまた老荘の「無」を
熟知しており、般若の「空」を老荘の無を介して理解した。南朝宋（420-479）
の曇済の『六家七宗論』によれば、当時の空義解釈には 6 種ないし 7 種の
別が有ったとされるが、これらは「有を卑しみ無を尊ぶ」という一点で共
通している*3。格義仏教は、鳩摩羅什が 401 年、長安に到達して訳経を始
めてから次第に後退し、仏教の本格的研究が為されるようになる。しかし、
インド仏教の教理ではどうしても救われないという自覚が生じ、中国人に
よる中国人独自の仏教教理の形成が促される。かくして隋代には天台大師
智顗（538-597）の天台宗、嘉祥大師吉蔵（549-623）の三論宗、信行（540-
594）の三階教などが、唐代には導綽（562-645）、善導（613-681）の浄土
教、玄奘（600/602-664）、慈恩大師基（632-682）の法相宗、道宣（596-667）
の南山律宗、神秀（605?-706）、六祖慧能（638-713）の禅宗、杜順（557-
640）、智儼（602-668）の華厳宗などが現れる。これら諸宗派の開祖にほぼ
共通しているのは、いずれも宗教的実践者だったことである。浄土教の曇

2　「黄」は伝説上の帝王「黄帝」、「老」は「老子」で、内容的には自由放任の老子の説と、
統制を重んずる法家の説との折衷である。

3　森三樹三郎『老荘と仏教』（講談社学術文庫、2003 年）所収の「中国における空の思想」
を参照せよ。

鸞（476-542?）は称名念仏を創始し、天台宗の慧文（ca.6C.）、慧思（515-577）はともに禅観の実践者、華厳宗の杜順もまた観行の人であった。彼らは『観無量寿経』や『法華経』や『華厳経』の雄大な思想を称名念仏や三諦や三観に集約し、そこにそれらの本質を観た。隋唐仏教の諸宗派の中で最も深遠な哲学を樹立したのは天台と華厳とである。これらは中国仏教哲学の双璧であり、仏教思想究極の発展形態とさえ言える。だが隋唐仏教は、道教を保護した唐の玄宗の開元・天宝年間（713-755）を境として次第に変容してゆく。唐の中期には不空三蔵（705-774）の密教のみは栄えたが、三階教は度重なる弾圧のために既に壊滅しており、法相宗も既に衰え、天台宗には中興の祖、六祖妙楽大師湛然（711-782）が出たが、それも再び衰退に向かい、則天武后の帰依を受けた賢首大師法蔵（643-712）の華厳宗も社会的基盤を失って、清涼大師澄観（738-839）、圭峰宗密（780-841）以後は見る影も無く、三論宗などは宗派の伝承のみを残すという為体であった。これに対して、安史の乱（755-763）という歴史的変動期に次第に盛んになったのが禅宗である。唐末に近い武宗による会昌の排仏（844-845）は天下の寺院大小合わせて 4,500 を破却し、僧尼 26 万人を還俗させるほどの大規模なものだったが、これによって国家や貴族から財政的保護を受けていた仏教諸宗は一切の財産や特権を没収されたため壊滅的打撃を被った。ただし、禅宗のみは他宗ほどの打撃を受けず、宋代に入ると仏教は禅宗の独壇場となる。その要因の一つは、百丈懐海（?-814）の『百丈清規』が教団の基盤を確立したように、山間を自力で開墾し、集団で自給自足の生活を営んだことが挙げられようが、それだけではない。禅宗はあらゆる点で最も中国の知識人向きの性格をもっていたからである。中国人は論理的分析よりもむしろ体験的直観を重視する。論理的思考とは「分かる」こと、即ち物を「分ける」ことである。判断とは物を半分に分断すること、分析とは物を分けて析くこと、理解とは物に理（すじめ）をつけて分解することである。人間が物を知る場合、物を一度分断して二元対立の関係（対概念）を作り上げ、しかる後にそれらをもう一度繋ぎ合わせる、即ち綜合するという手続きを踏む。だが、そのように人為（＝偽）を加えることは物の生命を奪い、その有るがままの姿を殺すことである。自然の物は一にして分割を許さぬ全体であるから、分析を本質とする知識では捉えることができない。そのような全一者の把握は体験的直観による他は無い。老子は万物の根源を「一」と言い、それを捉える直覚知を「明」と呼んだが、このように形而上学的思弁や論理的思考よりも体験的直観を重視する傾向は、確かにとりわけ老荘思想に顕著だとは言え、総じて中国人に固有のものである。それを端的に表しているのは漢詩であろう。ともあれ、中国の隋唐の天台宗・華厳宗の開祖が皆禅観の実践者だったのに対して、論理的に仏教哲学体系を構築した吉蔵（祖父が安息（パルティア）出身）や法蔵（祖父が康居国サマルカンド出身）がいずれも漢族でなかったということは実に暗示的である。禅宗もまた物の全一的直観と実践とを重視することは言うまでも無い。他方、理屈を嫌い実践を重視する点では浄土教も同様である。善導によって大成された浄土教は、その後の日本における展開とは異なり、徹底と純粋とを求める方向へは進まず、むしろ他宗と協調し、他宗に摂取されるという方向へと進み、一宗として独立することは無かった。中国の浄土教の主体は民間の念仏結社にあり、学僧の指導する「宗派」には馴染まなかったらしい。宋代以後、禅宗は念仏を採り入れて、いわゆる「念仏禅」という形態を取るようになる。それは、禅が知識人には歓迎されても一般民衆にそのままの形では理解されなかったからだろう。但し念仏禅とは言っても、念仏と禅との間には自ずと格差が有り、僧侶にとって念仏は民衆向けの一段低い教えと見なされたようである。念仏禅というこの形態は朝鮮でもベトナムでも受容されたが、日本は例外であり（隠元隆琦の黄檗宗は除く）、念仏や禅を含む仏教諸宗派が昔ながらに並存している。これはこれで実に奇妙な現象ではある。この点に関して日本古来の「和」の精神を強調する者もいるが、実は、日本仏教が密教化という共通の傾向を辿っただけだ、と言えなくも無い。

　なお、元来理論らしきものをもたなかった道教が、仏教への対抗上、老荘思想だけでなく仇敵たる仏教の教義さえ盗用したのは六朝以来のことだが、その傾向は金代（1115-1234）の全真教に代表される新道教に至って頂点に達する。それ以後、民間信仰では道仏融合が一層進み、特に禅宗の要素が多く採り入れられた。例えば、道士は肉食妻帯しないことは勿論のこと、禅宗の清規をも踏襲し、坐禅が道士の重要な修養法となった。

　ところで、仏教の中国化を推進する上で大きな影響を与えたのは老荘思想である。詳しくは後述に譲るとして、ここでは 2、3 の例を挙げておこう。先ず、仏教と老荘思想とが融合した例としては華厳の法界観がある。これは中国人の運命随順を最もよく示す『荘子』内篇の中心思想「万物斉同」と、インド成立で中央アジア編纂の『華厳経』の一即多、多即一の思想とが融合した深遠な哲学体系である。但し、いかに深遠かつ高邁な思想でも、それは体験的直観を重視する中国人にとって余りに哲学的で理論的すぎた。それは宗教というよりは哲学であった。そこで、この万物斉同或いは無為自然の境地にいかにして到達するか、という実践的問題が生ずることになる。この問題に相反する方向から応えたのが禅と浄土教であった。「不立文字、教外別伝、直指人心、見性成仏」を標榜する禅宗は、多くの宗派が宗義として依拠する経・律・論をもったのに対し、宗の拠るべき典籍を否定し、仏教は文字・教義にあるのではなく、心にこそあると見なした。仏教は以心伝心の教えでなければならぬ。その心とは仏心であり、我が心が即ち仏性であると覚証して、絶対の主体を確立すること、仏に成ることに努める。例えば、馬祖道一（709-788）は「自心是仏」「心外無仏」「即心即仏」（『景徳伝燈録』巻六）とか、「平常心是道」（同、巻二十八）とかと言い、臨済義玄（?-867）は「赤肉団上に一無位の真人有り」（『臨済録』上堂）とか、「随処に主と作れば立処皆真なり」（同、示衆）とかと喝破した。これらはいずれも表面的には、日常そのままの自己が仏であり、行住坐臥そのままが仏道であって、特別な修行を、否、坐禅さえをも不要と見なすものだが、ここで重要なのは、善悪、是非、迷悟、凡夫と仏などの一切の二元対立を超えた境地を表現するのに、臨済が「真人」という『荘子』の語を用いたということである。但し、禅は真人の境地である「無為自然」に到達するために、打坐という人為つまり不自然な道を辿らねばならなかった。これに対して、この苦悩に満ちた穢土を離れ、せめて死後によりよい世界に再生したいという願いに応える浄土教からすれば、人間は所詮無力であるだけでなく、自力は却って「自然」の境地に達する障礙となる。自力は人為であり、他力こそが無為である。これに呼応するかのように、浄土教は弥陀の極楽世界を無為自然の境地と等置している。例えば、善導は「仏に随ひ、逍遥して自然に帰す。自然は即ち是れ弥陀国なり。」（『法事讃』下巻）とか、「西方寂静無為の楽は畢竟逍遥して有無を離れたり」（『観経疏』定善義）とかと述べている。「逍遥」という語は、明らかに『荘子』「逍遥遊篇」に由来している。それだけではない。老荘の影響は我が親鸞にまでも及んでいる。親鸞は最晩年 86 歳の法語「自然法爾章」において、「無上仏とまふすは、かたちもましまさず。かたちもましまさぬゆへに、自然とはまふすなり。……みだ仏は自然のやうをしらせむれう（料＝方法）なり。」（『末燈抄』五）と記している。「見方によれば、この最後の一句は、弥陀仏が通常考えられているような人格神的存在ではなく、実は人々に自然という理法を悟らせるための方便手段でしかない、とも受け取れる文章である[4]。」これは宗門からすれば大問題であろうが、実際には必ずしも怪しむに足りない。既に論じたように、弥陀の極楽世界は仏の覚りの境界に他ならず、飽くまでも空性の世界であるから、有無や具体的形態を離れている。善導は『観経疏』「定善義」の中で、第八像想観を釈し、「今この観門等は唯だ方を指し、相を立てて、心に住して境を取らしむ。総て無相離念を明かさざるなり。」と言った。いわゆる「指方立相」であるが、本来無相たるべき浄土を、有相の荘厳された世界とし西方を指定するのは、人々の観念の対象とすることで迷い易い衆生の心を安定させるためだ、と言うのである。それゆえ指方立相は方便にすぎず、この方便に滞る限り自覚覚他の実践という仏教本来の立場を外れたものと言わねばならない（これは本書第 4 部第 2 章の「源信」「法然」「親鸞」「一遍」の項で再度問題となる）。ともかく、禅宗と浄土教とはその考え方に大きな相違が有るにもかかわらず、坐禅と念仏という実践を重視する点では共通している。

4　森三樹三郎『老荘と仏教』（上掲）268 頁。

　次に、儒教の復興について簡単に触れておこう。六朝隋唐の700年間が仏教の黄金期たりえたのは、政治・文化を担う士大夫が門閥貴族だったことによる。彼らは官吏ながら政治的関心が乏しく、逆に文学・芸術や哲学・宗教への関心が強かった。ところが唐の滅亡（907）後の五代十国（907-979）の約70年間は、まさに戦国時代であるから文官貴族の出る幕は無く、その経済的基盤の荘園も消滅した。五代の後の宋（北宋960-1127, 南宋1127-1279）になると、士大夫は一代限りの官吏となった。彼らは原則として一般庶民から登用され、天下国家のために奉仕するという意識をもつ。しかも内外ともに国家の興亡に関わる性質の問題が山積していたため、士大夫は宗教的人間から政治的人間へと変貌する。元来、仏教は出世間の教えであり、天下国家を治める道を説くものではない。個人の救いより衆生済度の利他行を重視する大乗仏教においても、その衆生とは飽くまでも個人の集合であって家族や民族などの集団ではない。それゆえ、排仏論者からすれば、仏教は個人の救いだけを願い、天下国家に無関心な亡国の教えであるように思われた。危機の時代に直面した宋代の士大夫は、かくして治国平天下を説く儒教に復帰し始める。ここに形成されたのが宋学（朱子学）である。既に老荘や仏教の哲学が知識人の教養となっていたためでもあるが、宋学は意識的にこれを摂取した。かくして、宋学は単なる政治学・倫理学に留まらず、個人に安心立命を与える哲学或いは宗教の役割さえ演ずるに至る。その結果、仏教は急速に衰えた。宋学は理（意味の原理）と気（存在の原理）の二元論と言われるが、実質は理至上主義であり、自ずと旧秩序の保守・体制護持への志向をもつ。それゆえ人情の自然を尊ぶ近代の訪れとともに宋学は姿を消し、生来の道徳心（良知）を発揮せよという「致良知」、主体的実践を重視する「知行合一」、欲望を肯定する「無善無悪」を説く陽明学が現れ、更にはその陽明学そのものが解体して陽明学左派の自然主義を生み、頽廃と破滅の道を辿ることになる。

　なお、明末には浄土教を中心とする諸宗融合の仏教が盛んになり、清朝時代になると知識人の間に多くの居士仏教徒を生むに至る。浄土教の信仰をもつ者の多いことがこの時代の特徴であるが、それと同時に華厳・天台・

法相・禅などの教理にも関心を寄せているところに、知識人の仏教としての性格が現れている。

第2節　天の思想

　それにしても、なぜ中国人は仏教に傾倒したのだろうか。中国にはシルクロードを通ってゾロアスター教、マニ教、キリスト教、イスラーム教など様々な宗教が入ったが、いずれも定着しなかった。なぜ仏教のみが中国人に歓迎されたのだろうか。この点を論ずる前に、以下では「天の思想」と中国人の「死生観」とを見ておく必要が有るように思われる。

　「天」は中国思想史を貫く重要な概念だとされる[5]。古代日本と同様に古代中国もシャーマニズム文化圏に属していた。その特徴として、超自然的存在（神霊、精霊、死霊など）と直接交流する能力をもって卜占・預言・祭儀・治病などを行なうシャーマン（巫）が存在したことが挙げられる。このシャーマニズムはまた、天地山川草木や動物にも神性を認めるアニミズムと密接に結びついており、前十数世紀頃の中国はこうした多神教の段階にあった。やがてこれらの神々の頂点に「天」が来る。この天の崇拝の起源に関して、これまで様々な説が提出されてきたが、現在では、内陸アジアの遊牧民族に固有な信仰の系統を引くとする説が有力である[6]。これによれば、天上に住む最高神の信仰は原始の採取狩猟民の間にも広く見られるが、天そのものを崇拝の対象とする信仰形式は、ユーラシアの東端から西端に至る遊牧民族に共通のものであるらしい。これは、涯無き広野を移動して、規則的な天空の運動を絶えず頭上に観察しうる遊牧民の生活形態と密接に関係している。その信仰の特徴を挙げれば、①本来は天空そのものを神と見たものであり、今日でもアルタイ系民族やフィン・ウゴル系民族において、天を表す語は同時に神をも意味している。ヘーロドト

5　天の思想についてはまさに汗牛充棟と呼ぶべく多くの文献が存在するが、本節では主として、森三樹三郎『中国思想史』（上掲）第2章と、同『老荘と仏教』（上掲）所収の「中国思想における超越と内在」とを参照する。

6　石田英一郎『人間と文化の探求』（文芸春秋社、昭和45年）所収の「天馬の道」を参照せよ。

スが「ペルシア人は天空全体をゼウスと呼んでおり」（Herodotus: Historiae Ⅰ 131）と記しているのも、これと同一の思想を示すものと思われる。②この信仰には、天を世界秩序の摂理の力と見る合理的要素が著しい。中国語の「天命」、イラン語の「アシャ」、ヴェーダ語の「リタ」（天則[*7]）もまた自然と人生とを統べる支配秩序である。従って、③この種の上天神は祖先神でも太陽神でもなく、人格神的要素は極めて希薄で、通常偶像崇拝を伴わない。しかし、これが後に人格化する場合には原則として男性であり、大地母神ではなく、天上の父神として現れる。この最後の特徴は遊牧民族に特有の家父長的・父権的な社会構成によって規定されている。ともかく、中国の「天」の思想もユダヤ教、キリスト教、イスラーム教などと同様に、遊牧民族の天の信仰の系統を引いていると考えられる。

　ところが、前 11 世紀頃まで続いた殷王朝の文字記録である「卜辞」に、殷の部族の祖先神だったと思しき「帝」という文字は現れても、「天」という文字は現れていない。どうやら殷王朝時代には未だ天の崇拝は無かったらしいのである。殷代の中国人は、既に農耕を中心とした定住生活の段階に入っていたが、周王朝がこれを征服するようになると「帝」に代わっ

7　一般に「天則」と漢訳される「リタ」ではあるが、とりたてて「天」信仰と強い結びつきがあるわけではなく、むしろ「理法」というほどのことを意味する（ここにも漢訳の問題点の一端が現れているように思われる）。ところで、リタを司るのは「ヴァルナ」（ギリシア神話の天空神「ウーラノス」と同語源）であり、これは宇宙の秩序と人倫の道を支配する司法神である。しかもヴァルナは水と深い関係があり、後世、古典期のインドでは単なる「水神」になってしまう。仏教にも摂取されて「水天」と漢訳されるのがそれである。すると「天」を考える上で重要なのは「リタ」というよりも、むしろ「水神」が「水天」と漢訳されたように、漢語「天」に当たる「神」（Deva）の方だということになるだろう。古典期のインドにおいて一般に「神」を意味する「デーヴァ」は、「√div 輝く」の派生形であり、ヴェーダ期、特に『リグ・ヴェーダ』においては、「デーヴァ」だけでなく「デャウス」（Dyaus）が「天神」とでも訳すべき固有の存在になっていた。「デャウス」は既に本書第 2 部で論じたようにギリシアの大神「ゼウス」と同語源であり、やはり語根√div からの派生である。ところがギリシアのゼウスとは違って、インドのデャウスは神界の王座を占めることもなく、またデャウスに対する讃歌も『リグ・ヴェーダ』には見られない。デャウスは後代、ますますその重要性を失ってゆく。以上については、上村勝彦『インド神話』（東京書籍、1981 年）15-21 頁を参照のこと。また、「天」の思想の趨勢についてはエリアーデの次の言葉に学ぶべきであろう。「天空構造を持つ最高存在は、その信仰崇拝からしだいに消え去る傾向を持っている。それは人間から〈遠ざかり〉、天に帰って行く。そして閑な神（dei otiosi）となる。」（ミルチャ・エリアーデ『聖と俗——宗教的なるものについて』風間敏夫訳、法政大学出版局、1969 年所収）112 頁。

て「天」の崇拝が興る。実は、周の部族は元来、中国西北部の遊牧民だったらしく、『史記』「周本紀」によると、この遊牧民が従前の戎狄の風俗を改めて定住生活に入ったのは、周の文王の祖父、古公亶父の代であったとされる。この伝説は『書経』や『詩経』にも部分的に見られるため、古くからの伝承だったのであろう。周は殷を滅ぼしたとき遊牧民の「天」の信仰を中国に持ち込み、前代の最高人格神である「帝」の概念に学びつつ、新たに「天」を置いたのであろう。しかも黄河の治水などによる農耕生活の進展とともに、天は自然神・農業神としての性格を強め、終には「天帝」と呼ばれるに至ったと思われる。天は宇宙の創造神ではないとしても、宇宙を支配し、万物に秩序を与え、畏怖すべき神秘性をもつ最高主宰者として信じられていた。農業を左右する自然現象も未だ神秘的で、万物を統率する最高神たる天と密接に結びついており、天の意志の表れと見なされた。それゆえ地上の王は天象を観測することで地上の秩序を維持せねばならなかった。天の強大な力と秩序は農業共同体の秩序や人間生活の根源だが、やがて天の意志を探り、天を祭る王は地上の支配者たる資格を天から賦与されたと見られるに至る。『書経』や『詩経』によれば、天は民の平安を願う恩恵的な神格だが、農耕を円滑に営みうるかどうかは王の徳如何とされ、悪政を行なう王には天罰を下すと見なされて、王の為政の善悪に一定の基準が与えられる。しかしその一方で、天の祭祀が周王室によって独占された結果、王は天によって天子に任命されるという形で王による民の支配が正当化される。それゆえ被支配者たる民にとって、天は無慈悲で恐るべきものと思われた。つまり、周初の天は人間の生死や禍福を司り、人間の行為の善悪に応じて賞罰を与える“超越的人格神”だったのである。

　ところが、春秋戦国時代へと時代が下るにつれて、天はその超越性を保持しつつも、徐々に人格性を失い、非人格的な存在となってゆく。この傾向は孔子の時代に既に明確な形を取っている。『論語』の「天何ぞ言はんや、四時運り、百物生ず。天何ぞ言はんや。」（『論語』陽貨）という言葉は、明らかに、天とは四季の循環や万物の生成という自然現象に内在する理法であり道であることを述べたものである。この天の内在化の傾向は後世ますます強くなり、12 世紀の朱子学は「天とは理なり」とさえ断言し、すべての道徳性の根源を、人欲に対する非物質的で純粋無雑な「天理」に置く。このように天が自然現象に内在する法則になると同時に、天はまた人間の内なる本質、即ち「性」であると考えられるようになる。例えば『中庸』では、「天の命ぜしもの、これを性といふ」と言われ、人間の性は道徳的で天から受けたものだ、という思想が明確となる。これは『孟子』になると「天性」と術語化され、漢代には広く用いられる。

　だが、天は内在化の傾向を強めながらも、他方では本来の超越的性格を保持している。それが“運命”としての「天命」である。運命は人間の有り方を外から規定する力であり、天に根源をもつがゆえに人間には如何ともし難い。「死生、命有り、富貴、天に在り」（『論語』顔淵）と言われる場合がそうであろう。また、「人事を尽くして天命を待つ」という言葉の場合、人間に可能なのは為すべき事を全力で為すことだけであり、事の成否は人力を超えた運命によって決定される。この言葉の出典は不明らしいが、これが古い来歴をもつことは、「君子は法を行なひ、以て命を俟つのみ」（『孟子』）という言葉や、「人事は畢れり、天を待つのみ」（『晏子春秋』）などの言葉からも推察される。この運命としての天命という思想は、学派の対立を超えてあらゆる中国思想の根底に深く浸透している。それは知識階級だけでなく、一般民衆をも貫く思想である。もっとも、人事（人為）を尽くすということを肯定するか、それとも否定するかによって、儒家と道家との間には立場の違いが現れる。そして、人為を排し運命に随順し天命に安んずる道家、特に荘子の態度こそが、数知れぬ戦乱や旱害・洪水などの天災に耐え抜いた中国民族の力強さの源なのだった。但し、天命は運命の同義語としてだけでなく、天から与えられた“使命”の意味に用いられる場合もある。『論語』で「五十而知天命」（『論語』為政）といわれる場合の「天命」は運命、使命のいずれと解するかで立場が分かれ、今日に至っている。

　以上のように、運命と使命の両義を含むとは言え、「天命」が人間を外から或いは上から支配する超越的性格をもつのに対し、「天性」や「性」

は内から人間を構成する内在的なものである。この天の超越性と内在性とは中国思想史を通じて優劣を競いつつ並存してきた。前者の代表は、天を有意的人格神として設定し、天を兼愛という人類愛思想の中心に置いた墨家であろう。一方、天を人間の外なる自然の必然性と捉え、その超越的な運命への随順を重視するのが道家、特に荘子である。但しそれは『荘子』の中でも内篇の立場であって、しかもその場合、外なる運命と人間との合一を理想とするのであるから、内外の区別の無い「万物斉同」の思想を生むことになる。これに対して、『荘子』外篇・雑篇には、人間の内なる自然即ち人間の「天性」に従って生きよ、と説くものが現れ、内なる「性」を重んじて外物を軽んじ、却って内外の差別へと後退することになるのは皮肉と言う他は無い。また、同じ道家の書物であっても『列子』「揚朱篇」は、『荘子』雑篇の「盗跖篇」の快楽主義的立場を推し進めたものであり、また『列子』「力命篇」は、人力の一切が運命によって予め定められているとする宿命論を展開している。荘子自身の捉える運命は人力と対立するものであったが、「力命篇」では人力さえもが運命によって決まっているとされる。こうした宿命論は、『易経』に見られるような運命の予知の技術や呪術に接近している。このように同じ道家にも、天の超越性と内在性のどちらを重視するかに関して歴史的変遷や立場の並存が見られるのだが、元来、道家が自然と言う場合には、無為という有為の否定を条件として成立するものであったのに対し、『列子』「仲尼篇」では無為と有為とをともに超えた自然を主張するようになり、更に漢代の『淮南子』では有為自然へと転換してゆくのであるから、道家は全体として超越性から内在性へと向かったことになる。そして六朝時代の西晋（265-317）に至って、現存の荘子注のうち最古の郭象（?-312）の注が現れ、「自得」即ち他者の力を借りずに自己に内在する天分に充足することを強調するようになる。この自得安分の思想が仏教の仏性・如来蔵思想と結びついてゆくことは明白である。

　これに対して儒家の場合は、天を人間の内なる性と解する点でほぼ一貫していた。儒教では孟子（ca.372-ca.289 B.C.）の性善説以来、性に対する強い関心が伝統となった。孟子にとって性とは人間に内在する天であり、その天が神聖な存在である以上、人間の性も善以外ではありえない。孟子の性善説は後世の宋学まで保持される。確かに性善説では悪の起源の充分な説明は不可能であるため、宋学は人間の性を本然の性と気質の性とに二分することでこのアポリアを切り抜けようと試みたが、少なくとも本然の性は理であり、善そのものであった。だが漢代の儒教には宗教的・神秘的要素が顕著である。董仲舒（ca.176-104 B.C.）は、「天の令、これを命と云ひ、命は聖人に非ざれば行なはれず」（『春秋繁露』）と言い、天の権威を借りて漢室の王権を正当化した。ここに天を祀る儀礼が盛んになり、地上の人間の行為の善悪は天によって監視されており、悪政があれば天は災変を起こして戒め、善政には恩恵を以て報いるとする一種の因果応報思想が現れる。これは「天人相関説」と呼ばれ、漢代を通じて大流行した。天災が起こる度に天子に上奏して失政を論ずる者が多く、宰相が責任を取って辞職することもあったらしい。このように天は人格神としての性格を強め、やがて迷信的な風潮をも生む。五つの天を考えて蒼天・昊天・旻天・上天・皇天と呼んだり、六天と各々の主宰者を考えて蒼帝霊威仰・赤帝赤熛怒・黄帝含枢紐・白帝白招拒・黒帝汁光紀・北辰耀魄宝（昊天上帝）と呼ぶのはいずれも漢代になってからのことで、戦国末から中国思想界に深く根を下ろした陰陽五行説の形而上学に基づいて、祭祀を権威づけるためだったと思われる。時代は前後するが、荀子（ca.300-ca.235 B.C.）は儒家でありながらも天を道徳的権威としては認めず、単なる自然の天空と見て、天と人との分（自然と人事との区別）を強調した。この点では法家も同様である。天人相関説の徹底的批判者としては、後漢の異端の思想家、王充（27-ca.100 A.D.）を挙げねばならないが、王充は中国思想史上、仏教の因果応報説の対極に位置づりうる思想家であるから、後に詳しく論ずることにしたい。

　以上は、概ね知識人の場合である。これに対して、民衆の場合には、古いシャーマニズム的な民間信仰やアニミズムなどの雑多な信仰を組織体系化した道教に見られるように、多神教的傾向が著しい。それだけ超越的傾向が強いということでもある。これとは逆に、知識人には内在的傾向が強く、彼らは超越神の存在を信ぜず、汎神論的ないし無神論的傾向を強くもっている。勿論、儒家を以て任じている人々でも実生活では道教的信仰に支配されている場合もあると考えられるから、事はそれほど単純ではあるまい。しかし、知識人と民衆との間の思想的断絶は極めて中国的な現象であり、他に類例を探すのが困難なほどだとも言われる。そして実は、中国仏教の形成においてもこの二重構造が歴然と現れるのである。例えば六朝の東晋期以後の仏教受容において、知識人と民衆との間には大きな差異が見られる。仏教受容の最初期に現れた般若経典の「空」の思想に続いて盛んになったのは、『涅槃経』の「仏性」思想であった。人間の内なる仏としての性という思想は、内在的傾向をもつ中国の知識人には極めて理解し易かったに違いない。その後、六朝末から隋・唐にかけて三論・天台・法相・華厳など多くの宗派ないし学派が興ったが、それらは超人間的人格神としての仏の信仰に重きを置かなかったという点では、いずれも内在論的方向を取った。因みに、それらの諸宗派が覚りによる解脱、智慧による救済を究極の目的とする点では、却って釈尊および初期仏教の精神に近い、とさえ言ってよいように思われる。

　だが、無神論的な哲学的宗教は知識人には歓迎されても、民衆を満足させることはできない。既にインドの大乗仏教もバラモン教の神々を仏教の守護神として採り入れて多神教的傾向を帯び、救済者としての仏・菩薩という新しい観念によって民衆の要求に応えた。この点については既述の通りである。従って、多神教的な民俗信仰を奉じてきた中国の民衆の間に仏教が広まるとすれば、いかなる形態を取るかは自ずから明白だろう。先ず現れるのは道安（314-385）による弥勒仏の兜率天往生の信仰であり、次いで盛んになるのは阿弥陀仏の西方極楽往生の信仰である。現に道安の弟子、廬山の慧遠（334-416）は当時の一流知識人を含む 123 人とともに念仏結社、白蓮社を創設した。道安と言い慧遠と言い、知識人出の第一級の高僧が仏教の教理研究に飽き足らず、弥勒仏や阿弥陀仏という超越的人格神としての仏や菩薩を信仰したことは重要である。ましてや民衆がそれらの信仰に走ったとしても何ら不思議ではあるまい。知識層と大衆層とのこうした二極分化を端的に示すのが唐末以後の仏教の有り方である。知識層が禅宗に帰依したとすれば、民衆は浄土教の念仏結社に拠った。禅宗が大乗仏教の中でも特に内在的な立場を取ったということ、またこの点で超越的な立場を取った浄土教と著しい対照をなしているということは明瞭である。知識層と大衆層との二極分化というこの現象が極めて中国的であることは、日本の平安仏教と比較すれば特にはっきりする。平安時代は陰陽道（例えば、安倍晴明）にせよ、道教の神仙思想（例えば、河原左大臣源融）にせよ、加持祈禱にせよ、呪術的信仰の全盛期であって、天皇も貴族も民衆も等しく怨霊の祟り（早良親王、橘逸勢、菅原道真、平将門、崇徳上皇など）を恐れ、仏教は著しく密教化した。その代表は真言宗（東密）と天台宗（台密）である。因みに、鎌倉新仏教の禅宗が民間弘通を果たしたのは必ずしもその教義のゆえではなく、加持祈禱や先祖供養のための葬式や法事に力を注いだためらしい。中国の禅宗が民衆の間に浸透するために念仏を採り入れざるをえなかったとすれば、日本の禅宗は密教を必要としたと言える。密教化という点では日蓮宗も、旧仏教の律宗も華厳宗も法相宗も同様である。

第3節　中国人の死生観

　次に、中国人の死生観を見ておこう。但し、その多様な死生観を古書の中に探り、それぞれの時代を特定しながら思想の流れを辿ることは、もとより不可能であるから、一般に最も中国的な死生観と見なされている儒教の死生観を中心に見てゆくことにしよう＊8。最初に「生」と「死」の字義を確認しておきたい＊9。「生」という字は「若芽の形＋土」の会意文字で、地上に若芽の生えた様を示す。一方、「死」は「歹（骨の断片）＋人」の会意文字で、中国最古の本格的字典である後漢の許慎が著した『説文解字』は「死とは澌なり」と説明している。「澌」とは、ばらばらになることである。また本書第 1 巻序説でも触れたように、古代中国には、人が死ぬときに身体から「氣」即ち「息」が立ち昇るという観念があった。以上からすると、古代中国人は、人が息をしなくなり（＝氣が抜け）、肉が腐って白骨化し、やがてその骨がばらばらになることを「死」と考えていたことが判る。その際、人が死ぬとき生体から気が抜けるにしても、その気が生体に内在する生命原理となるのは戦国半ば頃から現れる陰陽二気説に俟ち、その反省は未だ現れていない。この点はホメーロスからミーレートス学派に至る古代ギリシア的プシュケー観の発展と軌を一にしているように思われる。ホメーロスでは、人は死ぬと亡霊・祖霊となって薄暗い冥府へ趣き、生者にほとんど影響を与えないと考えられていたが、古代中国では、人は死んだ後どうなると考えられていたのか。ここで考え方は大きく分かれる。仏教なら成仏しない限りは「輪廻転生」すると答えるだろうし、道教なら現世での「不老長生」を目指すが、死んだ場合は天界か地獄かはともかく、あ

8　古代中国人の死生観については多くの文献が存在し、本書もまたそれらの幾つかを参照したが、特に教えられるところが大きかったのは、蜂屋邦夫『中国的思考——儒教・仏教・道教の世界』（講談社学術文庫、2001 年）所収の論文「死生観」（82 頁以下）である。
9　漢字の字義に関しては、原則として、藤堂明保編『漢和大字典』（学習研究社、1978年）を用いる。以下も同様である。

の世に行く、というのが基本的な考え方であろう。そして老荘なら死後など初めから問題にしないだろう。それでは儒教はどうか。

1　儒教の死生観

　儒教の根本聖典である『論語』の中に、或る有名な問答がある。それは、孔子が弟子の子路に「鬼神に事へんことを」問われて、「未だ人に事ふること能はず、いづくんぞ能く鬼に事へん」と答え、重ねて「敢へて死を問ふ」子路に、「未だ生を知らず、いづくんぞ死を知らん」と答えたというものである（『論語』先進）。──ところで、「鬼」とか「鬼神」とかという語は何を意味するのであろうか。「鬼」の字義は「大きな丸い頭をして足元の定かでない亡霊を描いた象形文字」であるとされるが、別の説[10]によれば、「鬼」の上の部分を「魃頭」といい、長い髪をつけて死者に似せて作った大きな頭［竹籠のマスク、元来は髑髏を用いた］を示し、下の部分は人がしゃがんでいる形を示しているとされる。これによれば、「鬼」とは「死者になり代った人間が魃頭をかぶって死者の魂が祭られる場所に坐っているすがたを示している[11]」ということになる。ここで「死者」とは、勿論「先祖」のことなのだが、死霊に憑依された巫祝が一種の俳優として死者を演ずるのは、極めて古い時代には「人が死ぬと死体を雨ざらしにして肉を白骨にし、その頭蓋骨を保存して祭ったという事実があったからだろう」と言われる[12]。もしこれが仮に本当だとすれば、古代中国には我が国の「はふり」のように風葬が有ったことになる。風葬は死体遺棄とは違って、第二次葬を伴うのが普通だからである。なお、前 2 世紀の『爾雅』には「鬼とは帰なり」、即ち鬼とは本来の場所に帰ることだという説明が現れるが、これは後述するように、人の生死を陰陽二気の集散によって考えることが定着し、更に文字の音通現象による説明が盛んになってからの

10　蜂屋、上掲書、106-107 頁。
11　同上。
12　同上。

考え方である。次に、鬼神の「神」であるが、「申」は稲妻の伸びる姿を描いた象形文字であり、従って「神」は「示（祭壇）＋音符申」の会意兼形声文字で、稲妻のように不可知な自然の力を意味するとされる。要するに雷神・天神なのであろう。すると「神」は「鬼」とは次元が異なるはずであり、実際、両者に「地祇」（地の神）を加えて「天神地祇人鬼」と並置されたりもする。それでは、なぜ「鬼」と「神」とが結合して「鬼神」と表現されるに至ったのか。恐らく、両者とも得体の知れぬ強い力をもっていると思われたために、鬼（死者の「たましい」）が神と同列に扱われたのであろう。因みに「神」は「たましい」の意味でも用いられるようになる。つまりは「鬼」「鬼神」のどちらも死霊・祖霊を意味しているのである。但し、「鬼神」には、①死霊・祖霊、の他に、②眼に見えぬ、人間離れした不思議な力をもつ神霊、③死霊と天神と、④世界を創造した神、などの意味もある。

　ともあれ、先の問答から、孔子の時代には一般に死霊・祖霊の存在が信じられていたこと、しかしながら孔子はそれに対して甚だ冷淡な態度を取っていたことが判るだろう。とは言え、合理主義者であった孔子も、鬼や鬼神を祭る儀式という点に関しては必ずしも否定的ではなかった。例えば、孔子の「その鬼に非ずしてこれを祭るは諂ひなり」（『論語』為政）という言葉は、自分の祖先ではない鬼を祭るのは、その鬼に対する諂いだという意味であるが、これは裏を返せば、子孫が自分の祖先の鬼を祭るのは至極当然だ、と思われていたということであろう。また、鬼神が生者に対して何らかの影響を及ぼす存在だ、と思われていたことを示す例も有る。孔子が重病に罹ったとき、鬼神に平癒を「禱らんと請ふ」子路に対して、孔子は「これ有りや」（そういうことが有るのか）と反問した。子路は答える、「これ有り、誄［呪文祈禱の書か？］に曰く、なんぢを上下の神祇［天地の神々］に禱る、と」。すると孔子は「丘の禱ること久し」（それなら私は前から祈っている）と言って祈禱を拒絶した、というのである（同、述而）。この場合も、当時の一般的信仰をそのまま語っている子路と比べて、孔子の鬼・鬼神や死に対する冷静な態度は際立っている。だがその孔子も、最愛の弟子であった顔回が貧窮のうちに早逝したときには、「ああ、天、予を喪ぼせり、天、予を喪ぼせり」（同、先進）と慟哭している。これは、人間の生死を支配しているのは天だ、という思想が有ったことを示している。これについては先に述べた通りである。

　『論語』を見る限りでは、当時一般に人間は死ねば鬼になり、鬼神や天が人間の禍福や生死を司っていると信じられていたこと、しかしまたそれと同時に、「子、怪力乱神を語らず」（同、述而）とか、「民の義に務め、鬼神を敬してこれを遠ざく、知と謂ふべし」（同、雍也）とかの言葉からも明らかなように、孔子は（道徳的規範の根拠としての天は別として）鬼や鬼神の如き不可解なものを敬遠することこそが知者に相応しい態度だと考えていた、ということが判る。孔子は、祖先の鬼や鬼神を礼を尽くして祭る行為が、ひいては家族や国家の秩序を維持する政治的効果をもつという限りでのみ、これを重視したのである。孔子は古の礼楽を復活させようとする理想主義者ではあったが、同時に功利性を重んずる現実主義者でもあった。孔子のこの態度を継承した儒家、つまり中国の知識人は、実際には鬼神の存在など信じていないにもかかわらず、祖先祭祀を子孫の義務と見なし、死者を厚く葬ることを主張した。これは、薄葬を主張する墨家も批判しているように明らかに自己矛盾なのだが、仏教の中国化にも大きく影響することになる。

2　鬼・鬼神・魂魄・気

　だが、『論語』における鬼・鬼神の観念は、実は既にかなり合理化されている。士大夫階級の冠婚葬祭の儀式を述べた『儀礼』や、これに比べて内容の雑多な『礼記』は、春秋末から前漢頃までの儒教の教えを解釈・整理した礼経に属するテクストだが、その『礼記』の中には、死について『論語』より古い思想を保存していると思われる部分も有る。例えば、次の話はどうか。呉の季札という人が斉への旅からの帰途、同行していた長男が急死した。季札は威儀を正して埋葬などを礼式通りに済ませ、最後に三哭三踊すると、「骨肉の土に帰復するは命（＝天命）なり。魂気の若きは則ち之ゆかざるなきなり、之かざるなきなり（魂よ、どうか故郷へ帰っておくれ）。」（『礼記』檀弓下）と言って帰国の途についたという。『論語』では単に鬼とか鬼神とか言われていたものが、ここでは骨肉と魂気とに分けられており、しかも死者の魂は「気」と捉えられ、フワフワ飛んでゆくと考えられている。同様の思想は「魂気は天に帰し、形魄は地に帰す」（同、郊特性）という言葉に一層はっきりと現れている。つまり魂である気は軽く天に帰り、形が有る魄は重く地に帰るというのである。ここで「魂」という文字は「鬼＋音符云（＝雲のもやもや）」の会意兼形声文字、一方の「魄」は「鬼＋音符白（ほのじろい、外わくだけあって中みの色がない）」の会意兼形声文字であって、人の身体を晒して残った白骨を意味するとされる。つまり、「鬼」に「云」や「白」をつけた「魂魄」は、元来は死者（＝鬼）の形状をいったものであり、「魂」とは、もやもやした気体の如きたましい、「魄」とは、ばらばらになってゆく白骨である。そして陰陽二気という考え方が一般化してゆくと、魂を陽気に、魄を陰気に当てて説明するようになる。例えば『春秋左氏伝』には、「人、生まれて始めて化するを魄といふ。すでに魄を生ず、陽を魂といふ。」と記されている。魄が先ず出来、そこに陽の気が集まって魂となるというのだが、以上からも、人間が死ぬと魂は天に、魄は地に帰って天地に充満する陰陽の気に混じるが、死者を祭ることで、それら陰陽の気のうち、魂の陽気と魄の陰気とが集められて、死者つまり祖先が呼び戻されると信じられていたことが判る。勿論、こうした整然たる説明は陰陽思想が定着した戦国半ば以後の成立であろうが、天上の魂を土中の魄に繋げることで祖霊を呼び戻すことができるというシャーマニズム的観念、いわゆる「招魂」は極めて古くから存在した。この「招魂」という観念は儒教以前、即ち原儒とよばれるシャーマニズムの時代にまで遡る。孔子の母はこの原儒* 13 のシャーマンだったらしい。この「招

13　白川静『常用字解』（平凡社、2003 年）によれば、「需は雨と而（頭髪を切って髷のない人の形）とを組み合わせた形で、巫祝（神に仕える人）をいう。ひでりのとき、巫祝が雨乞いすることを需といい、雨を需（もと）め、需（ま）つの意味となる。その雨乞いをする巫祝を儒という。儒者の古い姿は、雨乞いに従事する下級の巫祝であり、

魂」については礼経の別のテクスト『儀礼』にも証拠が有る。例えば「士喪礼」では士大夫階級の葬礼の細則が述べられており、その中に、人が死亡して最初に為される儀式としての「復」が登場する。これは日本の「魂よばひ」に相当するもので、死者に仕えていた然るべき者が屋根の中央に上って、死者の魂のいるはずの北に向かい、死者の名を呼び、「復（かえ）ってこい」と叫ぶ儀式である。これなどは儒教の合理化された葬礼体系の中に残った古い観念であろう。

　以上の文献と系統は異なるが、屈原（340-ca.278 B.C.）とその後継者たちの詩を集めた『楚辞』（2c.B.C.）の「九歌」国殤（国のために戦死した者を殤（いた）む）には、「身はすでに死すれども、神は以て霊なり、魂魄毅くして、鬼雄（鬼の英雄）となる」とあって、やはり神や魂魄について語っている。しかも『楚辞』にはまさしく「招魂」と題された篇さえあり、魂は死に際して遊離するだけでなく、時として生者からも抜け出るとされる。その遊離魂つまり生霊を巫祝が呼び戻す、それが「招魂」なのだが、巫祝は身体を抜け出た魂に、"お前は東西南北、天上地下のどこへ行っても、とんでもなく恐ろしいめに遭うぞ、この世ほど良い所は無いぞ、だから帰って来いよ"、と呼びかける。その描写は想像力に富み、生々しく、まさに南方的である。地下の世界が「幽都」と表現されていることも注目される。

　一方、人間の生死が天の意志とも関連づけられていたことを示しているのが『詩経』である。例えば、穆公（在位 660-621 B.C.）が死んだとき、三人の若者が殉死させられたらしいのだが、それを「秦風」黄鳥では、「彼の蒼天、我が良人を殲す」と詠じ、立派な人を殺した天を怨んでいる。これは顔回の死を歎いた孔子の言葉に直接繋がるものであろう。また「小雅」巧言では、「悠々たり昊天、これ父母たり。罪なく辜なく、乱かくの如く憮なり。」と言われており、自分は無事で何の罪も無いのに恐ろしい乱に遭った、と怨みを民の父母たるべき天に向けている。「巧言」とあるように、

裕福な家の葬儀をあてにする葬儀屋であった。そのような階級の出身である孔子は普遍的な人間の道を求め、その道を大成して、儒教・儒学を開いた。」孔子以前のまがまがしい巫術・呪術を事とする原儒と、それを儀礼へと合理化した孔子以後の儒教とは、一見するとまったく別物だが、孔子もまた巫術と関係が深かったことは面白い。

口先三寸の人物が政治を乱しているというのだが、その根底には、世の中の乱れも結局は天が降す災いだ、とする思想が有る。同様に「大雅」雲漢でも、民が礼を尽くして祭祀を行なっているのに、それでも天は旱魃や飢饉をもたらすのを止めない、と言われている。更に面白いのは「大雅」文王である。これによれば、周の文王は死後天に在り、「陟降して」、即ち天に昇ったり地上に降りたりして「帝の左右に在り」、天帝を補佐しているとされる。このような、死者は一旦天へと昇った後に再び地上へと降りて来て生者に何らかの吉凶禍福を及ぼすという思想は、天を恐るべき人格神と見なす周初の天の思想と、より原初的な、人は死ぬと鬼神になって子孫の禍福や生死に不思議な力を及ぼすという原儒のシャーマニズムとが結合したものであるように思われる。この思想が更に進展すれば、鬼神は魂と魄とに分析され、陰陽二気によってより一層合理的に説明されるようになる。そもそも、死霊が生者の吉凶禍福に影響を及ぼすとする観念が発達するのは農耕定住生活が始まった頃からであるらしく、死霊、特に祖霊の運命は子孫の供養に依存し、これを等閑にすると死霊は悪鬼となって辺りを漂い、生者に祟ると見なされる。それゆえ、分離していた魂と魄とを祖霊を祭ることで一つに繋ぎ合わせて呼び戻す招魂再生も単なる敬神崇祖ではなく、その根本には死霊の祟りを恐れ、これを宥め鎮める意図が有る。死霊に穢れありとして恐れるとともに、死者を悲しみ死霊を尊ぶという、死者に対するアムビヴァレンツについては本書序説で述べた通りである。

　この鬼神に対する畏怖は人の死に方とも密接に関係しており、不自然な死を遂げた者の鬼が特に恐れられる。自殺者、被殺害者、産褥による死者などがそれだが、『春秋左氏伝』は「匹夫匹婦も強死せば、その魂魄はなほ能く人に憑依し、以て淫厲をなす」と述べている。「強死」は変死や横死を、「淫厲」は鬼の祟りを意味する。『墨子』も「明鬼篇」で、主に死者が祟りをなした事例を数多く集めて鬼神の実在を明らかにしている（ゆえに「明鬼」という）。例えば、周の宣王に無実の罪で殺された杜伯が宣王に祟った話や、燕の簡公が無実の罪で殺した荘子儀の祟りで死んだ話などだが、その意図は、鬼神を祭れば人々を和合させ、天下が乱れないと主張することにある。墨家は天帝を頂点とする山川の神々や鬼神の実在を信ずる多神教であり、天帝の意志としての兼愛（人類愛）を信じ、この意志に従う者は必ず幸福を与えられ、反する者は天罰を受けるという神々の摂理を強調する。一方、儒家は鬼神の存在を否定する無神論的立場を取りながら、敬神崇祖の政治的効果を重視する以上、やはりその存在を密かに前提していると言わざるをえない。

　以上のような古代中国の鬼・鬼神・魂魄観を陰陽説によって説明したのが『易経』「繋辞上」である。そこでは「易は天地と準ず。ゆゑに能く天地の道を弥綸す（あまねくおさめる）。……ゆゑに死生の説を知る。」と言われ、続けて「精気は物となり、遊魂は変をなす。このゆゑに鬼神の情状を知る。」と言われる。天地に充満する精妙な気が集まれば万物となり、気が散じると（人が死ぬと）魂は肉体を離れて彷徨い、祟りなどの不思議で異常な振舞いをする。だから『易』を知れば天地の動きも鬼神の有様も分かるのだというのである。ここに、古代の死生観は最も整然たる形を取るに至ったと言うことができる。

　ところで、『楚辞』に地下の世界として登場した「幽都」は、『春秋左氏伝』や『管子』では「黄泉」と呼ばれている。『左氏伝』、隠公元年（722 B.C.）の「夏五月、鄭伯、段に鄢に克つ」のくだりに見える「黄泉に及ばざれば相見ゆること無からん」という言葉は、鄭の荘公（鄭伯）が実弟の共叔段が起こした反乱を鄢の地で破り収めた後に、弟を溺愛し国主の地位に即けようと裏で糸を引いていた実母の姜氏を放逐幽閉するときに発したもので、「あの世で会いましょう」というほどの意味である。また古楽府にも「黄泉の下に相見えん」（焦仲卿妻）とあり、『漢書』「武五子伝」にも、広陵王胥の詩の一節として「黄泉の下は幽かに深く、人生かならず死あり」とあるから、「黄泉」は極めて古い観念であることが判る。と同時に、そこは死者の皆趣く所で、別に罰せられて行く所ではないようである。『左氏伝』が魂魄を区別しているだけでなく、それに続けて、魂魄とはまた神霊の名であり、形につく霊を魄となし、気につく神を魂となす、と語っていることを考え併せると、『礼記』の「形魄は地に帰す」という思想が発展して、魄は地下の黄泉へと趣くと考えられるに至ったのだろうか、それとも元々地とは地下の意だったのだろうか。もしも後者だとすると、死者の魂と白骨（魄）とに分離して天に趣くのではなくて、いわゆる死霊には魂と魄との二種類があり、趣く先も二つあったのだろうか。確かに「魄」は古くから「たましい」の意になったが、直接に身体と関連しており、肉体に活力を与える精気の意味は失われない[14]。これは何を意味するのだろうか。「万物は天を父とし、地を母とする」のは農耕民族特有の思想であって、農作物の芽生えを性のアナロジーとする考え方だとする指摘もある[15]。だが、中国の天の思想が遊牧民の信仰の系統を引いているとすれば、この断定は早計だろう。むしろ、「魂気は天に帰し、形魄は地に帰す」という思想は、遊牧民的な天の思想と、それ以前の農耕民的な地母神崇拝という異なる二つの死生観の融合と取るべきなのかもしれない。いずれにせよ、人が死ぬと「気」としての「魂」が肉体（魄）から抜け出て天に昇るとする見方と、土葬[16]に伴う死霊が地下の国（黄泉・幽都）に行くとする見方とが有ったのではなかろうか[17]。そして仏教から「地獄」の思想を受け容れたとき、その受け皿となったのが黄泉であり幽都であったのであろう。因みに民間の道教では、地獄の入り口は四川省に有ると信じられている。

3　道家の死生観

　以上は儒家を中心とした死生観だが、道家は生死をどう考えていたのだろうか。

14　小川環樹訳注『老子』（中公文庫、昭和 48 年）23-24 頁参照。

15　石上玄一郎『輪廻と転生』（上掲）55 頁参照。

16　但し、モンゴルの遊牧民のような風葬、もしくは土葬とはいっても土を掘らずに地上に横たえた遺体に土をかけただけの塚葬ではなく、農耕民に特有の、土中に深く穴を掘る形の土葬のことである。

17　「黄泉」は多分、黄河中流域の「黄土」と関係が有るだろう。因みに「黄土」には「黄泉」の意味も有る。

　道家を老荘と等置するなら、『老子』も『荘子』も鬼や鬼神、魂魄については ほとんど語らない。先ず『老子』（道徳経＊18）の場合、全 81 章、約 5,000 文字の中で、熟語に含まれるものも入れると、「死」という文字は 計 18 回用いられている。「道徳経」の「道」が 76 回、「徳」が 44 回現れ るのと比べて、これを多いと見るか少ないと見るか、その判断は難しいが、 それはともかくとして生死を主題的に論じた箇所は皆無と言ってよい。勿 論、このことで老子が生死を問題にしなかったことにはならない。だが、 老子は少なくとも人間の死後の運命や死霊の生者への影響を論ずることは なく、従って、鬼を祭るべきだとも言わない。仮に鬼について語ったとし ても、「大国を治めるのは小鮮（＝小魚）を煮るようなものである。［むや みにかき混ぜてはならない。］［無為の］道を以て天下を治めれば、鬼も祟 りを為す霊妙な力を失う（「その鬼、神ならず」）。鬼が祟りを為す霊妙な 力を失うのではなく、その霊妙な力が人民を害さないのである（「その鬼、 神ならざるのみに非ず、その神、人を傷らず」）。その霊妙な力が人民を害 さないだけでなく、聖人（為政者）も人民を害さない。鬼と聖人のどちら も害を与えないのであるから、両者の徳が人民に集まり注ぐことになる。」 （第 60 章）といった調子である。このように老子が、人は死ねば鬼となっ て祟りを為す、という当時の一般的信仰を持ち出すのは、為政者が一切の 人為的な政策を放棄し、無為という道に立ち返った政治を行なえば、国は 自然に治まるということを言うためであって、老子自身が鬼の存在や祟り を信じていたわけではない。そのような老子にとって「死」が魂と魄との

18　『老子』（道徳経）とその著者については古来様々に論じられてきたし、現在でも次々 と研究書が出版されているため、ここで敢て蛇足を加えることは差し控える。但し、以 下のことだけは指摘しておきたい。第一に、文体の統一性から同一人物（前 5 世紀から 4 世紀頃の人と思われる）によって著されたとされる『老子』も、その編集は比較的後 のことだということ、第二に、しかも何度か増補改訂が行なわれて、現在の形に定着し たのは前 2 世紀だということ、第三に、何よりも問題なのは、文脈が通じにくい箇所や 矛盾した箇所、意味不明な語句が少なくないということである。それゆえ本来ならこれ らの点を一々指摘すべきところだが、それは私の能力を遥かに超えることでもあり、本 項の意図にも沿わないため断念せざるをえない。訓読および邦訳、そして解釈に際して は、勿論先学の諸業績を参照しながら私自身が行なった。特に、福永光司『老子』（朝 日新聞社、1997 年）と蜂屋邦夫訳注『老子』（岩波文庫、2008 年）とからは大きな恩恵 を受けたことを謝して付言しておく。

分離であるか否かなど問題ではなかった。老子は簡潔に言う、「生を出でて死に入る」（第 50 章）と。生き、そして死んでゆく、それが人間の定めだ、というのである。彼はこのことを確認した上で、与えられた寿命を全うすべき道を説く。「だが、死んでゆくのは同じでも、長命の者（「生の徒」）が 3 分の 1 ほどおり、短命の者（「死の徒」）が 3 分の 1 ほどいる。そして残りの 3 分の 1 ほどは、元々長命でありながら、殊更に寿命を縮めてしまう（「死地に入る」）者たちである。なぜわざわざ寿命を縮めることになるのか。生きることに執著しすぎるからである。こういう話がある、"生命を維持するのに巧みな者は、山野を旅しても猛獣に遭わない。軍隊に入っても武具を身に着けない。そういう者には犀も角を突き立てる隙が無く、虎も爪を立てようが無い。また刀も傷を負わせようが無い。"と。なぜなら、そういう者には死の入り込む余地（「死地」）が無いからである。」（同）また、老子はこうも言う、「人の生や柔弱、その死や堅強なり。草木の生や柔脆、その死や枯槁。ゆゑに堅強は死の徒（死者の仲間）、柔弱は生の徒（生者の仲間）。」（第 76 章）と。要するに、与えられた寿命を全うするには生命に執著しすぎてはならず、柔弱でなければならない。堅強なる者は堅すぎる木のように折れ易く、生き急ぎ、死に急ぐ。だから「力に頼る者は碌な死に方をしない」（第 42 章）。逆に「弱は強に勝ち、柔は剛に勝つ」（第 78 章）。この「柔弱」を象徴するのが「赤子」だと老子は言う。「徳を含むことの厚きは赤子に比す」（第 55 章）、「気を専らにし、柔を致して、能く嬰児のごとくならんか」（第 10 章）、「嬰児の未だ孩（＝笑）はざるが如し」（第 20 章）。赤子の柔弱さが人為を排した人間の自然状態を意味していることは言うまでも無い。この性質は女性にも当てはまる。「男の強さの限界を知り、女の弱さに徹するならば、やがて天下の水を集める渓谷のように万物を容れることができる。そうすれば不変の徳が身を離れなくなり、赤子に復帰することができるだろう。」（第 28 章）これは遊牧民の天を父とする男性的原理とは異質の、農耕民の地を母とする女性的原理に根差した思想である。次の一節は明らかに女性の生殖力そのものの崇拝を示している。「谷神は死せず、これを玄牝といふ。玄牝の門、これを天地の根といふ。綿綿として存するが若く、これを用ふれども勤（＝疲）れず。」（第 6 章）つまり、〝谷の霊妙な力は不死である。これを奥深い牝と呼ぶ。この牝の陰門こそ、天地の根源である。それは止むこと無く万物を生み続けるが、どんなに働いても疲れを知らない。〟この農民の女性的原理は「水」の尊重にも現れている。「上善は水の若し。水は善く万物を利して、しかも争はず。衆人の悪む所にをる、故に道に近し。」（第 8 章）「天下に水より柔弱なるはなし。しかも堅強なる者を攻むるに、これに能く勝つものなし。」（第 78 章）

このように老子が赤子・女性・水の柔弱さを重視するのは、道徳の崩壊が乱世の原因だとする儒家とは逆に、仁義の如き人為的道徳こそが戦乱の元凶であり、そうした人為を徹底的に排して自然に帰ることが民に平和をもたらす道だと考える政治哲学を持っているからである。だが、いかに柔能く剛を制すとは言え、赤子や女性のように柔弱では弱肉強食の乱世を生き抜くことなど不可能ではなかろうか。ところが、これはただの消極哲学ではない。「その鋭を挫き、その紛を解き、その光を和らげ、その塵に同じうす」（第 4 章、第 56 章）。この「和光同塵」は、鋭い才知を包み込んで表にあらわさず、とげとげしさを消し去って対立を解消し、世俗の塵にまみれて生きるしぶとい民衆の精神を表している。しかも老子によれば、「天の道は争はずして善く勝ち、言はずして善く応へ、召さずして自ずから来たり、黙然として善く謀る。天網恢恢、疎にして失はず（天の網はこの上なく大きく、網目は粗いが何ものも取り逃がさない）。」（第 73 章）老子には墨子のような人格神としての天への信仰は無い。そもそも戦国時代の諸子百家の間では、天はその人格性を失い、道や理のような自然の内在的原理となっていた。老子が「天」と言う場合も同様で、万能の神の摂理をいうわけではない。「天の道」とは「自然の摂理」を意味するのである。そして老子は自然の摂理としての「道」に絶大なる信頼を寄せていた。しかも自然の摂理の偉大なる力は人が人為を働かせる限りは現れず、人為を去り、無為になってこそ現れる。「無為にして為さざるは無し」と老子が好んで語る場合も、「無為」の主体は人だが、「為さざるは無し」の主体は自然の摂理であり、道である。この無為自然という根本の立場から老子は一切の人為を否定する。即ち、知識は「道」即ち「一」を二分し、差別相対化することで、この全一者を破壊するがゆえに。欲望は人間を邪悪という不自然へと導くがゆえに。道徳或いは善悪等の価値判断もまた一なるものを二分し、物の有るがままの把握を為しえぬがゆえに。その他、技術も法律も、要するに一切の人為的相対差別、二元対立が否定される。そのような相対差別以前の絶対の一に立つとき、「善なるものは、吾またこれを善とす。不善なるものも、吾またこれを善とす。」（第 49 章）という一切の絶対的肯定が生まれる。それゆえ老子は道の全一的直観（「明」）を重視してこう述べる。「道の物たる、これ恍、これ惚（道というものはおぼろげで捉えにくい）。惚たり、恍たり、その中に象（＝形）有り。窈たり、冥たり、その中に精（霊妙な力）有り。その精は甚だ真にして、その中に信（確証）有り。古より今に及ぶまで、［「道」という］その名去らず、［「道」は］以て衆甫を閲ぶ（万物の始まりを統べている）。吾何を以てか衆甫の然るを知るや。此（「道」の直観）を以てなり。」（第 21 章[19]）

　　しかしながら問題は、老子が「その所を失はざる者は久し。死して、しかも亡びざる者は寿し。」（第 33 章）と言い、また「道は一を生じ、一は二を生じ、二は三を生じ、三は万物を生ず。万物は陰を負ひて陽を抱き、沖気（根源の気）以て和を為す。」（第 42 章）と語るとき、果たして彼がいわゆる不老不死を希求していたか否かである。前の方の引用文は訓読を含めて難解だが、素直に読めば「己の本来の有り方を失わぬ者は長命である。肉体は死んでも生の証を残す者は永遠に生きる。」となるだろう。後の方の引用文に関しては解釈が大きく二つに分かれるらしい[20]。即ち、魏の王弼（226-249）は『老子注』の中で、これに「万物万形は、その帰するところ一なり。何に由りてか一に至る。無に由りてなり。」と注釈している。「道」を「無」と捉え、「無」を万物の根源と見なすのである[21]。こ

19　『老子』第 14 章をも参照せよ。

20　以下は、蜂屋『中国的思考』（上掲）111-112 頁に負うている。

21　『老子』第 40 章では確かに「天下の万物は有より生ず。有は無より生ず。」と言わ

れに対して、魏晋南北朝時代の道教の所産らしい河上公注は、「道の始め、主る所は一なり。一、陰と陽とを生じ、陰陽、和気を生ず。三気を濁し、分かれて天地人となる。天地、共に万物を生む。……万物中、みな元気あり、得て以て和柔す。……故に久生を得るなり。」と釈している。明らかにこれは陰陽の気を重視して、長生に力点を置いた解釈である。王弼注によれば、老子は荘子と同様に「道」による "死の超越" を志向したと見なされ、老荘思想と総称される。そしてやがては仏教の「空」もまた、王弼注の「無」の思想に基づいて理解されることになる。他方、神仙説を取り込んだ河上公注の道教的解釈によれば、「不死」を説く老子は仙人と見なされる。そして『老子』は不老長生思想と結びつけられて道教経典となり、老子も老君から、やがて太上老君へと神格化されてゆく。果たして老子が有と無とを対立させていたのかどうか、単なる不老長生を願ったのかどうか、また不死や仙人をどう規定すべきかなど、大きな問題は残るが、私自身は、老子が道という一なるものを直観することによって、即ち道と合一することによって不死に達した、と考えている。そして彼はその不死性の場所から、人は人為を捨て去り、無為に徹することで長命か短命かにかかわらず寿命を全うすべきこと、それが人の自ずから然る自然の有り方であるということを語っているのではなかろうか。

　老子と比べるなら、荘子は「死」について様々に言及している。勿論、それは死霊や死後の運命について言及しているという意味ではない。荘子もまた老子と同様に死を超えようとするのだが、老子が道、即ち自然の摂理への絶大な信頼から死に恬淡として身を委ねるのに対して、荘子は人間の死すべき運命を凝視し、死を個人的に超脱しようとする志向が強い。荘子の死生を巡る議論をも根本で支えているのは、彼の哲学の中核を成す「万物斉同」説であり、ここから荘子は「死生は命（＝運命）なり」（『荘子』

れている。また、第14章では、「古の道」をしっかり把握すれば「今の有」を制御することができ、「古始」を知ることができる、これが「道の紀（始まり）」だ、とも言われている。これは今の「有」が古の道としての "無" から始まる、と述べているようにも取れる。有は無を予想するからである。だがそうだとすると、この無は有無相対の無ではないかという問題が生ずる。荘子はこの点を一歩進めることになる。

大宗師）として運命に随順し、自己の一切の運命を無条件に肯定する絶対境に遊ぶ。以下では主に『荘子』内篇＊22 の死生観を見ておこう。その前に、我々は内篇の中心を成す「斉物論篇」に触れておかねばならない。

　荘子もまた、老子と同様に無為自然の道を根本とするのだが、道および自然をどう捉えるかに関して両者は必ずしも同じではない。荘子が先ず取り上げるのは、世界の真実相はいかにしたら捉えうるか、という認識の問題である。人間の知性が全一なる物を分別すること、つまり人為的に分析・分解することで、物の有るがまま（自然）を破壊してしまう性格をもつということについては、既に老子の指摘するところであった。荘子はこの点を更に深く追究する。例えば、「彼此」（あれとこれ）の認識の場合、彼でない物は無く、此でない物も無い。此方からすればすべてが彼だし、彼方からすればすべてが此だからである。それゆえ彼此は人の立つ位置に相対的でしかない。それにもかかわらず我々は通常、自己の立っている位置を絶対化することで、固定的な此や彼が有るかのように思い込んでいる。同じことは前後・左右にも言える。それだけではない。例えば儒家と墨家とのように、我々は相手が非とするものを是とし、相手の是とするものを非として互いに相手を論難する。是非の二項対立は善悪・美醜などの価値判断についても同様に該当し、対立項のいずれを真と見るかは自己の立場に相対的でしかない以上、いずれも絶対的に真とは言えない。それゆえ自己或いは人間という限定を離れるなら、常識的相対差別はすべて消失する。そのとき後に残るのは二元対立を超えた絶対無差別の全一なる世界であり、そこでは万物が斉しく同じであろう。これが「万物斉同」であり、その境地を「道枢」（道の中心）とも言う。「天地も一指、万物も一馬なり」（『荘子』斉物論）と譬喩されるこの万物一体観は、仏教の中国化を推進した最大の

22　荘子は前 4 世紀頃の人とされ、孟子と同世代の人だったと見られている。荘子の書物とされる『荘子』は、現在、内篇・外篇・雑篇の三部構成となっている。この構成は、以前からなされていた三部門の分類を西晋の郭象（252-312）が確定したもので、内篇は郭象以前から既に確定していたとも言われる。三部門のうち、内篇は荘子本来の思想を比較的忠実に伝えた部分とされ、外篇と雑篇とは後人の作であって、戦国末から漢初に書かれたと推定されている。その証拠として、内容が低下していること、内篇の万物斉同の思想が忘れられて、専ら自然の「性」が重視されていることなどが挙げられている。

要因であり、格義仏教の段階を過ぎて仏教教理の本格的研究の段階に入っても影響を与え続け、例えば僧肇（384-414）には「天地と我と同根、万物と我と一体」（『肇論』涅槃無名論）と言わしめ、華厳の「一即一切、一切即一」に継承され、禅の底流をも成す。この万物斉同の境地に達するために求められるのが、物を分別差別する人為を去ること、即ち「無為」である。無為においてこそ有るがままの「自然」が現れる、と荘子は考える。

　しかしながら、万物斉同の世界において一切の相対差別が尽き果てるとするならば、老子が「天下の万物は有より生ず。有は無より生ず。」（『老子』第 40 章）と述べて、万有の始めを「無」と見なしているのは、老子が未だ有と無とを差別しているということではないのか。少なくとも荘子自身はそう考えたように思われる。もし老子のように万有の始めに無を置くならば、その無に先立つ「未だ無が無かった始め」が有るはずであるし、更に「その未だ無が無かった始めが無かった始め」が有るはずであるから、始めとなる無は無限遡行に陥ることになろう。それゆえ、万有の始めに有と対立関係にある無、有無相対の無を置くことはできない。万有の始源は有を排除する無であってはならない。そうではなくて、むしろそれは有無の対立を超越しつつ有無を包む〈無限〉でなければならない。荘子はそのような〈無限〉を「無窮」（『荘子』逍遥遊）、「無竟」（同、斉物論）、「尽」「無有」（同、応帝王）などと様々に表現している。それゆえ万物斉同とは、このような無限のうちに身を置いて、一切を有るがままに受け容れるということを意味する。荘子はこれを鏡の譬喩を交えてこう述べている。「尽（無限）と一体化して形無き世界に遊び、天から受けたものをそのまま受け取り、それ以上のものを得ようとするな。ひたすら虚（虚心）であれ。至人（最高の人間）の心の働きは鏡のようである。去るものは去るに任せ、来るものは来るに任せ、相手の姿に応じてそのまま映すが、相手を引き止めたりしない。だからこそあらゆる物に対応しながらも、我が身を傷つけることがないのである。」（同、応帝王）と。

　「万物尽く然りとし、是を以て相蘊む」とも言われるように、万物斉同思想は、あらゆる対立差別を包越して、一切を有るがままに是認する絶対肯定の思想である。だが荘子に特徴的なのは、この絶対肯定が運命論的色彩を帯びていることである。或る意味ではニーチェの運命愛を先取りしてさえいる[*23]。『荘子』の中には、「その奈何ともすべからざるを知りて、これに安んじ命（＝運命）に若（＝従）ふは、徳の至りなり」（『荘子』人間世、また同、徳充符をも参照せよ）、「死生存亡、窮達貧富、賢不肖、毀誉、飢渇、寒暑は、これ事の変（事象の変化）にして命の行（運命の動向）なり」（同、人間世）、「死生は命（＝運命）なり。その夜旦（夜と朝）の常あるは天（自然の理法）なり。人の与るを得ざる所あるは、皆物の情（万物の真相）なり。」（同、大宗師）などのように、人間の力ではどうにもならない事柄への言及が数多く見られる。人力・人為を超えた必然性を一般に「運命」と呼ぶが、老子と同様に超越神の存在を認めない荘子にとって、運命・必然性とは、神という他者の然らしむるもの即ち神の摂理ではなく、自ずから然る「自然」を意味する。但し、「自然」とは言っても、それはストア学派の自然のように因果法則に基づく必然性でもなく、また自然の合目的性という意味での自然の摂理でもない[*24]。このような「自然」にとって、他者とは人為に他ならないのであるから、自然と運命・必然性とは人為を排除するという点で重なり合う。従って荘子の場合、無為自然とは人為の計らいを放下して運命・必然性に随順することを意味する。荘子はこう述べる。「聖人は一切をそのままに受け容れる境地に遊んで、すべてを有るがままに肯定する。若さを善しとし、老いを善しとし、生まれたことを善しとし、死ぬことを善しとする。」（同）と。

　このように万物斉同に立って運命の絶対肯定を説く荘子が「死生を以て一条と為し」（同、徳充符）、「死生存亡の一体」を説くのは蓋し当然ではあるが、彼は様々な角度から生死一如の風光を語っている。その中から一つだけ引用して荘子の許を立ち去ることにしよう。

23　ニーチェの死生観については、拙著『ヨーロッパの仏陀』（上掲）第 2 章「生死」を参照されたい。

24　もし X という事象が Y という原因から生じたとすれば、X は Y という他者によって然らしめられていることになり、それでは他然であって自然ではあるまい。合目的性に関しても同様である。

　昔の真人は、生を悦ぶということを知らないし、死を憎むということも知らなかった。生まれてきたからといって嬉しがるわけではなく、死んでいくからといって厭がるわけでもない。悠然として去り、悠然として来るだけである。[どうして生まれてきたのか]その始まりを知らず、[死んでどうなるか]その終わりを知ろうともしない。生命を受けてはそれを楽しみ、万事を忘れてそれをもとに返上する。こういう境地を、「心の分別で自然の道理をゆがめることをせず、人のさかしらで自然の働きを助長することをしないもの」というのである。こうした境地にあるものを真人というのだ。このような人は、その心は万事を忘れ、その姿は静寂そのもので、その額はゆたかに大きい。ひきしまった清清しさは秋のようであり、温かなやさしさは春のようであって、感情の動きは四季の移りゆきのよう[に自然]である。外界の事物の動きにつれて適切に応じ、それがいつまでも果てしなくつづいてゆくのだ。(同、大宗師* 25)

4　道教の死生観

　残るは仏教と道教であるが、仏教的死生観を代表するとされる輪廻説が中国においてどのように受容され、変容してゆくかが本章全体のテーマであるから、この点については次節以下で扱うこととし、本項では道教* 26 の死生観を簡単に見ておきたい。

　道教とは中国古来のシャーマニズム的呪術信仰を基盤とする自然宗教で、神仙説を中心とし、そこに祭祀、方術* 27、道家、易、陰陽、五行、占筮、

25　金谷治訳注『荘子』第一冊（内篇）（岩波文庫、1971 年）177-178 頁。

26　道教については、窪徳忠『道教史』（山川出版社、1977 年）、『道教の神々』（講談社学術文庫、1996 年）、『儒教と仏教』（『窪徳忠著作集』第一書房、1998 年）による。

27　①飲食を摂し、火食しない辟穀。②服薬または食養生である服餌、薬の中では金丹が最上で、これを作るときの禁忌が定められている。③深呼吸法である調息。④体内

巫祝、讖緯[*28]、天文、占星、医、儒家などの説を採り入れ、仏教の盛行に触発されて教理および教団を組織した宗教だと言うことができる[*29]。その

の気を損ぜぬための一種の按摩である導引。⑤同じく、性交の禁忌である房中法。その他、まじないや符（お札）、お祓いや祈禱などが挙げられる。

28　未来および神秘的な事柄を記した書物で、天人相関説とともに漢代に流行した。

29　道教の源流は後漢の太平道（後に有名な黄巾の乱を起こす）と五斗米道だが、これらは符（お札）や呪術による治病が中心だった。後漢末から三国時代にかけて仏教が盛んになり始めると、道家思想や仏教教理を借りて教理の確立を図るようになる。五斗米道が改称した天師道は既に神仙説を採り入れており、また易の原理を借りて延命長寿の可能性を説いた魏の伯陽の『周易参同契』、仙術や丹の作り方を述べた葛洪の『抱朴子』が著される。『抱朴子』の中には、民衆道教の経典とされる『太上感応篇』の思想的源流があり、当時の道教思想の集大成が見られる。仏説を借りて教理を作ったため、仏教との間に激しい論争が起こった。特に『老子化胡経』は仏教を道教の下に置こうとしたため、後長く道仏論争の中心となった。しかし、これらの論争を通じてインド仏教が中国仏教となり、道教教理が整えられるため、その意味は大きい。道教が宗教として大成されるのは北魏の寇謙子の唱えた新天師道によってである。彼は神仙説を中心に様々な方術や長生法、儀礼、世界観、神々の系列などを整備し、儒学・道家・仏教を摂取して教団を組織化する。彼は太武帝の信仰を得て道教を国家公認の宗教とすることに成功した。南北朝時代には多くの傑出した道士が現れて、経典も多く作られ、教理が確立した。唐の王室は道教の教祖に祭り上げられた老子と同じ李姓であったため、老子を祖先と見なして道教を優遇した。中でも道教を厚く信仰したのは玄宗で、道士を官吏に任用したり、家ごとに『道徳経』を置かせたり、様々な保護を加えた。そのため教勢は伸びたが、道士の不正が行なわれたり、偽道士が横行したりして、多くの社会悪の原因を作った。当時盛んだったのは煉丹術で、七人の天子が道士の作った丹を飲んで却って命を縮めた。五代には儀式の制度化が行なわれ、ますます複雑となるが、内容的には停滞した。北宋末になると大師号を売り出して財政難を救おうとしたために、教団の権威が落ち、道士の質は著しく低下し、教会が社会悪の巣窟となった。なお、北宋初めに初めて道蔵が編集された。南宋時代に、金の治下に入った江北地方で、このような教会に対する革新運動が起こる。全真教・真大道教・太一教（後二者は元代中期に中絶）の成立である。この三派の特徴は、儒・仏・道三教の調和を強調し、実践的で庶民的だという点である。特に全真教では禅の影響が顕著である。その支持者には下級官吏、農民、漁民、都市の商工業者が多かった。一方、江南では天師道と茅山派が、従来の傾向を保持しつつ民衆の支持を受けていた。チンギス・ハーンが全真教の道士、丘長春を信任したため全真教の勢力は伸びたが、世祖のときに仏教との論争に敗れ、一時手痛い打撃を受けたが、すぐに権力と結びついて勢力を盛り返し、南北二宗が成立する。元代、教団は荘園地主として生活が安定したため無気力となったが、その傾向は明から清になるとますます強くなった。明代になると、道教も仏教同様、政府の強い統制下に置かれたため急速に衰え、清代になると、正一天師の格も下げられ、王室の保護も無くなり、教団はまったく形骸化する。この傾向は中華民国となってますますひどくなり、中華人民共和国が成立すると、政府は迷信の根絶に乗り出し、更に文化大革命では寺院・道観が狼藉を受け、仏像・神像は持ち去られたり破壊されたりした（家に持ち帰って、密かに拝む者もいたらしい）。現在、主要な道観は国家が修復し、運営に必要な費用も国費で賄われるようになった。現在の宗派は全真教と正一教の二派だけである。それゆえ、道教が実質的に残っているのは香港と台湾だけだということになるが、台湾では正一教系の道教しか見られず、全真教のような修行道場も道観も無い。有るのは宮または廟である。専業の道士もおらず、生活も肉食妻帯していて一般人と変わらない。だが、道教は知識人には軽蔑されたとしても、中国の古い民間信仰や巫術を背景とするだけに民衆の間では相変わらず信奉され

教義は、『老子』を根本聖典としている関係上、万物の根源を「道」としている。「道」は「無」であり、「無」から「一」が生じ、次いで三元、三気、天地人の三才と変化して万物が生じたとされる。人間は柔弱を旨として無為自然の清浄な生活を送るならば、万物の根源である道に帰一して天地と同様に長生できる、と説き、そのための養生法として実に様々なものが説かれている。この中には文字通り健康法も有るが、福を招き災いを避け、悪霊・鬼神から身を護り、またそれらを使役する符（お札）の作り方や使用法も含まれている。また、道教はその世界観として仙（天）・人・鬼から成る三部世界を説くのだが、これは仏教からの剽窃ないし影響である。先ず天界としては三十六天を説き、下から欲界（六天）、色界（十八天）、無色界（四天）の三界から成り、修行の完成した人間は西王母に迎えられて四種民天に昇るとされる。その上には太清・上清・玉清三天尊の三清境が有って、これらの三天尊は過去・現在・未来を統べている。更に最上には大羅天が有って元始天尊がおり、三天尊は法身である元始天尊の応現したものであるとする。これらが仏教の模倣であることは余りにも明白であろう。一方、地獄も三十六有るとされ、悪行を犯した人間がそこへ行くとされる。地獄の長官、伏魔大帝は関羽を神格化した関帝である。地獄の様子も仏教と似ており、これもまた仏教の模倣であろう。なお、人は上帝鬼神の裁定する「功過」によって死後どこに行くかが決められ、三部世界の間を往還する。このような勧善懲悪思想によって道教は儒教道徳を実践すべきことさえ説くのである。後世、宋以後になると「功過格」といって、日常の行為を善悪に分けてそれぞれに点数をつけ、それによって寿命の長短を考える思想が普及する。人の寿命を司るのは天にいる司令神で

ている。信仰対象は極めて複雑多岐で、アニミズム系統、神仙思想系統、仏教などの外来宗教系統、求福除災を目的とするもの、実在の人物などに分けられる。人々は何か変事が起こるとそれぞれ適当な神の加護を願い、お札に頼って自分の願いを通そうとする。この点は日本人の信仰の場合と事情が似ている。年中行事にも道教的来歴をもつものが甚だ多い。このように道教は我が国の神道と類似する点が少なくない。因みに道教は当初「神道」と呼ばれていたらしく、元々普通名詞だった道教という語が今日の意味で用いられた最初の例は、中国第二回の排仏を断行した北朝の周の武帝が574年に発した詔勅においてである。日本に宗教としての道教がほとんど定着しなかったのは、道教と神道とが類似していたからかもしれない。

あり、それも人の行為の善悪に基づくとされる。

　このように、道教は求福除災、不老長生などの現世利益を目的としていることは明白なのだが、道教本来の性格を最もよく示しているのは、やはりその基層を成している神仙説であろう。神仙説とは、戦国末期から現れ、死などの様々な苦悩に満ちた現実の世界を超脱し、永遠の生命を得て人生の快楽を享受しうるユートピアへの飛翔を保証する救済思想のことである[30]。秦の始皇帝が晩年に異常なほど死を恐れて仙人になることを切に願い、徐福なる方士に騙されたこと、前漢の武帝もまた神仙術の専門家である方士の勧めに従って様々な神を祭ったり、不死の薬を得ようとしたりしたことなどは余りにも有名である。

　宗教教団としての組織を備えた「成立道教」はともかくとして、教団的性格が曖昧な「民衆道教」の場合は、シャーマニズムに加えてアニミズムの傾向が強く、神や天などの言葉で表現される絶対者の力に依存する傾向も顕著なのだが、信仰の対象が複雑多岐にわたり様々な要素を加えているため、どこからどこまでを道教と見なすべきか、その判断は極めて難しい。但し、無知蒙昧な民衆は勿論のことだが、知識人も私的には年間行事を始めとして道教と深く関係していた。例えば、旱魃の時には竜王や雨師に祈り、蝗の害が発生すると蝗を駆除する神に頼む。洪水の時には川の神に祈り、財産が増えるよう財神に願をかける。病気になると医者に掛かる代わりに巫に占ってもらうか、道観でお御籤を引いてその処方に従って服薬する。天然痘や眼病の時には痘疹娘娘や眼光娘娘などの女神のところへ行く。人が死ぬと複雑な儀式を行なうのは、宙に迷った死霊が人間に害を及ぼすのを防ぐためである。お守りを身に着けたり、鎮宅符を室や戸に貼ったり、門神と呼ばれる恐ろしい姿の神の絵を門の戸に貼るのは悪霊・悪鬼の災いを防ぐためである。夢見が悪いといっては卜者に判断を仰ぎ、転倒したといっては邪気祓いを行なう。中流以上の家の門を入った突き当たりに有る影壁は、悪鬼の侵入を防ぐ防壁である。悪鬼は直進しかできないと

30　麥谷邦夫「初期道教における救済思想」(『東洋文化』57 号、東京大学東洋文化研究所、1978 年) 参照。

信じられているからである。

　いずれにせよ、道教の思想の基本は、人が生きているうちは様々な呪術・方術を駆使することで福禄と不老長生が得られるだけでなく、更に修行すれば不死となって昇天することさえ可能になることを説くところにあるだろう。一方、道教も死人は鬼となると考えるわけだが、成立道教では仏教風に三部世界を輪廻すると考えるのに対し、民衆道教では救われずに宙を彷徨って生者に害をなすような鬼もいるが、大体は祖霊となって天国で楽しく暮らす、くらいに思われているのではなかろうか。この点は日本の他界観と同じく漠然としているように思われる。

5　死後の世界

　以上のように、儒家であれ道家であれ、中国の知識人は死後の世界や霊魂の存在を考えない神滅論を主張する現実主義的傾向が強かったが、不老長生や求福除災を願う一般民衆は死後の世界や鬼（即ち死者の霊魂、特に祖霊）の存在を漠然と信じていたように思われる。最後に、死後の世界つまり冥府について一言述べておこう[31]。

　後漢の頃、冥府は泰山に在り、そこに鬼が集まるという信仰が興る。この頃の他界観によれば、鬼の世界は現世と共存或いは連続していると考えられており、これはこれで古い信仰だと思われる。鬼神が生者に祟ったり福を授けたりすると思われていたのも、周の文王が死後に天地を往復するとされたのも、招魂の儀式によって祖霊が子孫の許に帰って来ると見なされていたのも、古代中国人にとって（実は中国人にとってだけではないのだが）、死後の世界が、天界であれ地下の黄泉や幽都であれ、この世から隔絶した所に在るのではなく、すべてこの世の延長上に在ると思われていたことを示している。因みに日本でも、伊耶那岐が亡妻を慕って降りて行った黄泉国がこの世からさほど遠くなかったことは、黄泉醜女に追われな

31　中国における冥府観念の形成については、例えば前野直彬『中国小説史考』（秋山書房、1975 年）を見よ。

がらも、黄泉比良坂の入り口を千引の石で塞ぐことで、無事にこの世に逃げ帰ることができたことからも分かる。確かに、死者が生者として生き返ると信じられていたわけではあるまいが、「不帰の客」と見なされていたわけでもなく、その死霊・祖霊は時折縁者の許に帰って来て警告を発したり、仇敵に復讐したりすると思われていた。だから冥府に行くことは、少し離れた所への転居くらいに見られていたのである。こうした他界表象は今なお東アジア一帯で正月・盆などの行事に残っている。

　勿論、このような死後の世界や鬼の存在を迷信として斥け、神滅（霊魂の断滅）を主張する者もいた。その代表は中国最初の無神論者とされる後漢の王充（27-ca.100）である。既に触れた天人相関説や讖緯説を始めとして漢代に流行した俗信や迷信の類をすべて徹底的に批判した王充は、その著『論衡*³²』「論死篇」において、人は陰陽の気が凝集したものであり、死ねば再び気に戻るだけのことであるから、死んでも鬼にはならない、と言い、そもそも鬼には知覚が無く、言葉も話せず、人に危害を加えることも無い、と主張する。人が死んでも鬼にならず、気に戻ってしまうということは霊魂の死後の存続を否定することであり、現世での善行・悪行に対する死後の応報を根本的に否定することであるが、この点については次章第五節で述べる。彼はまた、もし世間の人の言うように鬼が見えるとすれば、数百万の鬼が堂に満ち、庭に満ち、町筋に一杯になっているのが見えるはずだが、一人や二人しか見えないと言っているのは理不尽だとか、もし鬼が死人の魂ならば、ただ裸の形が見えるだけで衣服は見えないはずだ、などと強烈な皮肉を飛ばしてもいる。

　しかし、冥府や鬼の存在への信仰はますます盛んになってゆく。葛洪（283-363）の道書『抱朴子』には、こうある。「また神仙の集注（注釈書）に召魂劾鬼の法あり。また人をして鬼を見せしむるの術あり。俗人これを聞けば虚文と謂ひ、或ひは天下に鬼神なしと云ひ、或ひはこれあるも劾召すべからずと云ふ。或ひは云ふ、見鬼の者は男にありては覡となし、女に

32　以下では、大滝一雄訳『論衡』（平凡社、ワイド版東洋文庫、2003 年）を参照する。王充とその著『論衡』については、次章第 5 節でやや詳しく論ずる。

ありては巫となす。まさに須く自ずから然るべきものにして、学んで得る
べきものに非ず、と。……それ方術はすでに見鬼の者ならざる者をして鬼
を見せしむ。」要するに、生者の魂即ち生霊や、死者の魂即ち鬼などを招
き寄せたり、処罰したりする法は厳然と存在すると言い、生得の見鬼能力
をもたぬ者に鬼を見させる術も有る、と言うのである。また、六朝頃から
怪異な出来事を記した「志怪小説」が生まれる。4 世紀、晋の干宝の著『捜
神記* 33』はその最初期のもので、それによると、鬼の集まる泰山の冥府は
現世と同じようにピラミッド型の官僚機構をもち、その長は泰山府君と呼
ばれる。鬼はしばしば人間と同じ姿をしていて、生者と普通に会話を交わ
し、様々な質問に答えてもくれる。また、人間が現世と冥府とを往復する
話、鬼の習性を利用して鬼を退治する話、鬼が苦役を受ける話など、鬼の
世界が非常に具体的に描かれているが、それらは鬼の世界が現世の投影
であることを示している。『捜神記』にはまだ仏教色は希薄だが、死者が
天に訴えて生者に罰が下る話などには既に因果応報譚が含まれている。但
し、これが仏教の影響によるものなのかどうか、俄かには決し難い。とい
うのも、「因果」という語こそ仏教伝入以前の中国では用いられていなか
ったが、因果応報という考え方そのものは中国にも普通に存在していたか
らである。とにかく、その後志怪小説は大いに発展し、次第に仏教の三世
にわたる因果応報の思想から影響を受け、鬼は餓鬼と同一視され、鬼界つ
まり餓鬼道の具体的描写は、神滅・神不滅などの議論よりも仏教普及の面
で遥かに大きな役割を果たすことになる。仏教信仰に基づく因果応報譚の
完成形態を示しているのは、7 世紀半ば頃に書かれた唐臨の『冥報記* 34』
であり、景戒の『日本国現報善悪霊異記』の序文にも言及されて我が国の
仏教説話にも大きな影響を与えた。鬼の世界はその後も生き続け、近世の
宋代以後の怪異小説や白話小説でもしばしば取り上げられ、我が国でも江
戸時代の読本に度々翻案される。本書序説末尾で紹介した「死霊結婚」も、

33　和訳として、竹田晃訳『捜神記』（平凡社、1964 年）が有る。
34　テクストと訳文については、内田道夫編『校本冥報記附訳文』（東北大学文学部支
那文学研究室、1955 年）を参照のこと。

葬式で紙銭を燃やすのも、現世での不老長生を説く道教が先祖の魂の平安や信者のあの世での幸福を説くのも、映画『霊幻道士』のキョンシーも、『チャイニーズ・ゴースト・ストーリー』も、すべてこうした信仰抜きには考えられない。

第 2 章
仏教の中国伝入と儒教的人生観への懐疑

第1節　仏教の中国伝入

　これからいよいよ中国における仏教受容の問題に分け入ることにしよう。

　ところが、ここに一つの問題が立ちはだかる。即ち、俗信・迷信の類を軽蔑する中国の知識人の間に仏教が広く受容されるようになるのは、漸く東晋の元帝（在位 317-322）の治世になってからだということである。つまり、仏教の初伝が後漢の初期だとすれば、仏教のように極めて高度な哲学的宗教が伝来しながら、この約 300 年間、仏教は中国文化・思想にほとんど何の影響も及ぼさなかったことになるわけである。これは実に不思議な現象だと言わねばなるまい。中国の知識人が六朝時代に入って仏教に傾倒するようになるのは一体なぜなのであろうか。彼らは仏教のどこに共感を抱いたのであろうか。我々はその間の事情を追跡せねばならない。

　ところで、仏教の中国伝入は、実際には前漢にまで遡ると推察できるのだが、正史に現れる仏教初伝は、後漢の永平八年（65）に明帝の異母弟の楚王英が黄老とともに浮屠（仏陀）を祭ったという記事（『後漢書』楚王英列伝）である。一方、仏教の側では、その 2 年後（67）、明帝のインド求法の勅により迦葉摩騰と竺法蘭とがインドから洛陽に招かれ、明帝の建立した白馬寺で最古の翻訳仏典『四十二章経』を訳したことを仏教初伝としてきた。しかし、現在の研究によればこの経は紀元 500 年前後の偽作とされ、従って明帝の求法と白馬寺建立の伝承も、迦葉摩騰・竺法蘭両者の存在そのものも史実としての信憑性が疑われている。しかし、仮に楚王英の封地であった臨淮で仏法が信仰されていたとすれば、当時インドから洛陽に来た僧がおり、彼らが何らかの訳経を行なったという推測は充分に成り立つようにも思われる。さて、正史に現れる次の仏教関連記事は、少し下って後漢末の延熹九年（166）、時の皇帝、桓帝（在位 146-167）が、先の楚王英と同様に、宮中に黄老とともに浮屠を祭っていたとするもの（『後漢書』本伝）である。更にその 30 年後には、呉の笮融なる者の記事（『後漢書』陶謙伝、『呉志』劉繇伝）が現れる。笮融は江南の丹徒郡の土豪だったと推測されるが、彼は同郡の徐州牧だった陶謙が天子を僭称して立ったとき、数百人を率いて馳せ参じた。笮融は陶謙の命で広陵・下邳・彭城の三郡の食糧運搬を監督することになったが、彼はこれを横領して浮屠寺を建て、黄金を塗った仏の銅像を造り、これに錦衣を纏わせ、その建物の上には九重の銅盤を置き、その下には 3 千人もの人々を収容できる重楼閣道を造った。寺の中では絶えず読経を行なわせ、近隣の民で仏を好む者を集めて、参列者には賦役を免除したため、参列者は 5 千人に上ったという。浴仏の儀式には盛大な酒飯を用意し、数里四方の席を設けたため、見物や接待に集まった民衆は 1 万人を超え、その費用は莫大であった。後漢末の民衆の間に仏教がかなり浸透していた証拠であろう。また、現存最古の経録である『出三蔵記集』によれば、同じく桓帝の頃、安息、大月氏、インドから安世高、支婁迦讖、竺仏朔が来て、霊帝（在位 168-189）とその次の献帝の代にかけて多数の経を訳出したとされる。安世高は桓帝初年に来朝して、主に小乗経典三十五部四十一巻を訳し[1]、支婁迦讖は桓帝代末に洛陽に来て、大乗経典のみを十四部訳出したとされる[2]が、このことは中国仏教にインド仏教とは異質の性格を与えることになる。つまり中国では、インド仏教の発展経過を踏まずに大乗経典と小乗経典とが同時に伝入したため、六朝以降、特に隋唐仏教において「教相判択」が必要となり[3]、その結果特定の経典や論書を所依の聖典とする宗派仏教が形成され

1　『大正新修大蔵経』は安世高の訳経として五十五部六十巻を伝えているが、『出三蔵記集』では三十五部四十一巻としている。『安般守意経』『陰持入経』『人本欲生経』『道地経』『大小十二門経』などは、安世高の訳であることが確実視されている。

2　『出三蔵記集』に支婁迦讖の訳経として挙げられている十四部はすべて大乗経典で、主な訳経に『道行般若経』『首楞厳経』『般舟三昧経』がある。特に『道行般若経』は般若経典の初訳であり、『首楞厳経』は大乗の禅観を説いたもので、六朝時代の般若学、大乗禅観の流行に大きな役割を演じた。

3　仏教は「八万四千の法門」とも言われるように、大小乗の実に多様で、時には矛盾さえしている経典・教理を含んでいる。特に中国へはそれらが一挙に伝えられたため、それらの教えの深浅を判定し、またそれらのどれを仏の究極の教えとして択んで仏教全体を体系的に理解するか、つまり教相判択が重要となったのである。

るのである。

　さて、三国時代になると訳経が一層盛んに行なわれ、その注釈までもが作られる。例えば、魏の都洛陽にはインドから曇柯迦羅が、安息から曇諦が来て戒律の典籍を訳し、康居国出身と思しき康僧鎧が 253 年に来て白馬寺で『仏説無量寿経』二巻を訳したとされる[*4]。一方、呉では、祖父が大月氏の出身であり支婁迦讖の孫弟子に当たる支謙が、呉王孫権の保護の下に 222 年から 253 年頃まで大小乗経典約二十七部を訳出した[*5]とされる。彼が『大無量寿経』を訳していること[*6]から推して、当時当地で浄土信仰が行なわれていたことは確実であり、また彼の訳した般若系経典は、魏晋時代に流行した清談（有名なところでは、いわゆる「竹林の七賢」）に受容され、やがてそれらを老荘思想によって理解する格義仏教が生まれる。また、これと同じ頃、孫綝（231-258）は呉の宰相として専横を極め、呉主、孫亮を廃してその弟の孫休を立てるなどの不法行為が多く、更には「氏神を侮慢し、遂に大橋頭の伍子胥の廟を焼き、また浮屠の祠を壊

4　康僧鎧は、現在一般に『大無量寿経』として読まれている『仏説無量寿経』の他に、『郁伽長者所問経』や『四分雑羯磨』などを訳したとされるが、現在の研究によれば、それらは訳語などから見て晋末以後のものとされ、彼の訳経であることは否定されている。

5　主な訳経は『維摩詰経』『大明度無極経』『大般泥洹経』『太子瑞応本起経』『法句経』など。

6　支謙の訳出した『大無量寿経』は「呉訳」と通称され、正確には『仏説阿弥陀三耶三仏薩楼仏檀過度人道経』二巻（223-228 年、大正蔵、第 12 巻 300 頁上 -317 頁下）と言う。いわゆる「浄土三部経」のうちの『大無量寿経』の漢訳は、古来、「五存七欠十二訳」と言われ、支謙訳以前にも、安世高訳『無量寿経』二巻（148 年、欠）と支婁迦讖訳『無量清浄平等覚経』四巻（「漢訳」、147-186 年、大正蔵、第 12 巻 279 頁中 -299 頁下）が行なわれていた。「魏訳」と通称される康僧鎧訳『仏説無量寿経』二巻（252 年、大正蔵、第 12 巻 265 頁下 -279 頁上）については上述の通りである。なお、『大無量寿経』のテクストについては『浄土三部経』上（中村元・早島鏡正・紀野一義訳注、岩波文庫、1963 年）358 頁以下を参照せよ。因みに『大無量寿経』の漢訳には「自然」という語が異様なほど頻出する（「漢訳」56 回、「呉訳」146 回、「魏訳」177 回）。また、この語が特に頻出するいわゆる「三毒五悪段」は、本来の経文ではなく、中国人によるこの経の解説文であり、それが本文の中に混入したものらしい。これら三訳が成立したのは六朝時代初期に当たっており、時恰も老荘思想の全盛期であった。それゆえ「自然」という語がこれほど多用されているのは、老荘思想の「無為自然」に影響されたためであるとともに、その語義に関しても、「前世の宿命による必然の結果」という意味でこの語が用いられる場合があるのは、中国古来の民俗信仰を仏教の応報説に習合させた結果と見られる。中国人の仏教受容を考える点で重要であろう。この点については、森三樹三郎『老荘と仏教』（上掲）所収「『無量寿経』三訳にみる「自然」」を参照せよ。

し、道人を斬る」などの狼藉を働いたとされる（『呉志』孫綝伝）。ともかく、以上から仏教がこの頃中国の南北にかけて行なわれていたこと（但し、蜀に関しては定かでない）、しかもその仏教はインドや大月氏・安息などの西域諸国から伝えられた翻訳仏教に留まらぬ成長を見せ始めていたことが窺われる。また、後の文献『高僧伝』や『出三蔵記集』によれば、漢人最初の出家者にして洛陽で『道行般若経』を講説していた朱子行なる者が、魏の甘露五年（260）、西域求法の旅に出て、于闐で或る般若経典の原本を手に入れ、自身は当地で没したが、その経典は西晋の太康三年（282）に弟子によって洛陽に送られたとされる。それは後に『放光般若経』二十巻として訳され、西晋時代における般若学興隆の基礎となった。

　以上が後漢初から西晋末までの 300 年間における仏教伝入記録の概要である。このように、その間、中国の知識人に限って言えば、彼らが仏教を信仰していた形跡はほとんど無い。当時の仏教の支持母体は専ら西域からの帰化人と、その影響を受けた民衆の一部、および俗信を受け容れやすい宮女たちの間で育った帝王たちに限られていたと見られる。『高僧伝』「道安伝」には、道安に宛てた習鑿歯（?-384）の書簡が載っているのだが、その中で習鑿歯は、「大教（＝仏教）東流してより 400 余年、蕃王・居士の、時に奉ずる者ありと雖も、しかも真丹（＝中国）の宿訓（伝統的な教え）、先行して世に上り、道運り時遷るも、俗末だみな悟らず」と述べている。

第 2 節　三国・晋・六朝の社会情勢

　仏教を取り巻くこうした状況に目覚しい変化が現れ、一般知識人も仏教に強い関心を寄せ始めるのは六朝に入ってからのことである。ここで、当時の社会が激動の時代を迎えていたことに注目せねばならない。後漢滅亡（220）後、中国は三国に分裂し、一度は晋（西晋 265-316）によって統一されたが、それも長続きせず、以後隋による天下統一（589）までの約 400 年間、六朝と呼ばれる中国史上最も大きな混乱と分裂の時代が続く。西晋末に政権を争う皇族諸王によって惹き起こされた八王の乱（300-306）で、諸王は異民族の兵力を利用したため異民族の侵入を招き、匈奴によって西晋は滅ぼされた（316）。この時江南にいた皇族の司馬睿は華北から避難して来た貴族や江南の土豪に推されて元帝として即位し、建康（現在の南京）に都した。これを東晋（317-420）と呼ぶ。しかも華北では、かねて侵入していた異民族（匈奴、モンゴル系の鮮卑、ティベット系の氐・羌、匈奴の別種の羯）が漢人と入り乱れて各地に小王国を建てて（五胡十六国）興亡を繰り返し、一方、江南に押しやられた漢人も次々と王朝（東晋・宋・斉・梁・陳）を建てた。つまり、中国の北半分を異民族が領有し、漢人の王朝は中国の南半分を支配するにとどまったのである。その結果、漢代から特定の家門に集中し、世襲化し始めた官僚（士大夫）の身分は、六朝になると貴族化して強大になり、他方、皇帝の権力は相対的に低下した。その経緯はこうである。後漢末の戦乱によって都市や農村の住民の多くが流民となったが、豪族即ち高級官僚たちはそれを奴婢とするか、佃客・部曲[7]として隷属させ、土地を兼併して広大な土地を占有した。彼らは地方政治の実権を掌握して、各王朝の主要官職を独占して門閥貴族化

7　部曲は一種の農奴で、奴婢などの奴隷よりは上位の半自由民。物として売買されることはなく、財産の所有も認められたが、主家の戸籍に付記されて移住の自由は無かった。佃客は主家の戸籍に付記された一種の家内奴隷。荘園の発達とともに主家から独立したが、不自由な束縛を受け続け、明・清以後になって漸く完全な小作権をもつに至った。

し、中央政治を左右した。彼らとて官吏にすぎなかったが、「上品に寒門なく、下品に世族（名門）なし」と言われたように、上級官僚は家柄によって決まり、その地位は世襲されたのである。これが異民族の侵入を許し、短命の王朝がめまぐるしく交替して統一を困難にした主要因であった。

　こうした激しい社会的変動を背景として形成された六朝文化の基調を成すのも、その貴族的性格である。特に中国伝統文化が渡った南朝では、豪族が門閥貴族化して政権を握り、しかも国家の統制力も弱かったために自由清新で高雅な文化が現出した。漢代に国教として栄えた儒教は国家秩序の崩壊とともに権威を失い、中でも政治に絶望した士大夫は形骸化した儒教に反発し、老荘思想に近づく。六朝時代は中国史上最も老荘思想が盛んな時代である。彼らは高踏的な哲学論議に耽って文学・芸術に関心を寄せ、儒教的儀礼を軽蔑して超俗を誇った。いわゆる清談である。書道・絵画・音楽・文学が儒教の拘束を脱して芸術として独立するのも六朝時代である。一方、北朝の五胡十六国の場合、胡人は人数が少なく文化程度も低かったと思われがちだが、そうではない。彼らは既に数百年間中国国内に雑居し、中国文化に完全に同化した帰化人だった。例えば前趙国（304-329）の初代国王、劉淵は匈奴出身だが、中国の一流士大夫並みの教養を具え、兵法や弓馬の術にも長じた文武両道の人物で、当時の諸名士と交遊して高い評価を受けていたし、その子で西晋の都の洛陽を攻め落とし懐帝を廃した劉聡も、父に劣らぬ優れた教養人であった。仏教の優れた理解者だった南朝宋（420-479）の宗炳（375-443）は『明仏論』の中で、「中国の君子は礼義に明らかなれども、人心を知るに闇し。いづくんぞ仏心を知らんや。」（『弘明集*8』巻二）と言っている。ともかく、北朝では皇帝権が強かったため儒教が政治思想として重視されたものの、打ち続く戦乱のため、やはりその衰退は著しかった。こうした社会風潮を背景として興隆したのが仏教と道教とである。後漢以後の300年間、西域帰化人を支持母体

8　六朝における儒仏道三教の交渉を知る上で最も貴重な文献である『弘明集』（14巻、梁の僧祐（445-518）撰）については、『国訳一切経　護教部一』（太田悌蔵訳、大東出版社、昭和11年）の他に、牧田諦了編『弘明集研究』（全3巻、京都大学人文科学研究所、1973-1975年）という優れた業績が有るので、それを参照する。

とし、漢人の民衆や王侯の一部で行なわれていたにすぎない仏教は知識人の間にも急速に広まり始める。それは中国国内に雑居していた北方諸部族が一斉に蜂起した永嘉の乱（307-312）の後に即位した東晋の元帝（在位317-322）の代である。この歴史的事件は中国人の夷狄蔑視即ち中華意識を打ち砕き、宗教に無関心だった知識人に、夷狄の教えである仏教を受容する機会を与えた。このような動乱期に、苦に満ちた現実世界を否定して彼岸の救済を説く仏教や、不老長生を説く道教が盛んになるのも蓋し当然ではある。仏教は、南朝では貴族階級の保護を受けたのに対し、北朝では異なる諸民族の統一を図ったために国家仏教的性格が強く、氐族の前秦時代（351-394）に初めて開かれた敦煌の千仏洞や、華北を統一した北魏時代（439-534）に作られた雲崗・龍門の石窟寺院などの石仏・壁画が生まれた。しかし一方、仏教教団の増大は国家財政を脅かすようになり、北魏の太武帝は廃仏を行ない、その後も北周（556-581）・北斉（550-577）と廃仏が行なわれた。これとは逆に道教は、漢人官僚の進言を容れた北魏の太武帝に保護されて国教となってから民間の間に広く普及し、儒・仏と並んで中国思想の主流を形成するに至った。この点については既に触れた。

　しかし、知識人による仏教受容を考える場合、以上のような社会的要因だけでなく思想史的要因をも挙げねばならない。それは、儒教の人生観に対する懐疑や不満が、漢代以降、知識人たちの間に深く広く潜行していたことである。即ち、行為の善悪と禍福、正不正と幸不幸との間には因果関係など有りはしないのではないか、という問題に、儒教は納得のゆく回答を与え得ないように思われたのである。

第 3 節　漢代の儒教

　話を前漢に戻す。秦の始皇帝の始めた郡県制が実質的に確立されたのは漢王朝においてだが、郡県制の確立は後の中国思想を根本的に制約する。第一に、中国の思想・文化が強い政治色を帯びるようになったことであり、第二に、儒教が国教の地位に就いたために、思想・文化のあらゆる分野が儒教の支配下に置かれるようになったことである。

　しかしその儒教も、漢初から王朝の指導的原理の座を獲得していたわけではない。当時の儒者は一般に、従来通り、冠婚葬祭業を生業とし、礼義や忠悌に小うるさい道学者と見なされていたに過ぎない。儒教の時代は未だ到来していなかったのである。漢の高祖、劉邦が天下を統一したとき、秦の滅亡は始皇帝の弾圧政策が人民の反感を招いたためだという反省から、概して自由放任の政策が採られた。これは「大国を治むるは小鮮（＝小魚）を烹る（＝煮る）が如し」という老子風の無為の政治を理想とするものであり、事実、漢初の約 80 年間は「黄老説」の全盛期であった。ところが、第七代の武帝（在位 141-87 B.C.）が即位する頃になると、漢王朝の基盤も漸く固まり、自由放任の道家思想に代わる強力な統一的政治原理が求められた。ここで白羽の矢を立てられたのが他ならぬ儒教である。勿論、皇帝を中心とする中央集権制を築くには、韓非子流の現実主義的な法家思想の方が、道徳に基づく政治を唱える理想主義的な儒教よりも遥かに優れている。しかし、法家の厳罰主義を極端に推し進めたことで秦は滅亡したのであるから、法治主義の原則は堅持するにしても、せめて表面だけは徳治主義で飾るのが得策であろう。ましてや、一旦完成したものをよく保守するのが儒教の特長であってみれば尚更である。だが、儒教が国教の地位を獲得したのは、こうした外的で消極的な理由のためばかりではなかった。儒教自身、皇帝独裁に道徳的根拠を与える積極的要素をもっていたのである。そもそも儒教は家族主義を国家管理の原理とする家父長制的国家を理想としている。家族が父に絶対服従せねばならぬように、人民は一国の父である君主に絶対服従せねばならぬ。なぜなら人民は未成年の子のように無分別だからである、と。儒教が以後 2,000 年にわたる王朝時代の指導原理たりえたのは、こうした理由による。こうして国家公認の唯一の正統思想となった儒教は、元来、天地の神々や祖先を祭る礼を尊重する点では宗教に通ずる面をもっていたこともあって、一種の宗教的権威となり、所依の聖典としての「経書」が編纂される。いわゆる『詩経』『書経』『礼経』『易経』『春秋』の「五経」である。これらの経書は治国平天下の原理を説く政典という性格と、聖人の教えの記録という宗教的聖典の性格とを併せ持つことによって、中国思想界に絶対的な権威として君臨することになった。当然、経書を研究・解釈する経学も成立する。後世の朱子学や陽明学もまた根本的には経学の枠を超え出るものではない。

　ともかく、こうした事情で漢代の 400 年間は全体として経学の全盛期であったが、儒教を奉ずる知識人の中にも儒教の人生観に対して疑義を呈する者がいた。元来、儒教はこの人生をいかに正しく生きるべきかのみを問い、この人生をいかに幸福に生きるかという問いには冷淡である。果たせるかな、儒教の人生観に潜む問題を鋭く抉り出す者が現れた。その代表者の一人が前漢の歴史家司馬遷（145-86 B.C.）であり、もう一人が後漢の自由思想家王充である[9]。

9　以下については、森三樹三郎『中国思想史』（上掲）240-254 頁を参照しつつ記述する。

第 4 節　司馬遷『史記』

　先ずは司馬遷を論ずることにしたい。周知の通り、彼の『史記』は中国の正史二十四書の第一であり、「本紀」12 巻、「表」10 巻、「書」8 巻、「世家」30 巻、「列伝」70 巻から成る紀伝体の歴史書である。

　さて、司馬遷は『史記』「列伝」の冒頭に「伯夷列伝」を置いている。有名な文章である。

　　伯夷・叔斉は殷末の孤竹という小国の君主の子で、伯夷は長男、叔斉は三男だった。父は叔斉に跡を継がせたいと考えていたが、父が死ぬと叔斉は兄弟の序列を重んじて辞退し、兄の伯夷を立てようとした。しかし、伯夷は父の遺志を重んじて叔斉に位を譲るために国を去った。すると叔斉も兄の後を追ったので、国人は残った次男をやむなく君主に立てた。その後、周の武王が殷の紂王を討つために挙兵したとき、伯夷・叔斉は臣が君を弑することは不義であると諫めたが、武王は耳を貸さず武力革命を断行した。周が天下を統一した後、伯夷・叔斉は周の禄を食むことを恥として首陽山に隠れ、蕨を採っていたが、やがて餓死したと伝えられている。

　要するに、伯夷・叔斉は正義を行ないながらも不幸のうちに一生を終えた人物なのである。それでは、この伯夷・叔斉を、孔子はどう見ていたのか。『論語』「公冶長」篇によれば、孔子は、

　　伯夷・叔斉は旧悪を念はず（人の行なった昔の悪事を心に留めず）、怨み是の用（＝故）に希なり。

と語ったとされる。しかも弟子の子貢と次のような問答をも行なっている。

  子貢　伯夷・叔斉は何人ぞや。

  孔子　古の賢人なり。

  子貢　怨みたるか。

  孔子　仁を求めて仁を得たり。また何をか怨まんや。（『論語』述而）

　伯夷と叔斉は仁を行なおうとして仁を行なうことができたのだから、何を怨むことがあろう（伯夷・叔斉には世の中や人を怨む心など無かった）というのである。要するに、孔子は道徳的行為の実践に伴う満足感をそのまま幸福と見なし、幸福に独立した意義を決して認めない[10]。「朝に道を聞かば、夕に死すとも可なり」（同、里仁）という孔子の言葉も、そのような厳粛で崇高な精神から発せられたものであろう[11]。

─────────────

10　この孔子の立場は、カントが『実践理性批判』（Kritik der praktischen Vernunft, 198ff.）で論じたストア学派の立場に酷似している。カントは、正しくありたいという願望と幸福でありたいという願望とは同等の権利をもつはずだが、徳と幸福とは人間の立場では終に一致させることのできないアンティノミーである、と考える。ところが古代ギリシアのエピクーロスとストア学派は、徳と幸福とを最高善の異なる二つの要素とは見なさずに、統一させようとした。但しその方向は正反対である。エピクーロスは幸福を、ストア学派は徳をそれぞれ根本概念として選び、前者は幸福へと導く自分の格率を意識していることが徳であると言い、後者は自分の徳を意識していることが幸福であると言った。ストア学派に関して、カントは、この学派が徳の実現に伴う自己満足を幸福とする立場をとったと解するのである。カントの解するストア学派の立場は明らかに孔子の立場と同じである。しかし、カントによれば徳と幸福とは実践理性のアンティノミーであるから、両者の統一は感性界に身を置く人間にとっては不可能である。このようにカントはストア学派を批判する。カント自身は、周知の通り、徳と幸福とを一致させるために「霊魂の不死」と「神の存在」とを要請せざるをえない、と考える。エピクーロスの立場がカントも言うように論点先取の誤謬を犯していることは明白だとしても、カントのストア学派批判が果たして説得力のある批判たりえているか否か、私には甚だ疑問である。私としてはむしろ、徳と幸福とのアンティノミーをカントのように（また、伝統的な仏教のように）無理に解消しようなどとするのではなく、善悪と吉凶禍福、正不正と幸不幸との矛盾・不一致という現実を直視し、ギリシア悲劇の如く最後まで持ち堪えること（それが王充の人生観でもあるのだが）こそが重要だと考える。

11　孔子は伯夷・叔斉にその他 3 箇所（『論語』公冶長、季氏、微子）で言及しているだけでなく、「逸民」（世の中に出て仕えることをしなかった者、或いは世に用いられなかった者）の賢人として他に数人の名を挙げており、いずれにも最大級の評価を下している。これは我々が孔子に対して抱いている印象とは幾分違っている。というのも、古の道を説き、その理想の政治を天下に行なおうとした「聖人」というのが孔子の大方のイメージだろうから。だが孔子にはこれとは別の、世の中から身を隠したいという密か

　ところが、司馬遷は孔子のこのような見解に極めて懐疑的である。というのも、司馬遷によれば、逸詩として、伯夷・叔斉が臨終に際して詠んだとされるものが伝えられており、その中で彼らが、神農・堯・舜の王道が今や失われてしまったことを歎き、西山に蕨を採って食い、終に餓死せざるをえぬ天命を怨んでいること（「于嗟、徂（＝逝）かん、命の衰へたるかな」）は明白だからである。

　しかも、清廉潔白でありながら不幸のうちに生涯を終えたのは、何も伯夷・叔斉だけではない。例えば、孔門十哲の第一と謳われる顔回は「学を好み、怒りを遷さず、過ちをふたたびせず」と、孔子も認めるほどの有徳の士であったが、その生活は赤貧洗うが如く、結局「不幸、短命にして死せり」と孔子自ら述べている（『論語』雍也）ではないか。逆に、春秋時代の大盗賊だった盗跖は何千人もの手下を従えて、毎日罪の無い人を殺し、しかも人の肉を料理して食うなど、悪事の限りを尽くしたが、それでも天寿を全うしたというではないか[12]。確かに、「天道、親無く（依怙

──────────

な願望もあったようである。後世の儒教主流派なら一笑に付すだろうが、孔子自身の求めた道の究極には老子的な無為自然の道があったかもしれない。孔子が老子に礼を尋ねたという話（『史記』孔子世家・老荘申韓列伝）は、秦漢頃の道家の末流が老子を孔子よりも優位に置くために作った虚構であるにしても、強ち見当違いとも言えないところがある。孔子が子貢に向かって顔回のことを「吾と女（＝汝）と〔顔回の聡明さには〕如かざるなり」（『論語』公冶長）と称賛している理由も、「子曰く、賢なるかな回や。一箪の食、一瓢の飲、陋巷に在り。人はその憂ひに堪えず。回やその楽しみを改めず。賢なるかな回や。」（同、雍也）とあるように、孔子自身が望んでもそうありえなかった顔回の隠者的生活にあったかもしれない。孔子は隠棲するには余りに天下を変革しようという意欲に満ちていた。顔回と対照的に、直情径行な子路をも愛したのはその現れだろう。孔子は、健康に留意していたと言えば聞こえはいいが、なかなかの美食家で食の好みもうるさく、白米を好み、色や匂いが悪いものは食べず、切り目が悪いもの、調理の悪いもの、旬でないもの、市販の酒や干し肉は食べなかったらしい（同、郷党）。顔回の清貧を褒めた孔子にはそういう一面もあったのである。とにかく孔子には密かな隠棲願望があったと思われる。例えば、『論語』の次のような文はどうだろうか。「子曰く、無為にして治むる者は、それ舜なるか。それ何を為すや。己を恭しくして正しく南面するのみ。」（同、衛霊公）「子曰く、政を為すに徳を以てすれば、譬へば北辰（＝北極星）その所に居りて、衆星これに共ふ（＝向かう）が如し。」（同、為政）とすれば、「朝に道を聞かば、夕に死すとも可なり。」という孔子の言葉の「道」も、老子の言う「道」と同じでない、と果たして言い切れるだろうか。この点に関しては、駒田信二『論語』その裏おもて』（旺文社文庫、1985年）「第五章　賢者は世を辟く──孔子と隠者」を参照せよ。なお、白川静『孔子伝』（中公叢書、1972年）は刺激的な名著である。

12　司馬遷の用いている「顔回」と「盗跖」との例は、道徳と幸福との矛盾を示すものとして、六朝時代の三世応報説を巡る議論の中でしばしば引かれる。

贔屓が無く）、常に善人に与す」（『老子』第79章）という意見が有る。儒教もまた、「天道は善に福ひ（＝幸い）し、淫しき（＝悪しき）に禍ひす」（『書経』）とか、「積善の家には必ず余慶あり、積不善の家には必ず余殃あり」（『易経』）とかと述べ、一種の因果応報の理を説いてはいる。もしもこれが本当であるなら、善行は必ず福を以て報いられ、悪行には必ず天罰が下るはずであろう。そうだとすれば、伯夷・叔斉は善人ではなかったとでもいうのか。仁徳を重ね、正しい行ないをしたことは上述の通りなのに、しかも餓死する羽目に陥ったのだから、天道が味方しているなどと言えないではないか。逆に、盗跖が徳行を守り行なったとでもいうのか。試みに近い時代を見てみよ。悪事を犯してばかりいながら、死ぬまでのうのうと遊び暮らし、財も豊かで、その家も代々続いて絶えない者がいる一方で、慎重に立場を選んで立ち、時に適って初めて意見を出し、常に正しい大道を歩み、公正でなければ憤りを発しない人であるのに禍災に遇うというようなことが、数え切れないほど有るではないか。そこで司馬遷は「伯夷列伝」を締め括るに際し、天の摂理を疑ってこう記す。

　　　余、甚だ惑ふ。もしくは所謂天道、是か非か。

　これは実に重い問いである。そしてこの悲痛な問いを司馬遷が『史記』「列伝」70巻の冒頭「伯夷列伝」の中で発していることは、『史記』全体を貫いていたのも、他ならぬこの「天道の是非」への問いであったということを暗示しているのではなかろうか。

　思えば、司馬遷自身が人生の不条理に深く傷ついた人なのであった。正義感の強い彼は、匈奴に降った将軍、李陵を弁護したために武帝の怒りに触れ、士人にとって最も恥辱とされる宮刑に処せられた。宮刑に処せられたからには宦官として生きてゆく他は無い。しかし司馬遷は絶望の淵に突き落とされながらも、我が身の悲運を徒らに歎いてばかりいたわけではない。彼は修史の志を貫き、『史記』130巻の完成に全力を傾注した。その絶望の只中にあって、何が彼を生へと、修史へと駆り立てたのであろうか。私の関心は専らそこにある。

　しかしながら私は、彼が儒教の人生観の問題を道徳と幸福との矛盾のうちに看取したことと、彼自身が人生の不条理というこの問題にどう対処したかということとは、自ずから別の事柄だと考えている。つまり、司馬遷自身はこの問題に対して明瞭な答えを出したように思うのである。そしてその答えとは、意外にも「人事を尽くして天命を待つ」という儒教の運命随順の思想そのものではなかったか。既述の通り、そもそも儒教は霊魂の不滅や死後の世界の存在などの俗信・迷信を信じない。もし人生が現世のみに限られるならば、この不幸と不条理とに満ちた人生は死とともに永遠に閉ざされ、生前の不幸を償う術は無いであろう。従って儒教にとっての幸福とは、自己の運命がいかに苛酷であれ、それを是認すること以外には有りえない。それは確かに余りに厳しく暗い人生観である。だからといって司馬遷は因果応報の理を信ずるには余りに苛酷な経験をしたのだった。なるほど彼は、幸福を道徳に従属させ解消させる儒教的幸福論に遣り切れぬ思いを抱き、時には呪いさえしたことだろう。だが彼は『史記』の執筆に心血を注ぎ、後は一切を天命に委ねたのではなかろうか。『史記』を執筆すること以外の幸福など彼は考えもしなかったであろう。しかしながら、司馬遷が「天道、是か非か」という自分の発した問いを自分自身で突き破ったことと、彼のこの問いを後世の人々が儒教的人生観の不備を指摘した証拠として受け止めたこととは、やはり別の事柄だと思われる。と言うのも、儒教道徳では救われないという思いは、やがて人々の関心を仏教およびその幸福論としての三世応報説へと向けさせることになったからである。もっとも、中国の知識人たちは外来の宗教の三世応報説に直ちに飛びついたわけでもなかったし、それを受容した後、それを堅持し続けたわけでもなかった。第一に、「三世」（時間の二つの様相としての「過去、現在、未来」ではなく、「自分が生まれる前の自分の前世、自分が現に生きている現世、自分が死んだ後の自分の来世」の三世）という観念が異様なものに思われたこと、第二に、そもそも中国人が苦と楽、禍と福を因果関係で捉えず、苦（禍）は楽（福）を内包し、苦（禍）に内包されている楽（福）がまた苦（禍）を内包するという過程が無限に続くと考えること、第三に、この苦しみに満ちた現世において（つまり死後にではなく）生きたまま救われることを願ったこと、などを挙げることができる。

　要するに、最も中国的な思想としての運命随順が仏教の三世にわたる因果応報説に抵抗し、そして終には仏教の教義自身をも変容させるのであるが、この点については後述に譲る。

第 5 節　王充『論衡』

　司馬遷の「天道、是か非か」という問いに、一つの極端な答えを出した
のが後漢の王充である。（因みに、王充という思想家は我が国ではさほど
知られていないが、（特に）現代中国人でこの名を知らない人はいないら
しい。）

　王充は、漢代の流行思想や俗信・迷信の類を徹底的に批判した。彼の
峻烈な批判の俎上に上らなかったものはほとんど無い。勿論、彼も時代お
よび自らの境遇の制約から来る欠点を免れてはいないが[*13]、彼が呈示した
ものは冷厳な現実を直視した者ならではの、あらゆる期待や感傷の虚飾を
排した、世人にとっては正視に堪えぬ身も蓋も無い人生観であった。こ
う述べると、読者は王充が自己の才を誇り、他人を蔑視する独善的で嫌味
な皮肉屋だったと思うに違いない。しかし、地方の下級官吏として社会的
には不遇な生涯を送らざるをえなかった王充は、学識・品行ともに傑出し
ており、いつも他人の長所だけを口にし、短所を言うことはほとんどなく、
それ相応の地位にある者にはその過失を指摘したが、それを誇らず、まし
てや相手を陥れるようなことはせずに許してやり、世間に名を売ることを
好まず、損得に動かされず、上司・民衆・時流におもねらず、同僚から中
傷されても弁明に努めること無く、官職にありついたからといって喜ぶわ

13　王充は社会悪にも強い関心を抱いていたが、下級官吏で中小地主に属する知識人の
常として、彼は人災を天災に帰し、政治的問題を倫理的問題に還元し、国家権力の本質
を疑うまでには至らなかった。これは彼の生きた後漢初という時代とも絡んでいる。当
時は赤眉の乱という農民の大反乱が鎮圧された後で、社会的には相対的安定期に当たっ
ていた。つまり封建的国家機構と社会組織はほぼ整備され、官吏・地主と農民、上級官吏・
大土地所有者と下級官吏・中小地主との間の階層関係はほとんど固定していたのである。
それゆえ下級官吏・中小地主は抑圧されたまま出口の無い状況に置かれていた。そのよ
うな階層に属していた王充は、その被抑圧者意識から、権力による社会悪を隠蔽しよう
とする虚偽の論説を徹底的に批判せざるをえなかった。だが、圧倒的な時流の前に彼は
まったく無力だった。この点に関しては、大滝一雄訳『論衡』（上掲）230-231 頁を参照。
だが、王充に限らず、人の生き方や思想をその時代や境遇のみから論ずることは不毛で
ある。

けでも、地位を失ったからといって自他を怨んで自暴自棄になることも無く、いつも恬淡と身を処していた（『論衡』自紀篇）。彼の清廉で孤高の生き方はまさに敬服に値する。こうした王充の生き方の根底にあるのもやはり、"吉凶安危は天に在り、人には無し"という孔孟の天命思想であった。

　さて、後漢初に書かれながらその存在が暫く忘れられていた王充の『論衡』は、後漢末から六朝時代にかけて多くの支持者を獲得する。彼の運命論は道徳と幸福との因果関係を徹底的に否定する点で、中国思想史上、仏教の因果応報説の対極に位置づけられるが、六朝時代になって中国の知識人があれほど熱心に仏教に傾倒し始めるのは、王充によって尖鋭化された儒教的運命随順思想に対する不満・反発が有ったからだと見られるし、他方、隋唐期になって中国仏教がインド的業報輪廻説から脱却してゆくのも、結局は仏教が中国古来の運命随順思想に取り込まれたからだと思われる。その意味で、中国思想史上、王充の演じた役割は極めて大きいと言わねばならない。

　先ず王充の略歴を見ておこう。王充は、『論衡』「自紀篇」や『後漢書』「王充伝」によれば、後漢の光武帝の建武三年（27）、会稽郡の上虞に生まれ、幼少時から聡明で寡黙、慎み深く礼儀正しく、他の子供たちに混じって遊ぶことも無く、悪戯をして罰せられることも過失を犯すことも無かった。6歳で書物を学び始め、8歳で手習塾に通い、経書に通じ道徳も身に備わると師の許を離れ、独自のことに打ち込んだ。筆を執れば優れたことを書き、弁も立った。その所論は、初めは人々を誑かしているかのように受け取られても、最後まで聞けば皆それを認めざるをえなかった。実際の行ないも同様だった。その後、20歳前後の王充は県・都尉・郡などに勤めた。しかし時局に対する意見が容れられなかったためか辞職し、暫く郷里に隠退していたが、20代後半、都（洛陽）に出て大学に入り、『漢書』を編集した班固、班昭の父で当時の大学者である班彪に師事して学問を修めた。貧乏で書物が買えず、書店で立ち読みしながら百家の書に通じたと言われる。33歳の頃、郷里へ帰り、子弟に教授していたが、60歳の時、刺史の董勤の引き立てで州庁の従事となり、治中となり、62歳で退官した。

その後、友人の謝承の推薦で粛宗に招かれたが、病気のために出仕できず、70 歳から 78 歳の間に病死したと推定される。公人としての王充は不遇で、下級官吏のまま生涯を終えたが、著作は多い。『譏俗節義』『政務』『六儒論』『哀牢伝』『備乏』『禁酒』『養性書』等が有ったらしいが、今は『論衡』しか伝わらない[14]。

　ところで「論衡」とは「論の平」（自紀篇）或いは「言の軽重を量り、真偽の平を立つる」（対作篇）ことを意味するとされる。従って論衡とは、計量器で物の重さを量るように、諸論を調べて批判することをいう。『論衡』は王充が洛陽を去って帰郷した 33 歳頃から 63 歳頃までの約 30 年間書き継がれたものらしい。本書は暫く世に出なかったが、王充の死後半世紀経つと、蔡邕が県にやって来て本書を入手し、持ち帰って雑談の際の種本とした。更にその後、会稽の太守として赴任した王朗が一本を発見して持ち帰ったことで、本書は初めて世に知られるようになった。篇数も最初は百篇ほど有ったらしいが、『後漢書』では「八十五篇」と記録され、現在では更にその中の「招致篇」が欠けている[15]。

　王充が批判の刃を向けた漢代思想の代表は儒教だが、漢代の儒教は極めて観念論的で形而上学的な傾向をもつに至った。それを象徴するのが、董仲舒が最初に組織的に論じた「天人相関説」である。これは、天には意志が有って人の吉凶禍福を支配しているだけでなく、人の善悪の行為が天即ち自然の吉祥災厄を呼び起こすと説くものである。その意図が国家権力の根拠を天の意志に求めることにあったことは明白である。その後、前漢末から後漢にかけて、儒教は更に神秘主義的・迷信的傾向を帯びてゆき、天の意志を占卜することで王朝の交替や革命を解釈しようとする讖緯思想が流行する。漢朝を中絶させた王莽も、これを再興した後漢の光武帝も、挙兵に際してはこの讖緯思想を利用した。だが、光武帝の時の桓譚のように、こうした風潮に批判的な異端の思想家たちもいた。その中で最も徹底的だったのが王充である。

14　以上は主として、大滝一雄訳『論衡』（上掲）「解説」228-229 頁による。

15　同、231-232 頁を見よ。

　王充の思想の最大の特徴は、当時発達しつつあった自然科学[16]と道家的自然哲学とを摂取した実証主義的批判精神にある。例えば自然も社会も、彼によれば、物或いは気（万物を構成するガス状の微粒子）の自動的生成変化であって、天の意志が自然や社会を動かしているわけではない。彼は論理的認識を重視し、感性的で経験的な知識のみを認め、雷や害虫、水害や旱害の発生のように当時、天・神々・鬼・精霊などの超自然的存在者によって惹き起こされる神秘的現象と見なされていたものを自然科学的・実証的に解明しようとし、また鬼が存在するとか、死人が巫の口を借りて話をするとか、白骨が夜中に泣き声を立てるなどの迷信・俗信や、史書の伝える伝説・伝承の虚偽を糾そうとする。そして観念論化し神秘主義化した御用儒学、それをもっともらしく飾り立てる煩雑な文章、それに惑わされた俗流の諸観念をも容赦なく批判する。

　王充は『論衡』「自然篇」で、自然には意志が有るかどうかを問う。彼は言う。天が五穀や絹・麻を作るのは人に衣食させるためだと説明することは、天が変災を起こすのは人を戒めようとするためだと説明することとまったく同じように不合理だ、と。そこで王充は、物は自ずから生じて人がそれを衣食し、気は自ずから変じて人がそれを恐れるのだということを証示しようとする。王充によれば、天は無意無心の自然であり、物であり、気である。どうして無意無心だと分かるか。天には口も目も無いからだ。口は食べようとし、目は見ようとする。口や目が何かを求めるのは、それを得て欲心を遂げようとするからだ。では、どうして天には口も目も無いことが分かるか。地を見よ。地を構成するのは土だが、土には口も目も無

16　勿論、ここで言う「自然科学」は近代自然科学とは著しく異なっている。近代自然科学が物心二元論を前提するのに対して、中国の場合、物心をともに陰陽の「気」或いは木火土金水の「五行」から理解する陰陽五行説を基本とする。しかも気・五行は万物の構成要素とされるが、必ずしも物質ではない点でギリシアやインドの地水火風などと類似してはいるが、原子・極微とは異なる。つまり万物は生ける気である。従って古代中国にはいわゆる唯物論的・機械論的自然観は存在しない。それは中国医学を考えてみれば分かろう。すべてが気（という不思議なもの）の活動或いは停滞として理解されているではないか。そもそも中国の場合、哲学と科学、自然哲学と歴史哲学とは厳密に言えば分化せずに発展した。それゆえ自然科学と呼ぶよりも「気の自然学」と呼んだ方が適切かもしれない。

い。天地は夫婦の如く似た者同士であるから、地の状態から天の状態が分かるのだ。夫婦が気を合わせると子が自ずから生まれるように、天地が気を合わせると万物が自ずから生ずるのだ。このように天は無意無心の自然・物・気であるから、人の如く目的意識をもって活動するものではない。つまり天は、人が「有為」であるのとは対照的に、「無為」である。勿論、無為とは何もしないということではない。その活動が目的意識をもたないということである。

　　　天の活動とは、気を作用させることである。体が動くと気が出、
　　物が生ずる。……なるほど天は活動するが、物を作ろうと欲して
　　物を生ずるわけではない。物は自ずから生ずるのだ。これが自然
　　ということだ。気を作用させるのは、物を作ろうと欲して物を生
　　ずるわけではない。物は自ずから生ずるのだ。これが無為という
　　ことだ。天が自然で無為であるのはどうしてか。気だからだ。そ
　　れはさっぱりしていて欲が無く、作為が無く、何事にもこだわら
　　ない。老子はその気を摂り入れて長寿を保った。

　このように天を無為自然の存在と見なす点で、王充は老荘思想に限り無く接近する。実際に、王充自身、「それ天道は無為自然なり。黄老（黄帝と老子）の家、天道を論説すること、その実を得たり。」（譴告篇）と言い、また「賢の純なる（賢人の中で純粋な）ものは黄老これなり」（自然篇）と称賛して、『論衡』「自然篇」を「［自己の所説は］儒家の説に違ふといへども、黄老の義に合す。」と結んでいる。

　だが、王充は道家の無為自然説を無条件に肯定していたわけではない。事実、彼は道家の説が実証を欠いて空論に傾く嫌いのあることを指摘しているが、むしろ重要なのは、王充と道家との間には決定的相違が有るということである。例えば老子の場合、天（道）の無為自然という有り方は、同時に人の生き方の理想でもあったため、老子は安んじて天の摂理に身を委ねることができた。ところが王充の場合、天を無為、人を有為と規定

して、天と人との分を峻別する。この点で王充はむしろ儒家の荀子に近い。このような無為の天と有為の人との峻別が、天人相関説を完全に否定するものであることは言うまでもない。しかも、それは天と人との間に一切の因果関係を否認するものであるから、極めて重大な帰結をもたらすことになる。これを端的に示すのが王充独特の性命論、即ち、人の運命は徹頭徹尾偶然によって支配されているという思想である。元来「性命」という語は、『荘子』外篇・雑篇に初めて現れるもので、「性」とは天性、即ち人に内在する天を意味し、「命」とは天命、即ち人を外から支配する運命を意味する。従って、両語を結合した「性命」は、内外ともに天によって支配された人の有り方を指し示していることになる。

　それでは、これら「性」と「命」との両者の間にはいかなる関係が有るのだろうか。

　王充当時、両者は一般に因果関係によって結びついていると考えられていた。つまり、因となる「性」即ち人の行為の善悪・正不正に対して天の降す「命」が吉凶・幸不幸の果である、と。しかも、このような因果関係は、人の死後その子孫に行為の余波が及ぶものであったり、現世における寿命の長短を決定したりするものであった。天人相関説もまた、確かにこれは基本的に国家政治レヴェルの教説であって個人の行為の因果応報を説いているわけではないが、人の善悪の行為が天の瑞祥や災害を招くと見なす点では、やはり中国版因果応報説*17に含めることができる。天と

____

17　「因果」という語が仏教伝入以前の中国で用いられていなかったことについては、中村元の次の記述が有る。「「因果」の観念は仏教独自のものであるらしい。シナには仏教の移入以前には「因果」という語が無かったし、東アジア諸国で因果の観念が明確化したのは、仏教によってである。」（佛教思想研究会編『因果』、平楽寺書店、1978年、所収、中村元「因果」）と。仏教の因果（縁起）思想が極めて精緻であることについては既に本書第2部で詳しく述べた通りだが、「因果」や「三世応報」という語が中国に無かったからといって、いわゆる因果関係や因果応報への信仰が無かったことにはならない。既に論じたように、『易経』や『書経』では、天が王の行為を監視し、その善悪に応じて禍福を降すとされているし、『墨子』では、義と不義、即ち善と悪との区別が天意に適うか否かにあるとされており、また今取り上げている天人相関説や讖緯説のような漢代の災異思想でも、更には道教においても、個人の行為の善悪と天の賞罰との間には応報関係があるとされている。勿論、仏教の説くような個人の三世にわたる因果応報が中国に存在したわけではないが、因果或いは応報への信仰は、人間の存在構造或いは生存条件に深く根差した信仰である。それにもかかわらず、否、それゆえにこそ、間

人との断絶を主張する王充がこの観念を拒否するのは当然である。『論衡』「命義篇」によれば、人の行為の善悪はその性に由来し、「性」に属する事柄である。他方、吉凶禍福の運命は天に由来し、「命」に属する事柄である。これら両者はまったく異なる系列に属しており、交差することも接することもないから、両者の間に因果関係は成立しない。人は性に従って或る場合は善を、或る場合は悪を為し、天は命の内から、或る場合は福を、或る場合は禍をもたらす。即ち、善悪と禍福とは、端的に言うなら無関係である。それゆえ、人がいかに徳義に篤くとも、天が福禄を以て報いるとは決まっておらず、却って災禍を以て報いることも有りうる。逆もまた然りである[*18]。

　王充の眼は実に醒めている。それでは、もし世の中の実相が以上の如くであるとするならば、世人がいわゆる善因善果、悪因悪果を信じているのはなぜか。王充によれば、それは事実誤認に基づく単なる憶測にすぎない。確かに、善行を為した時に幸運に恵まれることもあるし、悪事を犯した時に不運に見舞われることもある。そこで世人は善が福を招き、悪が禍を呼んだに違いないと思い込む。だが、それらはいずれも偶然の一致にすぎない。そこには何ら必然的な因果関係は無いのである。以上から、王充がいかに「偶然」を強調しているかが分かるだろう。そもそも「偶」とは、二つの物が並んで対を成すことを意味する。それゆえ、相異なる二つの系列に属し、従って因果関係の無い二つの事柄が同時に或いは同所で生ずる場合に、我々はそれを偶然と呼ぶ。それなら、世人はなぜ両者の間に因果関係が有るかのように思い込むのか。王充によれば、それはその同時性或いは同所性に幻惑されるからである。従って、善と福、悪と禍との結合は偶然的でしかなく、善因善果、悪因悪果は些かも必然的ではない。要するに、人の幸不幸の運命はすべて偶然によるのである。

題はそれが人間の迷妄が作り出す（必然的な）誤謬だということなのである。

18　「夫性与命異、或性善而命凶、或性悪而命吉。操行善悪者、性也、禍福吉凶者、命也。或行善而得禍、是性善而命凶、或行悪而得福、是性悪而命吉也。性自有善悪、命自有吉凶。命吉之人、雖不行善、未必無福。凶命之人、雖勉操行、未必無禍。」（『論衡』命義篇）「故人之死生、在於命之夭寿、不在行之善悪。」（同、異虚篇）

　すると、王充は司馬遷の提起した問いにどう答えるのだろうか。司馬遷は、善人が不幸な生涯を送り、悪人が天寿を全うするという不条理を指摘して天の摂理を疑い、「天道、是か非か」と問うたのだった。だが王充からすれば、天の摂理はそもそも不条理なのである。善人が悲運のうちに生涯を閉じようと、悪人が幸運のうちに生涯を終えようと、王充はそれこそが世間の常態なのだと簡単に片づけてしまうのである。もし現実の生存がこのように本質上不条理であるとしたら、世人のように死後の世界に望みを託すより他はあるまい。しかし、王充は死後の鬼（霊魂）の存在を完全に否定する。この点については既に「論死篇」の議論を紹介したが、もう一度論点を整理すればこうなる。世間では人が死ぬとその精神が鬼になるとされているが、そもそも人は物であり、物もまた物である。ところで人が生きているのは陰陽の気による。気を起こすのは血脈である。人が死ぬと血脈は止まり、止まると血脈に宿る気が分散し、気が分散すると肉体は腐り、腐ると灰や土になる。勿論、肉体に宿る精神も散り失せる。それゆえ、死人の精神と見なされている鬼が死後も存在するということは有りえない[19]。このように、王充は当時の陰陽五行説の「気」の理論を前提として、実証主義的かつ論理的に死後の霊魂の存在を否定する。それだけではない。王充は、人の吉凶が父母の交合の時に決定されている、という一種の宿命論さえ主張するのである[20]。ここから導出される一つの結論は、この不条理と不幸とに満ちた人生は誕生の際に既に決まっており、しかも生は死によって途絶するため、生前も死後も不幸から自己を救済する望みは永遠に絶たれている、という実に暗澹たる人生観であった。

　それではこの王充の人生観は、中国思想史上いかなる意味をもっているのだろうか。

　王充は漢代の流行思想のすべてを批判したのだった。勿論、儒教もその

19　「試以物類験之、人死不為鬼、無知、不能害人。何以験之。験之以物。人物也、物亦物也。物死不為鬼、人死何故独能為鬼。」（同、論死篇）「人死命終、死不復生、亡不復存。」（同、異虚篇）

20　「凡人受命、在父母施気之時、已得吉凶矣。」（同、命義篇）

例に洩れない。その批判の矛先は、時として孔子や孟子にさえ向けられている＊21。だが、彼の意図は儒教そのものを否定することにあったわけではない。彼の呈示した人生観は確かに極端なものであったが、漢代の儒教もまた逆の極端に陥っていた。孔子自身は「怪力乱神を語らず」とか、「鬼神を敬してこれを遠ざく、知といふべし」とかと語り、鬼や死後の世界の存在を信じてはいなかったが、漢代の儒教は俗信・迷信と結びついて、孔孟の教えである儒教本来の姿から大いに逸脱していた。それが天人相関説であり、讖緯説である。王充自身が意図したわけではなかったにせよ、彼はこれらの不純物を取り除くことで、結果的にこの逸脱を匡し、儒教をその本来の姿に戻したと言うことができる。

　だが、王充が中国思想史上重要なのは、むしろ彼が儒教を純化することによって儒教的人生観の根底に元々潜んでいた問題を白日の下に曝し、人がこの世に生きるということの不条理と悲劇性とをはっきりと示したことである。儒教道徳に従う限り、善人が必ずしも幸福にならず、徳義の人が不幸に陥っても、それを天命として堪え忍ぶ以外に道は無い。道徳と幸福とは必ずしも一致せず、一致するにしてもそれは単なる偶然にすぎない。司馬遷の慨嘆もそこにあった。しかも王充によれば、死は生の断絶であり、死後の世界も精神の不滅も迷信にすぎない。生前の不幸が死後の幸福へ、幸福が不幸へと転ずることは決して有りえない。王充は道徳と幸福との矛盾を、両者を無関係と考えることで解決した。否、むしろ解決不可能だと立証したのである。それゆえ、いかなる不幸も運命として諦めるしか無い。このような極端に絶望的な人生観こそが王充の思想の帰結である。しかも彼は期せずして、これが同時に儒教道徳の帰結でもあるということを暴露してしまった。

　王充の『論衡』は約 100 年間歴史の闇に沈んだままであった。政治的関心の強かった漢代人の眼に仮に触れる機会があったとしても、あらゆるものを否定し去り、人生の不条理を論じ、運命随順を説くこの書物は、不遇

21　例えば、同、問孔篇、刺孟篇などを参照せよ。

をかこつ江南の一無名人の愚痴としか映らなかったろう。王充その人の生き方がどれほど見事であったとしても、である。それが世人の関心を引き、急に支持者を獲得し始めるのは、漢王朝が衰運に向かった後漢末のことであった。『論衡』の読者は、儒教の人生観が魂の救済をまったく与ええないことに改めて気づき、これに代わるべき人生観を必要としたであろう。六朝時代に老荘思想が流行し、仏教の三世因果応報説が知識人の関心を引くようになるのも、そのためと考えられる。

第 6 節　陰陽思想

　以上のように述べると、漢代の儒教は中国思想の根底に元々有った因果応報思想を極端化しただけであり、王充はそれを批判することで逆の極端に走ったかのような誤解を与える懼れが有ろう。確かに、儒教にも「天道は善に福ひし、淫しきに禍ひす」（『書経』）とか、「積善の家には必ず余慶あり、積不善の家には必ず余殃あり」（『易経』）とかのような、一種の因果応報の観念が無いわけではない。しかしだからといって、これが儒教の、ましてや中国思想の基調を成しているわけでは決してない。勿論、或る事象が原因となって或る事象つまり結果を惹き起こすという一般的な意味での因果性への信仰であるなら、古代中国にも有ったし、それは洋の東西、時代の新旧を問わない。それは、既に中国では老子が、インドではナーガールジュナが看破したように、人間が分別悟性をもち言語活動を行なう限りでは、決して逃れることのできない宿命だからである。

　しかしながら、こと善悪・正不正と禍福・幸不幸との関係、或いは苦と楽、禍と福、吉と凶との関係に限って言えば、各々の前者と後者との間に因果関係を見ないのが、むしろ中国的思考の特徴である。それではどう見るというのか[22]。

　ここで、前漢に成立した『淮南子』「人間訓篇」に収められ、「人間万事塞翁が馬」（元の僧、熙晦機の詩の一節）、或いは単に「塞翁が馬」という諺の典拠となった寓話を取り上げることにしよう。余りにも有名な話であるから今更紹介することが憚られるが、敢て引用することにしたい。

　　最近のことだが、国境の砦の近くに、吉凶禍福を占う術に巧みな人がおり、その家の馬がどうしたわけか逃げ出して胡の土地に

22　以下の記述は、駒田信二『「論語」その裏おもて』（上掲）9-14 頁による。

　入ってしまった。人々は皆このことを気の毒がったが、その家の父親は、「これがどうして福にならぬことがあろう」と言った。それから数ヶ月、逃げた馬が胡の駿馬を連れて帰ってきた。人々がお祝いを述べると、父親は、「これがどうして禍にならずにおれよう」と言った。さて、その家は良馬に富むこととなった。その息子は乗馬が好きで馬を乗り回していたが、或る時落馬して脚を骨折した。人々が気の毒がると、父親は、「これがどうして福にならぬことがあろう」と言った。それから 1 年、胡人が大挙して国境を越えて攻め込んできた。若者は弓を引いて戦い、砦の近くの人で死んだ者は 10 人中 9 人にも及んだ。ところがあの息子だけは脚が悪かったために戦いに行くことも無く、親子ともに生き延びることができた。それゆえ、福が禍となり、禍が福となることの転変を見極めることは難しく、その深遠さを測ることは難しいものである（「故に福の禍と為り、禍の福と為るは、化極むべからず、深測るべからざるなり」）。

　この寓話に由来する「人間万事塞翁が馬」は、世間（「人間」は「にんげん」ではなく「じんかん」と読み、「人の世」「世の中」を意味する）の吉凶禍福の定め難さの譬えとして引かれるだけでなく、吉凶禍福の転変は予測し難いものであるから、禍も悲しむに当たらず、福も喜ぶには当たらない、という意味にも用いられる。王充の生き方の基本もここに有ることは明らかだろう。ともかく、これと同じ意味の諺に、「禍福は糾纆の如し」（「禍福は糾へる縄の如し」）が有る。吉凶禍福というものは撚り合わされた縄のように交互に表となり裏となって転変を繰り返す、という意味である。

　これらは、我が国の諺「楽は苦の種、苦は楽の種」や「楽あれば苦あり」と同じ事態を指しているかのように受け取られがちであるが、実は根本的に発想が異なっている。「楽は苦の種、苦は楽の種」の場合、我々がよく耳にする、「あの当時に散々苦労したおかげで、今は幸せに暮らしていら

れる」とか、「苦労はいつかは報われる」とか、「若い時の苦労は買ってで
もしろ」とか、更には「将来楽がしたいなら、今のうちに苦しんでおけ」
とかのように、苦と楽とを因果関係・応報関係、或いは目的−手段関係で
捉えたものである。これに対して、「塞翁が馬」とか「禍福は糾纆の如し」
とかと言われる場合には、禍と福とは因果関係にあるのではなく、福には
必ず禍が含まれ、その福に含まれている禍にもまた必ず福が含まれている
という意味なのである。つまり、禍と福とが、言わば無限の入れ籠構造を
成しているのである。この構造は、実は陰陽二元論に基づいている。

　周知のことと思われるが、陰陽思想こそが「易」の根本思想である。易
は万物の生成変化を陰と陽との二元対立によって説明するものであるが、
ここで誤解してならないことは、「易」が「かわる」を意味していること
からも解るように、陰陽二元の変易は、陰は常に陰のまま、陽は常に陽
のまま、といった具合に固定的で不変的な陰と陽との単なる交替変化では
ない、ということである。即ち、陰と陽とは対立しつつも互いに他を含み、
他に転化するものだ、と考えられているのである。既に論じたように、例
えば老子は赤子・女・水の「柔弱」を重視しているのであったが、その場
合、柔が陰、剛が陽であるとしても、柔は常に単なる柔のままであるわけ
ではない。柔（陰）は剛（陽）を含み、剛は柔を蔵している。もしも柔が
柔のままであるとしたら、「柔能く剛を制す」というわけにはいかないだ
ろう。老子が堅強を否定するのは、それが柔弱を排した堅強だからである。
そのような堅く強いだけの堅強は、むしろ脆弱でしかないであろう。同様
に、静は陰、動は陽であるが、静が極まれば動を生じ、動が極まれば静を
生ずる。それはちょうど、「一陽来復」という言葉があるように、陰気の
極まる冬至に陽気が生じ始めるようなものである。いわゆる静中の動、動
中の静である。また、男女の関係を例にとれば、男は陽、女は陰であるが、
男も子として母親に対する場合は陰となり、女も母として息子に対する場
合は陽となる。前後の関係の場合はもっと複雑で、前は後に対する場合は
陽であるが、前の前に対する場合は陰となり、後は前に対する場合は陰で
あるが、後の後に対する場合は陽となる。しかも、前と後の中間（中）を

陽とすれば、前も後も中ならざるもの（不中）として、ともに陰となる。同じ天も、晴れれば陽、曇れば陰であり、同じ人も、動けば陽、止まれば陰である。漢の武帝も、「歓楽極まりて哀情多し」（「秋風辞」）と詠じているではないか。このように、陰陽の二元は対立しつつも、その対立は自己同一的なもの同士の対立ではなく、従って陽自体、陰自体などというものは存在せず、或いは陰が陽となり或いは陽が陰となって、無限に生成変化してゆくものである。

　『易経』の「一陰一陽（或いは陰となり或いは陽となる）、これを道と謂ふ」（繫辞上）という言葉は、この陰陽の絶えざる転変こそが万物の道（道理）だということを簡潔に述べたものであり、「戸を闔す（＝閉ざす）、これを坤と謂ひ、戸を闢く（＝開く）、これを乾と謂ふ。一闔一闢（或いは闔し或いは闢く）、これを変と謂ひ、往来窮まらざる、これを道と謂ふ。」（同）という言葉も同じことを述べている。扉は開閉を繰り返して初めて扉の用を為す。扉に限らず、万物は或いは陰となり或いは陽となり、変転し往来して窮まりが無い。これが万物の生成変化の理であり、それが世の中だというのである。

　この易の陰陽思想は、道家のいわゆる「無用の用」という考え方にも現れている。『老子』第11章には、こうある。

　　　　三十の輻、一つの轂を共にす。其の無に当たって、車の用有り。埴を埏めて（＝固めて）以て器を為る（＝作る）。其の無に当たって、器の用有り。戸牖を鑿って以て室を為る。其の無に当たって、室の用有り。

30本の輻が車輪の中心にある轂に集まる。轂には車軸を通す穴があるが、穴が開いていて何も無い空間だからこそ車は車として機能しうる。粘土を捏ね固めて器を作る。窪んでいて何も無いからこそ器には物を容れることができる。また、家には必ず戸口や窓が有る。それらの何も無い空間が有るからこそ家は家として機能するのである。そこで老子は言う、「故に有の以て利を為すは、無の以て用を為せばなり。」と。同様に『淮南子』「説山訓篇」には次のような譬喩がある。

　　　　鳥の将に来たらんとするあれば、羅を張りて之を待つも、鳥を得る者は、羅の一目なり。今、一目の羅を為れば、則ち時として鳥を得ること無からん。

　つまり、小鳥を捕まえようとすれば、かすみ網を張って待つ。確かに、小鳥が掛かるのは網の一目だけだが、かといって初めから一目しか張らないなら、小鳥は掛からない。このように無駄に見える無数の網目が無用の用を為しているというのである。この思想は中国仏教にも深い影響を及ぼす。例えば、諸法は相即相入しつつ、一が顕れれば他は隠れ、一が主となれば他は伴となり、表裏一体、主伴具足して法界を成ずるとする華厳の重重無尽の法界縁起がそれである。

　「人間万事塞翁が馬」も「禍福は糾纒の如し」も、このような易の思想に基づいているのであって、この世を無限に転変してゆくものと見た上での処世訓である。ここに中国的思考の根本的特徴が有る。それが積極的な形を取れば儒教の「人事を尽くして天命を待つ」という姿勢となり、消極的な形を取れば道家の「無為にして為さざるは無し」という自然随順の姿勢となり、更には中国の一般民衆の口癖である「没法子」（仕方が無い）という諦めの姿勢となって現れる場合もある。『老子』第58章にも、「禍は福の倚る所、福は禍の伏す所、孰か其の極を知らん」とあるように、道徳と幸福との間に因果関係を見ることは、中国人には概して無縁であり、むしろ陰陽の転変に逆らわず、自然のままに生きてゆこうとする運命随順の思想こそが中国思想の基調を成していると言うことができる。

第 3 章
中国仏教の形成と展開

第 1 節　仏教の流行

　中国伝入以来、帝王と下層民との間で徐々に浸透しつつあった仏教は、東晋初め、知識層の間でも爆発的流行を見せ始める[*1]。中国文化を独占していた彼ら士大夫は、夷狄の宗教に一体何を求めたのだろうか。但し、一口に知識人とは言っても、彼らの仏教素養には自ずから深浅の違いが有った。そしてこの違いに応じて彼らの仏教に対する関心の有り方も、大きく二つの傾向に分かれていたように思われる。つまり、彼らが、仏教教義のうち特に何に魅力を感じ、何を仏教の中心思想と見なしたか、その層が二つに分かれていたらしいということである。勿論、彼らが時代を共有していた以上、それら二つの層が重なり合っていることは言うまでも無い。問題は、それら二層の接触面が何だったか、である。

　先ず、第一の層は「因果応報説」或いは「業報輪廻説」、当時の用語で言えば「三世報応説」を中心とする層である。もっとも、因果応報説は仏教受容の初期の段階で既に仏教の中心思想と解されていたように見える。例えば『後漢書』「楚王英伝」における仏教伝来記事に資料を提供した『後漢紀』の著者、東晋の袁宏（328-376）は仏教の大意を要約して、「人死するも精神（＝霊魂）は滅せず、随ひて復た形（＝肉体）を受く。生時に行なふところの善悪は皆報応あり。故に貴ぶところは、善を行なひ道を修め、以て精神を錬してやまず、以て無為（＝涅槃）に至り、仏を得るに在り。」と言い、「［その教えの深遠なるが］故に、王公大人は生死報応の際を観て、瞿然として自失せざるはなし。」と述べている。また、仏教伝来から 6 世紀までの北魏（後魏）・東魏・北斉を中心とした仏教通史であり、北魏太武帝の廃仏をも克明に描いている『魏書（後魏書）』「釈老志[*2]」（北斉の魏

1　西晋時代の僧尼の数は 3,700 人であったのが、東晋になると 24,000 人に達したと言われる。いかに仏教の教勢が急速に拡大したかが分かる。

2　これには、塚本善隆訳注『魏書 釈老志』（平凡社東洋文庫、1990 年）がある。

収撰）も仏教の要旨を纏めて、「其の経旨、大抵言ふ、生生の類は皆行業に因って起こる。過去当今未来[*3]ありて、三世を経、識神（＝霊魂）常に不滅なり。凡そ善悪を為せば必ず報応あり。勝業を漸積し、粗鄙を陶冶し、無数の形を経て、神明を藻練し、乃ち無為を致し、仏を得。」と述べている。

　ところで、仏教伝入の当初に、王公大人だけでなく恐らくは民衆も、「仏」を「外来の神」として歓迎していたらしいことを示す資料が有る。六朝以前の仏教受容を考える上で極めて重要だと思われるが、それは宮中に黄老とともに浮屠（仏陀）を祭ったとされるあの楚王英の異母兄、後漢の明帝に関する記述である。また、『歴代名画記』（晩唐の張彦遠著）は、「彦遠

3　一般に時間の三つの様相を表すこの「過去当今未来」という語が、仏教で言う「過去世（前世）・現世・未来世（後世・来世）の意味で用いられていることは、直後に「三世」とあることからして明白であろう。勿論、自分が生まれる前に有った自分の生涯が「前世」であり、現在の生涯が「現世」、そして死後の自分の生涯が「後世・来世」である。問題はむしろ、「前世」や「後世・来世」という語が、仏教伝入以前から普通に用いられていたこと、しかしそれらの語義が仏教の場合とはまったく異なっていたということである。つまり「前世」は「過去（の時代）、いにしえ、前代、昔」を、「後世・来世」は「将来、未来、来たるべき世」を意味していたのである。従って、当時仏教教理に疎い知識人が仮に経典を読んだとしたら、「前世…」を「昔…」と解し、「来世…」を「将来…」と解して首を捻ったことだろう。また、仏教伝入以前の中国における応報（報応）を巡る議論は、現在と未来（この「未来」は「来世」ではなく、「将来」もしくは精々「死後の世界」を意味する）との関係に限られていた。ところが、後漢の安世高は、彼自身が訳注を行なった『安般守意経』（後漢から三国時代まで広く受容された）の中で、三世が存在すること、しかもその各々が因果関係にあることを明言した。つまり、現世と来世との因果関係だけでなく、前世と現世との因果関係にも説き及んだのである。これは現在の生存が自分の前世の生存によって規定されているということを意味しているため、当時の知識人にとっては前代未聞でもあり荒唐無稽でさえあった。例えば、中国における初期の仏教受容を伝える牟子（牟融）の『理惑論』（成立時期には諸説あるが、三国時代撰述説が有力）には、「道有りては、死すと雖も神は福堂に帰る。悪を為し既に死すれば、神は其の殃に当たる」（『弘明集』巻一、第十二章）とあり、死後に「神」（霊魂）が残り、生前の「道有る」か「悪を為す」かに応じて、神が「福」か「殃」を得ると明言している。しかしここでも前世から現世への報応、従って三世の報応・輪廻という観念は見出されない。牟子はまた、神不滅の観念に基づいて報応を理解している点でも、インド仏教の無我・空を正しく理解しているとは言えない。このように六朝以前の仏教受容の段階で中国人が関心を抱いていた仏教の教義は、実際には現世と来世に限った因果応報の思想だったのであり、「三世報応」ではなかった。現に、報応について述べた『後漢紀』でも、三世思想に言及している『魏書』の「釈老志」でも、因果応報がはっきり認められるのは現世と来世との応報であって、前世と現世との応報ではない。ましてや諸法無我・一切皆空に基づく事物・事象の複雑な関係を詳しく分析した縁起説に関心が及ぶことは、僧侶や西域帰化人でもなければ、いや、中国人僧侶にもほとんど皆無だったろう。以上については、河野訓「中国に於ける縁起思想の受容」（『宗教研究』293 号、日本宗教学会、1992 年所収）47-69 頁を参照せよ。

曰く、漢の明帝は金人の長大にして頂に光明有るものを夢む。以て群臣に問ふ。或もの曰く、西方に神有り、名づけて仏と曰ふ。長さ丈六にして黄金色なり、と。」（巻五）と記し、そこで明帝は使者を送り、天竺国の優塡王の描いた「釈迦の倚像」を貰い請けさせ、絵師に命じて釈迦仏を「南宮の清涼台及び顕節陵［明帝の陵名］上に」描かせた、と述べている。張彦遠のこの記述は『後漢紀』巻十や『後漢書』「西域伝」に拠ったと思われるが、ともかく以上を綜合すると、後漢頃の人々は浮屠（仏）を黄老のような神仙として尊崇する一方で、仏教教義としては因果応報説に心引かれ、後生を願っていたと見るのが妥当であろう。

　六朝時代に入っても、因果応報説への関心は衰えるどころかむしろ逆に盛んになり、六朝初期の東晋時代には三世報応説を巡る論争さえ行なわれている。最も有名な論争は、王充と同様の宿命論を展開して三世報応説に疑義を唱えた戴逵（ca.335-396）に対し、周続之（377-423）と廬山の慧遠（334-416）とが反駁を加えたものである。この論争については後述する予定だが、他にも三世報応を仏教独自の説として強調している六朝人は多く[4]、彼らが仏教の中心思想を三世報応即ち業報輪廻に認めていたことは明白である。もっとも、これは王公や民衆に限ったことではなく、知識人階層の中でも仏教教義にさほど明るいとは言えぬ大多数の人々の受容の仕方であったと思われる。

　それでは、彼らが三世報応説に魅力を感じたのはなぜか。それは、儒教や王充のように神滅論（無鬼論）の立場から人生を現世に限定する限り、道徳と幸福との矛盾を解決できないが、三世報応説に立てば、現世の不幸を前世の行為の結果と考え、現世の善悪業の結果が来世に現れると考えることで、この矛盾を極めて合理的に解決できると思ったからだろう。従っ

4　例えば、『顔子家訓』を著した北斉の顔之推、『論語義疏』の著者である梁の皇侃、また『文心雕龍』を著した梁の劉勰など。森三樹三郎『老荘と仏教』（上掲）200-201頁を参照のこと。また、北周武帝の廃仏の際、甄鸞は『笑道論』を著して道教を批判し（570）、その冒頭で「仏は因縁を以て宗と為し、道は自然を以て義と為す。自然は無為にして成り、因縁は積行にして証せらる。」（『広弘明集』巻九）と述べて仏教の因縁説を道教の自然説と対照させている。

てこの教説によれば、司馬遷が指摘した、顔回が不幸のうちに夭逝し、盗跖が天寿を全うしたことの矛盾も解決可能となる。例えば慧遠の師であり、仏教について当代随一の素養をもっていたはずの北周の道安（314-385）でさえ、その著『二教論』「第十一篇　教指通局」（『広弘明集』巻八）の中でこう述べている。"顔回が短命だったのは前世での悪業の報いである。その代わり、彼の現世での善業の報いは必ず来世に現れるだろう。盗跖が長命だったのは前世での善業の報いである。その代わり、彼の現世での悪業の報いは必ず来世に現れるだろう。"と。つまり、儒教的天命思想に満たされぬものを感じていた当時の人々は、仏教の三世報応説に新しい救済思想を認め、外来神としての仏に帰依しつつ、後生を願ったのである。輪廻転生を福音として歓迎した、と言い換えてもよい。だが当然のことながら、これはインド仏教からすれば完全な誤解である。なぜなら、仏教が輪廻を説くにしても、それは後生を願い輪廻転生を肯定するためではなく、飽くまでも輪廻からの解脱を説くため、であるはずだからである。インド人にとって輪廻とは福音であるどころか、生存の苦そのものであった。だが、このような中国的な仏教受容が神滅・神不滅を巡る議論を惹き起こし、後に伝入する如来蔵・仏性思想をも巻き込んで、中国独自の仏教を形成してゆくこともまた事実なのである。

　次に、仏教受容の第二の層だが、それは真俗二諦論や縁起説を根幹とする「空」（般若空）の思想である[*5]。六朝時代までほとんど関心の埒外に置

5　ここで六朝以前即ち最初期の仏教受容を「縁起思想」を中心として見ておこう。以下もまた河野上掲論文に多くを負うていることを予め断っておきたい。後漢末から始まる仏教経典の漢訳が様々な困難を伴ったであろうことは、上述の「三世報応」の事例から推しても容易に理解できる。何しろ訳経とは、元々中国に無かった仏教独自の観念を、サンスクリットやパーリ語などのインド語から文法を始めとして何から何まで異なる中国語に移す作業であるから。当然のことながら、読者もインド語と中国語の両者に通じた一部の者でもなりれば、漢訳者の意図を充分に汲むことはできなかったはずである。かくしてここにインド的観念を中国固有の観念に配当して解釈する「格義」が為される必然性が生ずる。ましてや、理屈よりも体験的直観を重んずる中国人にとって、言葉や論理を超えた無自性空の直観を根本としながらも、そこから今度は言葉の世界へと転じて一切諸法の諸関係を論理を尽くして分析する仏教の縁起説は、極めて異質なものに思われたはずである。それを助長した要因の一つとして、縁起説を構成し、「因、因果、縁、因縁」などと漢訳された仏教語が、中国の伝統的な語義と必ずしも一致しなかったことが挙げられる。

かれていたこの教義に傾倒したのは、仏教についてかなり高度の理解をもった中国人僧侶や、極めて少数の知識人（例えば『明仏論』を著した南朝宋の宗炳（375-443）や、同じく宋の清談家で『弁宗論』の著者、謝霊運（385-433）など）に限られていたはずである。それなら、東晋期に般若空への関心が高まったのはなぜか。それは、後漢末以来の般若経典[*6]に依

　仏教語の"hetupratyaya"（漢訳は「因縁」）の場合、"hetu"（因）と"pratyaya"（縁）の意味は一般に区別され、"hetu"は「直接的原因」を、"pratyaya"は「間接的原因つまり条件」を意味している。ところが中国語の「因」の場合、仏教語と同じく「直接的原因」の意味をもつ他に、介詞として「〜により」という意味でも広く用いられていた。次に、「因」に結果を表す「果」が結合した「因果」という語だが、これは仏教伝入以前の中国語には存在しなかった。勿論、因果応報という観念そのものは中国にも有った。天が人の行為の善悪に応じて賞罰を降すという観念がそれである。但しこの応報は、人の死後、子孫の生活に影響を与えるとされるか、もしくは現世で本人に報いが起こるとされるかのいずれかであって、仏教の説くような一個人の三世にわたる応報を意味していたわけではない。それは上述の通りである。一方、「縁」という中国語は、例えば『荀子』「正名篇」に「縁耳而知声」や「縁目知形」とあるように、「〜によって、〜を介して」を意味しており、ここから「外的な補助条件」という意味も出てくることになる。漢訳者が"pratyaya"を「縁」と訳したのも、この伝統的用法を承けたものと思われる。因みに、六処（六根、6つの感官）の対象として立てられる"ālambana"を「所縁」と漢訳したのは苦肉の策であるが、『荀子』での用法を見れば納得できるだろう。更に、「因」と「縁」とが結合した「因縁」は、仏教伝入以前から既に一つの単語として用いられており、その場合には「よすが、かかわり、機縁、機会」などを意味していた。従って「因縁」が"hetupratyaya"の訳語として当てられたとき（例えば、安世高訳『長阿含十報法経』、大正蔵、第1巻、233頁下、24-25行。また支婁迦讖訳『道行般若経』「曇無竭品」（大正蔵、第8巻、476頁下、18-20行）では、"hetupratyayādhīnah"を「因縁所生」と訳している）、漢訳者は既に一つの単語として用いられていた「因縁」を改めて因（原因）と縁（条件）の二語に分けて理解し、その上で「因縁」という語を用いたことになる。その点で彼らは原文に忠実だった。後に漢訳仏典で"pratītyasamutpāda"の訳語が、「因縁」ではなく、「従縁起」（縁従り起こる）という意味での「縁起」に固まってくる（鳩摩羅什は未だにこれを「因縁」と訳している）のは、事物・事象が単なる因果関係によってだけでなく、諸条件の制約を受けて存在しているとする仏教の根本思想に重きをお置いたためであり、仏教者が因と縁との違いを明らかに意識していたことを示している。そしてこれが後漢代の訳経に既に見られることは、その後変質してゆく中国仏教を考える上でも重要な点であろう。当時の中国人は空に基づく事物・事象の精緻な分析である縁起説を理解する術が無かったのであり、そのためには老荘の無の思想を媒介せざるをえなかったのである。

6　空義解釈の典拠となった般若経典の漢訳について、以下で簡単に述べておく。般若経典のスタンダードとも言うべき『八千頌般若経』が西域経由で中国に伝えられたのは2世紀末であり、先ず支婁迦讖がこれを漢訳した『道行般若経』である。同じ八千頌系（道行系）としては、同じ頃インド僧、竺仏朔が自ら将来したサンスクリット本を漢訳したものや、三国呉の支謙が3世紀前半に訳出したもの（『大明度無極経』）がある。一方、『二万五千頌般若経』（放光系）の漢訳としては、三国魏の竺法護が訳した『光讃般若経』と、既に触れた朱子行が于闐で入手したサンスクリット本をインド僧、竺法蘭が漢訳した『放光般若経』がある。両者は同本異訳である。これらの漢訳般若経典はいずれも東晋期における般若学の隆盛を準備した。

拠する「空」の解釈と、魏晋時代に流行した老荘の「無」の思想とが結びついたためだと考えられる。六朝時代にいかなる空義解釈が行なわれたかについては次節で詳述することとして、その前に先ず、魏晋期に老荘思想が流行した事情と当時の老荘思想の特徴とを述べ、次いで、老荘の無の思想がなぜ仏教の空に対する関心を喚起することになったのか、その経緯を論じなければならない[7]。

　漢代は概ね儒教の全盛期だったが、後漢の儒教には孔子を人格神化したり、天人相関説や讖緯説のように天を超越神化したりする有神論的色彩が濃かった。しかし後漢末になると、儒教では律しきれない政治的・社会的矛盾が噴出し、儒教自体の欺瞞も顕著となった。後漢末から六朝にかけて王充の儒教批判が広汎な支持を得たのもその反映である。儒教の権威が失墜したこのような状況の中で再評価されるのが、体制思想たる儒教に対置され、個人と社会とを根底から捉え直すという役割を演じてきた老荘思想であった。しかも魏の時代の老荘思想の流行は士大夫の貴族化とも絡んでいた。これについては既に述べた通りである。元々官吏・政治家であり知識人である士大夫は、超越的神格を信ぜぬ汎神論的ないし無神論的傾向を強くもっている。しかも有神論や神不滅論は王充らによって既に徹底的に批判されていた。そこで彼ら貴族化した士大夫は、流出論的か（老子）、認識論的か（荘子）の違いは有るが、ともに現実の有（物）の世界の根底に「無」という根本実在の世界を見出した老荘の哲学に着目し、老荘の理想とする至人・真人の如く、自らもまた現実世界のあらゆる制約から解き放たれ、有限で人為的な一切の有（物）を否定して、無或いは無為自然という無限の実在世界を自由に逍遥したいと願ったのである。老荘思想の側にも士大夫のこうした要求に応えうる素因が有った。それは現実に対する老荘の屈折した態度、換言すれば、一方では現実を否定しながら、他方ではそれをそのまま肯定するという構造である。これが中国思想に共通する運命随順主義の老荘的形態であることは言うまでも無い。こうして魏晋時

7　この点については主として、蜂屋邦夫『中国的思考』（上掲）「無と空の思考」、特に191-195 頁を参照する。

代を通じて老荘思想を実際の行動に移す清談（儒教道徳を超えた内容をもつ談話）が流行する。その代表が竹林の七賢である。しかし彼らは時代が本当は何を求めているかを自覚することはできなかった。それは彼ら清談家の老荘理解に如実に反映している。

　魏朝45年間は、法家政策が採られた清談家に不寛容な時期と彼らに寛容な時期とを繰り返した後、帝室と外戚司馬氏との間に権力闘争が起こり、帝位が司馬氏に奪われて滅亡するという経過を辿る。このような不安定な時代にあって、正始年間（240-249）は後世「正始の風」として理想化されるように、清談家に訪れた束の間の幸福な時期であった。この時期を代表する思想家は何晏（?-249）と王弼（226-249）とである。彼らの老荘理解は「無」を中心概念に据えたものであり、「貴無論」と呼ばれる。

　何晏は『老子』を祖述して、超感覚的な無を天地万物の根本実在と見なしたが、これを現実に即して言えば、人間世界の根底を成しているのは君主の無（無為）であり、現存秩序はすべて無為自然の道（君主の無為）のもとで正当化されるということである。要するに彼の政治的意図は、皇帝を無為ならしめることで彼ら貴族の特権を維持することにあった。

　王弼は何晏の無の思想を更に徹底させた。彼によれば、根本実在たる無（道）は万物を生じ、生成変化する現象とは截然と区別され、寂然不動かつ永恒不変である。しかしこれを政治論として読み換えるとき浮かび上がるのは、君主を無為たらしめると同時に民衆をも赤子のように無知無欲ならしめる（飽くまでも彼が解釈する限りでの）老子の愚民政策である。これは明らかに現実との妥協である。それを示す逸話が有る。王弼は或る人に、万有の根本たる無について孔子はまったく言及していないのに、なぜ老子はこれを強調するのか、と問われて、孔子は無を体得していたため無を説く必要が無く、従って有についてだけ語ったが、老荘は有に滞っていたため、未だ到達していない無について語ったのだ、と答えたというのである（『世説新語』文学篇）。要するに、王弼は老子の無と孔子の道とを同一視して、孔子を無の体得者と見なしたというのだが、これがフィクションだとしても、当時の貴族の儒道折衷的立場を余すところ無く示している。

但し、このような孔子の人格神化が仏教受容に際して儒仏を融和する手段となったことも否めない。他方、無の認識に関して、王弼は重要なことを述べている。即ち、彼は『易経』「繫辞上」の「言は意を尽くさず」という説に基づいて、根本実在たる無を認識するには言葉や形象は不完全であり、それらを廃棄して初めて無の認識は可能となる、と考える。これは体験的直観（明）を重視する老荘の根本思想であると同時に仏教の般若空の思想とも同質であり、やがては禅の「不立文字、教外別伝」へと流れ込んでゆくだろう。

　以上のように何晏や王弼は無を万物の根本実在と見なし、あらゆる有を無によって説明しようとするのだが、彼らの場合、その無は現実を否定するというよりは、むしろそれを根拠づけ包括するものであった。それは、老荘思想の現実を否定しつつ同時にそれを有るがままに肯定するという構造のうち、現実否定という実践的契機を軽視するものであり、従って現実世界を無に基づかせることでそのまま維持しようとする形での現実肯定、むしろ現実との妥協にすぎなかった。従って彼らが根本実在として据えた「無」も、徹底した否定の果てに体得される実在ではなく、観念上の無にすぎなかった。

　やがて魏の帝室と司馬氏との間に政争が起こると、司馬氏は儒教道徳の具現者を僭称したが、その欺瞞に反発した勢力は儒教を拒否して礼法を軽蔑し、圧倒的な権力の前では自己を韜晦し、『荘子』に拠りつつ観念上の実在世界に遊んだ。その代表が先に触れた竹林の七賢である。彼らの現実否定の精神には確かに激しいものが有ったが、その一方で彼らはまた神仙的な延命思想をももっていた。この点では彼ら隠逸の士もまた独善と保身の傾向を免れなかった。この傾向をよく示しているのが上述した儒教との妥協である。清談家も官吏である以上、勿論、完全に山野に隠れて生きたわけではない。やはり生臭い政治の世界と無縁ではなかった。現に何晏や竹林七賢の一人、嵆康（223-262）は政争に巻き込まれて刑死したのである。要するに、彼らは現実否定の実践という面では甚だ不徹底であった。このことは中国の知識人による仏教受容を考える上で看過してはならない点である。

　晋（西晋）になると儒道折衷の必要も無くなり、老荘思想はその全盛期を迎える。その要因の一つとして、晋の武帝（司馬炎）が貴族階級の支持を受けて帝位に就いたため、貴族に寛容だったことが挙げられる。更に280年に呉を滅ぼして天下統一が実現し太平の機運が広がると、次の恵帝の元康年間（291-299）には、何晏・王弼以来の貴無論と、『荘子』「盗跖篇」や『列子』「楊朱篇」に見られるような自然の性を本能的欲望に求める快楽主義とが結びついた老荘の無の思想が蔓延し、政治に無関心となった貴族の放縦の風（先の「正始の風」に対して「元康の風」と呼ぶ）が頂点に達する。現実否定の精神を著しく欠いたこの時期の享楽主義的な老荘思想が、道家本来の立場でないことは言うまでも無い。このように当時の貴族が無を貴び、現実を有として卑しんだ結果、政治的腐敗が極まると、そこに無を否定して有を尊重する反動が起こる。

　その代表が裴頠（267-300）の『崇有論』である。その論旨は、"無とは有の単なる欠如にすぎず、有を生ずることはできない。有は自生するものであり、宇宙の一部分であって、万有は理によって相互に依存し、その渾然たる総体が道である"というものである。つまり裴頠は、無は国家秩序や人倫を破壊するものであり、無為によって民を統治することなどできない、と言うのである。だが彼の批判は、貴無論という大海に投じられた一石にすぎなかった。

　西晋の老荘思想を代表する著作は、郭象（252-312）の『荘子注』である。一般に老荘と並び称されはしても、魏の道家思想が老子中心だったのに対し、西晋に入ると荘子に中心が移り、『荘子』の注を著す者が増える。その筆頭格が現存最古の荘子注たる郭象注である。これは王弼の『老子注』と同様に、『荘子』の注釈書というよりも、荘子に仮託した自己の思想の展開である。郭象注は貴無論と崇有論とを綜合したものであり、これによって漢代儒教に代わる新しい思想の有り方を求めてきた老荘思想が完結する。郭象は裴頠と同様に、有（物）は自然に生ずる独立したものであり、万有の生成変化の理法即ち自然を道と考える。それゆえ彼は「有は無から生ずる」とする老子の思想を否定する。これは郭象独自の「自然」理解からも来ている。自然とは「自ら然る」ということ、即ち他に依らず自らを根拠としてそうなることであるから、もし或る物が他の物から生ずるとすれば、それは他然であって自然ではない。同様に、有が無から生ずるとすれば、有は無という他に依って根拠づけられていることになるから、やはり他然であって自然ではない。このような郭象の「自然」理解は、更に因果律の存在の否定にまで行き着く。というのは、結果が原因から生ずるということは、何か（結果）が他の何か（原因）を根拠とするということ、即ち他然を意味するからである[8]。だが、老荘は「万物は無から生ずる」と主張しているではないか。老荘が「無」について語るのは何のためか。この問いに対して郭象はこう答える。それは、物（有）を生ずるようなものは何も無いということ、物（有）はそれ自身のみを根拠として生ずるということを明示するためだ（「在宥篇注」）、と。一般に実在的と見なされている老荘の「無」を、このような形で抽象化したのは貴無論の影響と考えられる。ともかく以上のような自然理解から、郭象は「自得」こそが『荘子』全篇を貫く根本思想だと考える。自得とは他に依らず自己の天分に充足することである。それゆえ郭象は、『荘子』「逍遥遊篇」の大鵬と蜩・小鳩とを比較した有名な寓話にも、独自の解釈を施している。一般的解釈によれば、海上を三千里も波立たせ、上空に九万里も舞い上がる大鵬は、荘子自身の絶対無差別・万物斉同の境地を指しており、一方、思い切って飛び立っても近くの枝に止まるのがやっとの蜩や小鳩は、現実世界の相対差別に目を奪われている俗人の姿を喩したものであって、要するにこの寓話全体は賢人の境地が俗人にとって測り難いほど高いことを述べたものだと解さ

8　因みに、郭象のように「自然」の立場から因果律を否定する者はインドにもいて「無因論師」と呼ばれ、ゴーサーラがその代表者と見なされる。ところで、隋の三論宗の吉蔵は老荘を「自然外道」と呼び、これをインドの「無因外道」と区別しながらも、「無因［外道］は其の因の無に拠り、自然［外道］は果の有を明かす。義は約すれば同じからざるも、猶ほ是れ一義なり。」（『三論玄義』破邪）と述べて、いずれも「無因有果」という同一の誤りを犯すものと見なしている。吉蔵の老荘批判に関しては、『中観論疏』巻一をも参照のこと。このような思想は『荘子』本文には無く、郭象『荘子注』に固有の思想であるから、吉蔵は郭象注を介して老荘思想を理解していたのであろう。

れている。ところが郭象の解釈はまったく違う。大鵬と蜩・小鳩とでは飛ぶ距離に大きな違いは有るが、それは天分の違いによるのであるから、各々自己の天分に安んずれば、大は大なりに、小は小なりに斉しく逍遥の境地に達することができる旨を述べたものだ、と言うのである。かくして郭象の主張を要約すればこうなろう。万有は各々自生する独立したものであり、各々固有の分をもっている。各々の有は己の分に自足すればよい。なぜなら、この自足即ち自得こそが、取りも直さず万有に冥契し、時勢に因循する（そのまま従って抗わない）道であり、それが逍遥の境地であるから、と。しかし、これを政治論として読み換えれば、貴族の特権享受や君主の無為による民衆統治といった現存秩序をすべて自然なものとして是認することであろう。かくして荘子の現実否定の精神は、郭象によって体制護持の思想にすりかえられてしまった。

　西晋末期になると、帝室の内紛（八王の乱）による日常化した権力闘争の中で、貴族の多くは政治にますます無関心となり、頽廃的・享楽的風潮が蔓延する。これを助長し、国家を弱体化へと導いたのが老荘の無の思想であった。そして終に異民族の一斉蜂起（永嘉の乱）によって西晋は滅亡し、漢民族は史上初めて南遷を強いられる。これは文字通り中華帝国の崩壊を意味したが、晋の帝室の一人、司馬睿が元帝となって東晋朝を興したことで、中国文化の南進という意味をももつことになった。

　この東晋時代の初めになると、仏教はまるで堰を切ったかのように流行し始める。その社会的要因は様々に考えることができる。第一に、西晋朝の滅亡と漢民族の流亡とによって諸行無常を痛感したこと、第二に、中原を喪失したことへの痛恨と、その元凶ともなった元康年間の放縦の風に対して反省と批判が加えられたこと、第三に、中華意識が挫折したことで異狄に対する蔑視が後退したこと、第四に、中原を回復する望みが絶たれた中で焦燥と諦念とが広まったこと、第五に、流寓貴族が荘園地主化することで自得安分思想が定着したこと、などである。

　以上を老荘と仏教との関係という観点から見てみよう。換言すれば、なぜ老荘の「無」が貴族たちの間に仏教の「空」（般若空）への共感を喚び起したのか、ということである。

　先ず考えられることとしては、老荘思想の「無（無為自然）」に、元々大乗仏教の根本思想である「般若空」に通ずる要素が有ったことを指摘することができる。例えば老子の「無」は、現実世界の人為的相対差別を超えた「道」或いは主客未分の「一」を指し示す語であるが、分別知によって捉えることの不可能なこの根本実在は全一的直観（「明」）によってのみ体得されうる、と老子は考えていた。更に荘子は、老子の流出論的無の思想になお残る有無の対立、或いは相対と絶対との相対をもう一段超出して、一切の相対差別を超えながらしかもそれらを包容する絶対の無（無限・無限定）を「万物斉同」として描いた。老子であれ荘子であれ、いずれの場合も、根本実在としての「無」即ち「自然」に到達するためには、「無為」という一切の人為の否定が要求される。他方、本質的に出世間の教えである仏教もまた、一切の世間的相対分別を超えた我法両者の「無自性空」を真諦・第一義諦と見なし、空を体得するために全一的直観たる般若の無分別智を重視する。つまり、老荘と仏教とはともに、現実否定の精神、即ち有為分別を超えた全一的直観の重視を基調とする点では元々酷似していると言ってよい。このことは、両者の根本的立場がともに「無」や「空」（śūnya, śūnyatā　の漢訳）という否定的ニュアンスをもつ語によって表現されるところにも現れている。

　但し、人為の世界を完全に否定した世界と人為の世界を否定した後に回復される世界、その呈示の仕方には大きな違いが有る。老荘の場合は、大乗仏教における我法倶空のように心と外物の両者を空じて執著を断つのではなく、むしろ心を虚にすることで万物を有るがままに受け容れようとする。従って、眼の前に在る物の実在性を疑うことまではしない。それが老荘の無為自然の立場である。このように、根本実在としての無を初めから自然という一種の理想状態として語る傾向が強いために、人為の徹底的否定つまり無為の実践によって初めて到達されうるはずの自然が、実際には実体として即自的に定立されてしまっている。この点で老荘の無（無為）は観念的・抽象的なところを残している。従って老子と荘子の思想そのものは別としても、老荘思想が後世に果たした実際の役割は、現実に対する個人の不満や疎外感の捌け口に留まり、現実否定という契機はさほど深化されなかった。それゆえ、本来は批判の対象たるべき体制思想とも妥協して、むしろそれを補完し、専制君主による民衆支配を一層強化する政治理論ともなった。これを代表するのが魏晋時代の老荘思想である。

　これに対して仏教、特に小乗仏教は現実の有為転変の世界（それは迷妄であり、輪廻的生存であり、世間である）を出離・超脱（出家＝出世間）して、無為（「涅槃」（nirvāṇa）の古訳）に到り、仏（覚者）と成ることを求める解脱の思想である。“霊魂の三世報応”に「瞿然として自失」するほどの衝撃を受けた人々が、同時にまた仏教が“修行による涅槃到達＝成仏＝解脱”を説くことにも注目していたことは、『後漢紀』「釈老志」の上掲引用文（「故に貴ぶところは、善を行ひ道を修め、以て精神を錬してやまず、以て無為（＝涅槃）に至り、仏を得るに在り」）からして明らかである。

　大乗仏教の「空」の場合、その否定性の論理は更に徹底している。そもそも「空」（śūnya）という観念は、初期仏教および小乗仏教の根本語「無我」（anātman）を承けたものだが、それは自己（我）と物（法）とが因縁所生の縁起せるものであり、従って独立した固定的実体性をもたないということ（無自性）を意味する。従って空は第一に、人間の日常的・世俗的認識の基本的枠組となっている、生滅する現実世界の根底に不変不滅の実体が有ると考える常見・有見の否定である。ところがこれに滞ると、今度は有の対立概念である無の実体化という逆の極端を生む。すべての有は滅び、無に帰するものとして、その本質は無であると考える断見・無見がそれである。従って空はこの実体的な無をも空じてゆかねばならない。これは無限に続く過程である。このように空とは実体的な無ではなく、有と無、常と断両者の実体性の否定であって、非有非無、不生不滅を意味する。その場合、この「非」や「不」は一切の相対的概念枠（二辺・二見）の突破・超越を意味している。すると空とは、一切の相対的・限定的な枠の取り払われた真に絶対的・無限定的な真理の世界（「如」［tathā　有るがまま］、「真如」［tathatā　有るがままなること］）として、否定の果てに蘇った世界だということになろう。これが真の縁起であり、いわゆる「真空妙有」である。しかし真空妙有とは言っても、それは言語仮設（言葉による虚構）であり、一瞬たりとも停滞することの許されない世界であり、これが執著の対象となって実体化される限りでは、絶えず新たに空ぜられねばならない。

　このように、仏教の「空」は否定性の論理によって貫徹されている。しかも、それは単なる哲学的分析に留まらずに、戒・定・慧の三学や六波羅蜜などの実践に裏打ちされた極めて主体的な論理であった。後述するように、当時の知識人は、中国人僧侶でさえもこのような仏教理解には未だ到達していなかったが、少なくとも仏教には緻密な修道論が有り、しっかりした教団組織が有り、出家・在家の戒律についての厳格な規定が有るということについては知っていたはずである。勿論、『荘子』にも「坐忘」という仏教の禅定に似た行が説かれてはいる[9]。だが道教は別として、道家の場合、そこから体系的な修行法が展開したわけではない。それゆえ老荘は、超俗を説き逍遥の境地に到ることを目指す点でいかに宗教的に見えるとしてもやはり観想的であり、個人主義的な哲学であった。具体的実践を欠いていたのである。これに対して仏教は、その論理の緻密さから見ていかに哲学的であるとしても、修行によって涅槃に到り成仏を目指す点で実践的であり、自利から利他へと転ずる慈悲を重視する点でやはり宗教であった。そして、仏法を信じ仏教教義を実践すれば本来避けることのできない罪の報いを免れることができる、という仏教のメッセージは、神滅論（無鬼論）に拠りつつ人生を現世のみに限定して "修行による報い" を否定した王充の宿命論と、まったく対極に位置するものであり、中国の伝統的な運命随順思想に代わる新しい救済思想ないし人生観を求めていた当時の知識人たちに福音を告げるものであったに違いない。つまり六朝の知識人たちは仏教の「空」の思想を解脱という「救済」を説くものとして受容したのであり、時代は老荘の無よりも一層徹底的な現実否定の思想を求めてい

9　「枝体を堕ち聡明を黜け、形を離れ知を去りて、大通に同ず、此を坐忘と謂ふ」（『荘子』大宗師）

たのである。そしてこの " 新しい救済思想ないし人生観の呈示 " を接触面として、六朝人が傾倒した仏教教義の二層、「三世報応」と「空」とは重なり合うことになる。

　しかし彼らは、当初「三世報応（輪廻転生）」を仏教の根本義だと誤解したように、「空」をも誤解した。それは、彼らが仏教の「空」を老荘の「無」というフィルターを通して理解せざるをえなかったからである。そしてそれも無理からぬことであった。というのも、彼らが目にした仏典の漢訳そのものが格義的であり、しかも老荘思想の刻印を受けていたからである。「空」が「無」と訳された他にも、"nirvāṇa"（音写は「涅槃・泥洹」など）には「無為」、"tathatā "（後に「真如・法性」などと漢訳）には「本無」、"bodhi"（音写は「菩提」）には「道」という老荘の用語が配当されたのがその代表例である。また格義は、既に触れたように、『大無量寿経』の漢訳・呉訳・魏訳のいずれもが（原典には存在しない）「自然」或いは「無為自然」を多用していたところにも現れている。かくして仏教の教義、特に空を本格的に理解するには鳩摩羅什の来朝を待たねばならなかった。

第2節　六朝仏教の諸問題と中国仏教の萌芽

　今述べかけたように、中国人が傾倒し、仏教の中心思想と見なした因果応報（業報輪廻・三世報応）説と般若空の思想は、しかしながらそれらはともにインド仏教からすれば或る根本的誤解に基づいていた。この点に少し踏み込んでみよう。

　老荘的色彩の濃かった格義仏教の批判に先鞭をつけ、仏教からその老荘色を払拭しようとしたのは道安だったが、その努力はなお不充分だった。インド仏教に対する誤解がほぼ完全に払拭されるのは、鳩摩羅什（344?-413?）が紆余曲折のあった後に後秦の姚興から長安に迎えられて、多くの経論、特に『般若経』とその注釈である『大智度論』と『中論』『十二門論』『百論』の四論もしくは三論を漢訳し、ナーガールジュナ（龍樹）の空観思想を紹介して以後のことである。羅什はまた廬山の慧遠の呈示した法身、色と空、菩薩の修行などの問いに答え、大乗と小乗との違いや大乗諸経の教説の違いなどに説明を加えている（『大乗大義章』大正蔵、第四十五巻）。これらの羅什訳経論に基づいて多くの優秀な弟子たち（僧肇・道生・僧叡・僧融など）が正しい空および縁起思想の研究を行ない、かくして中国仏教には確乎とした中核が出来上がる＊10。しかし問題は、それでも彼らの理解する仏教から中国的要素が完全に払拭されることは無かったということ、それどころか、それによって仏教に中国的要素が定着したということ

10　鳩摩羅什は『大品般若経』の他にも『金剛般若経』『維摩経』『法華経（妙法蓮華経）』『阿弥陀経』『梵網経』『坐禅三昧経』『禅秘要法経』などの、思想系統のまったく異なる多くの経典を訳出しただけでなく、『中論』『十二門論』『百論』『十住毘婆沙論』『成実論』などの大乗・小乗の様々な論書、更には『十誦律』などの律典に至るまで、約二十五部三百巻を訳出し、その漢訳三蔵によって三論（『中論』『十二門論』『百論』）、四論（三論に『大智度論』を加える）、成実、法華、涅槃、律などの研究が起こり、これらの更なる展開が宗派仏教の形成に多大な影響を与えた。但し、隋唐に興った宗派は、特定の経論や律を拠り所としたもので、これら諸宗派が他の宗派に対する自派の優位を主張して各宗派の間に対抗意識が生じ、その結果他の宗派との思想的交流が行なわれるのは中唐以後になってからであるが、隋唐仏教は前代の仏教の単なる延長上にあると言うには余りに中国的特徴を備えている。その代表が天台・華厳・禅・浄土である。

である。そしてこの中国的要素こそが隋唐における中国仏教の形成を促した当のものなのである。以下では、それら中国仏教の萌芽の幾つかをも究明することにしよう。

1　業報輪廻説の変容

　初めに業報輪廻説の中国的変容を指摘しておかねばならない。

　業報輪廻説が仏教に初めて接した人々を「瞿然として自失」させたのは、この教義の根幹を成す4つの契機、①霊魂不滅説、②三世思想、③他界（五道或いは六道）観、④業報（因果応報）説が、中国人にとってまったく未知のものであったか、少なくとも現世主義的な知識人にとって容認できないものであったか、そのいずれかの理由によると思われる。霊魂不滅の観念は有鬼論という漠然とした形ではあったが、それでも民俗信仰に深く根差していたものであるから、民衆や、宮女に取り囲まれて俗信・迷信の影響を受け易い王公にとっては比較的受け容れ易かったであろう。しかし、少なくとも儒家や道家を奉ずる知識人層にとっては、俗信・迷信として斥けられるべきものであった。但し、墨家が批判したように、儒教も元来は祖先崇拝を礼式の根本としていたために、霊魂不滅（神不滅）とあながち無縁ではなかった。ところが、不滅の霊魂が三世にわたって五つ（或いは六つ）の世界（地獄界・餓鬼界・畜生界・（修羅界）・人界・天界）を生まれ変わり死に変わりするという観念は、中国人にとってまったく前代未聞であった。勿論、中国にも過去・現在・未来という時間の観念が無かったわけでもないし、人が死ぬとその霊魂（鬼）が幽都もしくは黄泉という他界に行くだとか、泰山（太山）に集まるだとかという信仰も民間では根強かった。しかし、その過去・現在・未来は、現世という一つの世界における時間の三つの様相にすぎず、また死後に趣く他界・異界も現世の延長上に有るか、それとも現世と共存するかする世界にすぎなかった。仏教のように、人にはこの現世での生涯とは別に、生まれる前にも、死んだ後にも自分の生涯が有り、それらの互いに異なる生涯の時間的区別（三世）

が同時に空間的区別（五道或いは六道）でもあるというような観念は存在しなかったのである。これらの観念に、更に業報（因果応報）の観念が結びつくことで輪廻転生の説明は完成するわけなのだが、中国の因果応報の観念は仏教の縁起説、例えば十二支縁起（三世両重因果）や六因四縁五果のように複雑かつ精緻なものではなく、善行を為せば本人か子孫が福を受け、悪行を為せば天罰が降るという程度の至極単純な道徳的因果関係にすぎなかった。

　それゆえ、業報輪廻説が、後漢末から中国の伝統的運命随順主義に代わる人生観を求めていた人々の要求にどれほど適っていたにせよ、それの構成契機はいずれも中国人にとって極めて異質なのであるから、このインド思想が流行するには中国の伝統的観念の牙城を突き崩しつつ進まねばならなかったはずである。ところが業報輪廻説は一旦受容されると比較的容易に定着した。なぜか。それは、この業報輪廻説がインド仏教の業報輪廻説の忠実な継承ではなく、既に中国的変容を多分に受けていたからである。それは何よりも、中国的業報輪廻説が輪廻の主体として不滅なる霊魂（『後漢紀』や『魏書』では「識神」「神」「精神」と言われていた）の存在を前提しているところに顕著に現れている。なるほど、インド思想全体を見渡せば、輪廻の主体としてアートマン（我）を立てるのが一般的である。ところが、仏教は無我・非我（anātman）を原則とするのであるからアポリアに陥らざるをえない。三世を貫く自己同一的主体を認めないのに、どうして輪廻転生を説明できるのか、というアポリアである。この問題を部派仏教は五蘊相続などによって切り抜けようとしたのだが、仏教が中国に伝わったとき、業報輪廻説の背後にそうした複雑な議論が有ることは問題ともならなかった。何しろ、彼らにとって輪廻説を受け容れるかどうか自体が一大問題だったからであるし、受け容れるときにはそれを福音と見なしたのであって、輪廻とは生存の苦そのものであり、それからの解脱こそが仏教の核心だ、などとは夢想だにしなかったからである。それだけ因果応報の貫徹を人々が希求していたということなのかもしれない。

　ともかく、中国人は輪廻転生にはその主体が当然無ければならないと考えた。しかもそれは一概に中国側の誤解とばかりも言えなかった。もとより一般の中国人の知るところではなかったが、インドの部派仏教でも、既に犢子部・正量部・経量部は「補特伽羅」（pudgala）の実在を認めて輪廻の主体を立てる方向へと向かっていたし、そもそも仏典が漢訳されたとき、輪廻の主体が「識神」「神」「精神」などと言い表され、それが無数の形（肉体）を受けると言われていたからである。上掲の『後漢紀』や『魏書』だけでなく、呉の支謙が訳したジャータカの一種『太子瑞応本起経』でも、「仏」が自ら過去無数劫の「宿命」（前世）を説くという形で、自分も本は凡夫であったが、「初めて仏道を求めしとき已来、精神は形を受けて五道を周遍し、一身死壊すれば復た一身を受け、生死無量なりき」と述べ、「精神」が「五道」を生死輪廻する度に「形」を受けること無量であった、と記している。こうした記述を見た者が、輪廻とは不滅の霊魂が生死を繰り返すことなのだ、と受け取ったとしても無理からぬことであろう。かくして業報輪廻説の神不滅論（有鬼論）は知識人の伝統的神滅論（無鬼論）と、その後も長い間論争を繰り返すことになる。

　その論争の最初期の例は、廬山の慧遠の周辺で行なわれた論争である[11]。

　先ず、戴安公（戴逵）が仏教の因果応報説に疑義を呈した。彼は『与遠法師書』（『広弘明集』巻十八）の中で、若年から善行を心がけてきたにもかかわらず努力が報われず、苦難の尽きぬ自分の人生を歎き、『釈疑論』（同）では王充に似た宿命論的立場から、「賢愚、善悪、脩短、窮達は各分命あり、積行の致す所に非ず」と、業報或いは因果応報を否定する。勿論、彼が応報を否定するのは、三世を認めず、人の一生を現世のみに限定したためである。これは中国の知識人としては至極普通の態度だった。この戴逵の批判に対して、慧遠は自身の短い書簡とともに周続之の『難釈疑論』（同）を送る。その中で周続之は、「古の君子は、通否の来るや、其の過ぐるは新たに非ず、賢愚寿夭は、兆の明らかなること昔よりなるを知る」と述べている。人の通否（運が開けるか開けないか）・賢愚・寿夭、すべて

11　この点については、末木文美士「因果応報」（『日本文学と仏教』第2巻『因果』、岩波書店、1994年）、特に13-14頁を参照する。

は前世の業の報いだとするのである。仏教理解としては初歩的である。だが、さすがに当代一流の仏教僧、慧遠の仏教理解はこれとは比較にならないほど深かった。慧遠の『三報論』（『弘明集』巻五）は、「因俗人疑善悪無現験作」を副題としているように、現世で因果応報が実現されている証拠などどこにも無いではないか、という俗人の批判に対する一種の弁明の書となっている。この書は先ず、業に現報（現世で受ける果報）、生報（次世で受ける果報）、後報（次世以降に受ける果報）の三種の別があることを明かし、「之［＝報］を受くるに主（＝主体）無し、必ず心に由る［＝心の善悪によって受ける］。心に定司（＝定まった仕事）無し、事に感じて応ず［＝外にある事象に感応して働く］。応に遅速［の別］あり、故に報に先後あり。」と、三報の大略を説明する。次に、三報を俗人が疑うのは、禍福の問題を現世だけに限定して、前世・来世を知らぬためだと述べ、僧侶が高い境地に達すれば、「宿殃積むと雖も、功は治に在らず、理として自ずから安消し、三報の及ぶ所に非ず」という具合に、因果応報の世界から超脱しうることを説いている。

　ここで注目すべきことは、第一に、慧遠が因果応報を民衆や一般の知識人たちのように福音とは見ずに、輪廻からの解脱をこそ仏教の核心だと理解していたこと、第二に、その慧遠でさえ、神不滅論の立場に立っていたということである。例えば、彼は『三報論』において、輪廻の主体の存在を否定しながら、それでも「心」を報を受ける主体と見なしているし、『明報応論』（同）ではこれを「神」とし、更に『沙門不敬王者論』（同）の「形尽神不滅論」では、はっきりと神不滅論の立場を表明している。彼は「化は情を以て感じ、神は化の母なり、神は情の根なり。情に会物の道あり、神に冥移の功あり。」と述べ、「神」の輪廻は「情」（心の働き）が外物と接触（「会物」）し、情によって物を逐うことによって起こる、と言う。逆に言えば、物を逐うのを止め、情を静めて「本に反る」ことが輪廻からの解脱だということになるだろう。

　だが、「本に反る」とは何を意味するのだろうか。それは「情の根」としての「神」が自己の「本に反る」ということであるに違いない。とすれば、慧遠は「神」を輪廻の主体としてだけでなく、解脱の主体としても見ていたことになるだろう。果たせるかな、慧遠以後の神不滅論ではこれが主流となるのである。例えば、慧遠とも交流のあった宗炳（375-443）は『明仏論』（『弘明集』巻二）の中で、「精神不滅にして、人は成仏すべし」と述べ、また「神の不滅及び縁会（＝諸縁の結合）の理、積習して聖となる、三は此に鑑かなり。」と述べて、神不滅・因果応報・成仏の三者を結びつけている。その際、輪廻と解脱とは次のように説明されている。つまり「偽有、神を累はし、精粗の識を成す。識、神に付す、故に死すと雖も滅せず。之を漸るに空を以てすれば、必ず習漸を将て尽くるに至り、本神を窮む。泥洹の謂なり。」と。ここで言われている「偽有」「識」「神」が、それぞれ慧遠の「化」「情」「神」に対応していることは明白である。要するに、「偽有」が「神」を曇らせることによって「識」が生じ、識が神に付着することで輪廻が起こる。逆に、「空」によってこれを徐々に滅尽してゆけば、遂には「本神」即ち「泥洹」（＝涅槃）に至りうるというのである。偽有と識とは煩悩の付着した生滅する身心のことであるから、空の修習によって身心を滅尽したときに本に反る神は不滅の「本神」であって、「法身」とも呼ばれる。宗炳が「生なければ則ち身なし。身なくして神あり、法身の謂なり。」と言う所以である。

　これは末木文美士も指摘するように、インド仏教とはまったく異なる発想であり、むしろ「神我」（puruṣa）の独存を説くサーンキャ学派の発想に近い＊ 12。重要なのは、インド僧、曇無讖（385-433）が『涅槃経』を訳出して、般若空の思想に代わり仏性・如来蔵思想が広まると、この「神」が「仏性・如来蔵」と解されて、様々に形を変えながら中国仏教を貫く発想になるということである。後述するように、それは牆壁瓦礫・山川草木などの無情物にも仏性を認めて「草木国土悉皆成仏」を説く「無情仏性説」にまで貫流してゆく。

　しかし、業報輪廻説を巡る以上のような高度の議論は僧侶や一部の知識

12　末木文美士「因果応報」（上掲）、14-15 頁を見よ。

人たちの間で為されたにすぎない。塚本善隆の指摘を要約すれば、中国で民間に流布した仏教は、次の二つに類型化できるようである。第一は、上述したような三世にわたる因果応報・輪廻転生への信仰であり、現在の生は自らが前世で為した善悪生活の総決算であり、現世の善悪の果は必ず死後の生に応報する。死後には生前の善悪に応じた六道の一生があり、この輪廻転生は無窮である、とする信仰である。第二は、救済者としての仏・菩薩への信仰であり、仏・菩薩は生死輪廻の苦を解脱して神通力を具有し、帰依する者に福を与え苦を除き、守護と救済とを垂れる超人的神々だとする信仰である[13]。これら両類型のうち、後者は六道輪廻を説く代わりに、苦と穢れに満ちた現世或いはその極限としての地獄と、清浄で楽に満ちた浄土・楽土とを対立させ、この現世でできるだけ多くの善根を積み、その果報の現れを来世に期待するものである。これもまた因果応報の一形態であるには違いない。

　ところで、これら両類型が一般に流布する上で大きな役割を演じたのは、いかなる善行がいかなる福をもたらし、いかなる悪行がいかなる禍をもたらして罪人を悪趣に堕としたか、といった因果応報の具体的事例を述べた物語群であった。これらは「志怪小説」と呼ばれるが、勿論、その原型は漢訳仏典にある。これらは中国人に解り易くするようにと、「地獄」や「閻魔」をそれぞれ「太山」や「太山府君」と訳す他に、現実社会を反映したかなり大胆な翻案も行なっている。また、志怪小説だけでなく、観音信仰の広がりに伴い、観音霊験記の類も作られる。いずれにしても、これらは死者の霊魂（鬼）や死後の世界（鬼界）など、中国民衆の死霊観や死者供養と仏教の因果応報説や仏・菩薩信仰とを結びつけることで仏教の民間弘通を促したが、同時に仏教に対する誤解をも定着させることになった。その一つが仏教を神不滅説とする誤解であるが、こうして流布した因果応報・輪廻転生譚や霊験記には"現世的"色彩が頗る濃い。中国に限らず、元来、因果応報説や仏・菩薩信仰そのものが現世利益という功利的性格をもって

13　塚本善隆「唐中期の浄土教──特に法照禅師の研究」（『塚本善隆著作集』第 10 巻、大東出版社、1976 年、所収）を参照せよ。

いる以上、当然と言えば当然である。しかしこれが結局は中国在家仏教一般の根本特徴となってゆくのであるから、それらは仏教の変質を考える上で無視できないものをもっていると言わねばならない。

　最初期の志怪小説である晋の干宝の『捜神記』については既に言及もしたし、仏教色が未だ希薄でもあるから再説は控えたい。ここではそれよりもむしろ、やや後に成立した（7世紀半ば）中国仏教的因果応報譚の完成形態を示している唐臨撰『冥報記』を紹介し、それを慧遠の『三報論』と比較することで、中国仏教の"現世的"性格がいかに強まっていったかを証示したいと思う。

　既に見たように、慧遠が『三報論』で現報・生報・後報の三報を説いた際に強調したのは、善悪禍福の問題を現世のみに限れば因果応報の理を明らかにすることができないということだった。従って彼は、俗人の「目で視、耳で聴く感覚的世界だけをすべてと見なす」（「自畢於視聴内」）態度、つまり「耳目の世界を限界とする」（「以耳目為関鍵」）態度を批判し、三報の中では生報（来世で受ける報）と後報（更にそれ以後の生で受ける報）とを重視した。これに対して唐代の一在家信者だった唐臨は『冥報記』「序」で、先ず「釈氏の説く教えには、因果に非ざる無し。因は即ち是れ行。果は即ち是れ報。一の法として因に非ざるは無く、一の因として報ならざるは無し。然るに其の報を説くに、亦た三種有り。」と述べて、三報を順次説明してゆくところまでは『三報論』と同じだが、しかし次のように続けていることが注目される。「この三報は一切の法を包摂して余すところ無く、もろもろの見解をして渙然と大寤せしむるに足る。しかし今の俗士にはなお惑いをいだき、因になずんで果を忘れ、耳を疑って目を信ずるものが少なくない。そこで後報を耳にすれば、有るとも無いとも信じかねるが、現に応験を見せつけられると驚嘆信服するのである＊14。」このように、唐臨は「耳を疑って目を信ずる」者を対象として『冥報記』を撰したと言うのである。唐臨にとっては、現世こそが因果応報の理の明らかになる場所

14　引用は、内田道夫編『校本 冥報記 附訳文』（上掲）をほぼ踏襲する。

なのであり、従って彼は生報と後報よりも現報（現世で受ける報）を重視する。慧遠と唐臨との三報に対する態度を一概には比較できないが、それでも両者の違いは歴然としている。因みに、唐臨のこの現報重視の姿勢を受け継いで『日本国現報善悪霊異記*15』を著したのが我が国奈良時代の薬師寺僧景戒である。

　因果応報に関する中国人の現世的態度は、先に挙げた"救済者としての仏・菩薩信仰"の場合もまた顕著である。この仏教の民間弘通の第二類型は、来世に救済の望みを託する形での信仰であるから、自ずと浄土教への方向を取ることになる。確かに中国浄土教は末法思想の影響を受けた隋唐代の道綽（562-645）や善導（613-681）において「厭離穢土」の色彩が濃厚になるが、それでも日本浄土教と比較すれば、やはり現世志向が強い。隋唐期の浄土教については後述することとし、ここでは六朝時代の浄土教に触れておきたい。

　中国で浄土信仰が集団という形を取った最も早い例は、慧遠が江南の廬山で、当時の名士 123 人とともに結成した白蓮社である。慧遠は中国浄土教の初祖とされるが、勿論その浄土教の性格は後の浄土教のそれとは異なっている。後の浄土教の性格を論ずる前に、ここで慧遠の白蓮社念仏に言及しておくべきだろう。

　元々、知識人出身の慧遠は、初め儒教や老荘思想を学んだ後に出家して道安を師とし、般若経を学んだ。優れた学者だった彼は、同時に戒律を守ること頗る厳格で、禅を行じ、念仏を修する実践の人でもあった。彼が廬山の西林寺に弟子数十人とともに隠棲すること 30 余年に及び、その間一度も山を下りなかったことは水墨画の画題「虎渓三笑」でも有名だが、彼は老荘的超俗脱塵生活に終始したわけではない。彼は山中に在っても僧伽

15　出雲路修は、この書名が「日本国の現報善悪と霊異との記」と解されるべきだと主張している。この「現報善悪」と「霊異」とは、先に触れた仏教の民間弘通の二類型に対応するものである。この点については、出雲路修「日本霊異記」（『日本文学と仏教』第 2 巻『因果』（上掲）所収）39 頁を参照せよ。また、「『冥報記』説話を『日本霊異記』所収説話の原拠としてとらえる先学の諸研究はあやまりである。説話集レベルで両者は関係するのであって、説話レベルでの関係ではない。」（同、44 頁）という指摘も重要である。

提婆から毘曇学（アビダルマ）を学び、鳩摩羅什によって龍樹（ナーガールジュナ）の空観仏教が紹介されると、弟子の道生や慧観を羅什に師事させ、自らも文通によって羅什と問答を交わし（『大乗大義章』）、新来の仏教を摂取するとともに、精力的に著述・講演を行ない、また『沙門不敬王者論』を著して儒教的伝統と闘い、世俗権力に屈せぬ出家の立場を明確にした。彼には神不滅など、中国の伝統的思想の残滓の有ることも事実だが、彼が仏教の実践化に努めたことは評価されねばならない。この実践性もまた中国仏教の大きな特徴と見てよい。慧遠のこうした実践的態度には、勿論、先駆者がいた。その代表者を挙げれば、師の道安と、更にその師の仏図澄とであろう。西域僧、仏図澄（232-348）は79歳のとき洛陽に来るが、神通力や予言などの神異奇瑞によって民衆の心を摑み、北朝の後趙王から尊崇を受け、教えを授けた者は1万人、建立した寺は893ヶ寺に及んだと言われる。門下からは道安、竺法汰、僧朗などの重要人物を輩出し、華北仏教隆盛の中心人物と目される。隋唐時代に宗派仏教が形成された時、その宗祖に据えられた人物がいずれも仏図澄のような宗教的徳行者であったことは注目に値する。彼らの人間的魅力と特異な能力による広汎な感化が無ければ、仏教は単なる俗信に終わるか、単なる哲学理論に終わったであろう。道安も師の感化を多分に受けたのであろう、彼の活動もまた多岐にわたっている。道安は弟子とともに華北各地を転々とした後、前秦王によって長安に迎えられ、長安仏教界を指導するとともに仏教研究に打ち込んだ。彼が優れた仏教学者だったことは、格義仏教に反対して般若経に注釈を施したり、外国僧の翻訳事業を助けたり、「五失本三不易」と言われる中国最初の翻訳論を提唱したり、訳経目録を作ったりしたことにも明らかだが、道安はまた仏教を信仰・実践として理解することを勧め、彼自身も禅法を行じ、弥勒の兜率天往生を願って念仏を修した。道安と慧遠の二人によって仏教が南北の地に拡大したことは言うまでも無いが、何よりも彼らによって仏教が学問としてだけでなく、信仰として、しかも俗信としてではなく高度の思想を背景とした信仰として社会教化の実践性をもったことは重要である。

　さて、話を念仏に戻そう＊16。慧遠の白蓮社念仏は阿弥陀仏の西方極楽浄土に往生することを願うもので、道安が弥勒仏の兜率天への往生を願ったのとは異なるが、いずれも仏の形像を心に憶念する観想の念仏であり、後に主流となる称名の念仏ではなかったという点では共通している。ここで看過してならないのは、浄土の仏に弥勒や弥陀の違いはあっても、念仏が因果応報説を前提としているということである。現に、白蓮社を代表して阿弥陀仏像の前で劉遺民（353-410）が捧げた誓文にも、「夫れ縁化の理すでに明らかなれば、則ち三世の伝顕はる。遷感の数すでに符すれば、則ち善悪の報必せり。」とある。但し、白蓮社念仏の後、西方浄土への讃仰は、南朝（宋・斉・梁・陳）の場合、僧侶の間でこそ継承され、阿弥陀仏像造立も為されたが、一般の士大夫や民衆の間ではほとんど途絶したように見える。むしろ浄土教が栄えたのは北朝だった。その中心人物は、口に阿弥陀仏の名を称える称名念仏を創始して浄土教の民衆化の端を開いた中国浄土教の開祖、北魏の曇鸞（476-542）である。曇鸞は初め空観仏教の四論と仏性思想を研究していたが、病に罹ったため道教の不老長生の法を求めて江南に行き、梁の道士、陶弘景から道教経典十巻を授けられたという。帰路、洛陽で菩提流支から世親（ヴァスバンドゥ）の『浄土論（往生論）』（正式には『無量寿経優婆提舎願生偈』）の漢訳を授けられ、深く浄土教に帰依して、これを浄土教の立場から注釈した『浄土論註（往生論註）』を著した。ここには他力本願、難易二道、称名相続十念など曇鸞独自の説が見られ、後の浄土教の骨格は既に彼において完成されていると言ってよい。彼は浄土教義の研究と実践とに努め、称名念仏を勧めて広く民衆を教化した。彼によって浄土教に帰依する者は200万人に達したとも言われる。ここで注目すべきは、曇鸞の事跡の中に道教との関係を窺わせるものが多いということである。六朝期はまた道教の成立期でもあった。曇鸞にも「胎息法」や「服気法」などの道教実践書があったと伝えられる。

16　中国浄土教の展開について論じた著作・論文は文字通り枚挙に暇が無いが、簡にして要なるものを一つだけ挙げるとすれば、それは森三樹三郎『老荘と仏教』（上掲）所収の「思想史における善導の地位」であろう。ここでは特に203-210頁を参照する。

　このように浄土教が南朝よりも北朝で栄えた事情は、北朝文化に民衆的要素つまり道教色が強かったところに端的に現れている。南朝文化を独占していたのは中国の古い伝統を尊ぶ士大夫階級だった。政治家・官僚であり知識人であり、現実主義的で自主独立を尊ぶ無神論的気風をもった彼ら士大夫が、弥勒にせよ弥陀にせよ、仏の力に縋って浄土往生を求めることはその自尊心が許さなかったであろう。自力の完全な否定としての他力は自己の無力の自覚を必要とするからである。これに反して北朝の五胡十六国、北魏、北斉・北周の君主はいずれも胡人であり、有力な臣下もまた胡人であったため、漢人士大夫の比重は南朝と比べて著しく小さかった。北朝文化は相対的に庶民的だったのである。この庶民性こそが浄土教の母胎であった。それを示すのが道教色の強さである。既述の通り、道教は民間信仰の集成であり、士大夫階級には稀である。ところが胡族が支配する北朝では道教が支配者層でも有力だった。中国最初の廃仏を行なった北魏の太武帝も道教を信仰していた。道教は仏教に対抗しうるほどの勢力をもっていたのである。それゆえ、仏教が弘通するには道教を利用し、またこれと妥協する必要があった。北魏時代に作られた偽経『提謂経』『宝車経』『浄度三昧経』などにはいずれも道教色が強い。曇鸞だけでなく、後の道綽や善導までもがこれらの偽経を依用し、現世利益を説いているほど道教が浸透しているのである。

　だが、当該問題にとって重要なのは、これらの偽経が道教的現世利益とともに、現世の悪行による太山（泰山）堕獄や善行による天上往生といった、因果応報説に基づく来世を説いていることである。これは内容的に『無量寿経』の三毒五悪段と軌を一にするものであり、これらによって兜率天往生や極楽往生などの信仰が準備されたと見てよい。

　ところで、ここに一つの問題がある。阿弥陀仏信仰が盛んになる前に弥勒信仰が栄えたのはなぜか、である。499年に即位した北魏の宣武帝の頃から造営された龍門石窟の北魏窟には、圧倒的に弥勒像が多く、阿弥陀像は未だ僅かである。当時の人々が弥勒に何を願って像を造ったかは、その造像記が教えてくれる。興味深いことに、彼らは自分が死後に弥勒の浄土である兜率天に往生することよりも、むしろ近親者が死後に兜率天往生することを願ったのであり、また弥勒が下生した暁には現世で幸福に与ることを願ったのである。このように、そこには追善供養という祖先崇拝的要素や現世利益を求める傾向が著しい。これは冒頭でも触れたように、クシャーン人が仏教に求めたのと同じものであり、その結果仏教を変質させて大乗仏教の形成を促した一大要因なのだった。要するに、北朝の仏教は土俗的で道教的要素が強かったということである。曇鸞はまさにこのような状況の中で弥勒信仰を阿弥陀仏信仰へと切り換え、他力本願、称名念仏などの浄土教の骨格を確立したのであるが、そこには道教的要素が色濃く残っていることを忘れてはならない。

　その一つを指摘するとすれば、称名念仏こそがそれである。称名念仏とは阿弥陀仏の名号を口で称えることであるから、この行為に功徳が有るとすれば、名号自身に不可思議な力が宿っているのでなければならない。だがこれは一種の“言霊信仰”ではないか。実際、曇鸞は『浄土論註』の中で、腫れ物を治したり、戦闘で敵の武器を避けたりするには、それぞれ「日出東方、乍赤乍黄」、「臨兵闘者皆陳列前行」と唱えればよく、道書『抱朴子』はこれを「要道」と呼んでいること、また筋違いを起こしたとき、木瓜を火で炙れば治るが、木瓜という名を唱えただけでも治ること、ましてや不可思議な境界においては尚更だといったような内容のことを述べている。この名と実とを同一視する言霊信仰は古代世界に普遍的に見られる現象だが、中国の場合、それは道教にも入り込んでいる。因みに、この信仰は韓国でも日本でも今なお健在である＊17。森三樹三郎からの孫引きなので恐縮だが、湯用彤は、『高僧伝』に晋の曇戒という僧の「弥勒仏の名を誦して口に輟めず」という先例を引き、曇鸞以前にも既に称名念仏が行な

17　例えば日本では、結婚式で「別れる」「切れる」は禁句であり、受験生のいる家庭では「落ちる」「滑る」が「縁起でもないこと」とされる。韓国の諺にも「言葉が種になる」（その言葉を口にするとそれが現実のものとなる）というのがある。本名が諱（忌み名）と言われるのも、相手を本名で呼ぶことが本人を支配することだからである。我々が相手を「総理」とか「社長」「課長」とかと呼びはしても、本名で呼ぶことが無いのもそのためである。

われていたこと、それが「呪語」としての性格をもっていたことを指摘している[18]。以上から、称名念仏も古代中国の呪術に由来していると見てよい[19]。末法思想の影響[20]を受けて浄土教を更に発展させた道綽や浄土教の大成者善導が「厭離穢土、欣求浄土」を強調するのに対し、曇鸞が「厭離穢土」を強調しないのは当然だとしても、その道綽や善導にも俗信や道教と妥協し、現世利益を強調する面が多分に残っていることは、仏教の民衆弘通を考える上で看過できない要素である。

　以上のことから、仏教の業報輪廻説が中国における仏教の定着に際して、中国の伝統的観念や俗信の影響を受けたことは明白である。インドにおける大乗仏教の興隆がそうであったように、中国においても仏教が民衆仏教となるには、教義の変質、変容は止むを得ないことであった。それは知識人の仏教理解においても、程度の差こそあれ指摘できることである。

2　格義仏教の空義と僧肇の空義

　仏典を漢訳する際に老荘思想の語彙を用いる以上、初期の仏教理解もまた老荘的たらざるをえなかった。これを「格義仏教」と呼ぶ。格義の典型は、東晋時代における老荘的「無」を媒介とした般若空の解釈である。南朝宋の曇済の『六家七宗論』（元康『肇論疏』所引）や隋の吉蔵の『中観

18　森三樹三郎『老荘と仏教』（上掲）、210頁。

19　称名念仏だけでなく、経典そのものが呪力をもつという信仰は既にインド仏教に有り、『法華経』でも『涅槃経』でも経典の受持・読誦・書写などの功徳が語られている。中国では、例えば『冥報記』によると、書写・読誦・講説の対象としては『法華経』が重視されているが、後には『金剛般若経』がこれにとって代わる。日本では『法華経』、中でも『観音経』（『法華経』「観世音菩薩普門品」）と『般若心経』とであろう。小泉八雲の『怪談』の冒頭を飾る「耳なし芳一」では、周知の通り、琵琶法師芳一が平家の怨霊に誘われて平家の墓所たる赤間が関の阿弥陀寺で夜毎壇の浦合戦の悲劇を物語る。それを知った和尚は芳一の体中に『般若心経』を書きつけ、怨霊から護るが、耳にだけ経文を書き忘れたため、怨霊は耳を引きちぎって立ち去ったという。

20　中国では552年（北斉の文宣帝の天保三年）に末法の世に入ったとされる。この背景には北周の武帝による廃仏がある。武帝は574年と577年の二度にわたって廃仏を断行した。これを体験した北斉の僧侶が隋代になって末法思想を基調とする仏教復興運動を展開し、やがて信行の三階教、道綽や善導の浄土教が成立する。

論疏』によれば、格義的空義には本無義・即色義・識含義・幻化義・心無義・縁会義の六家、本無義を更に二分して本無異義を加えた七宗の別が有ったらしい。このうち識含義・幻化義・縁会義の説明は簡略で不明な点も多く、さして有力な立場ではなかったようである。従って、重要なのは心無義・即色義・本無義の三家の義だということになるが、これらを羅什門下で解空第一と謳われた後秦の僧肇（384?-414）は論破の対象とした。

　ここで、中国仏教の形成に大きな影響を与えた僧肇について簡単に紹介しておくことにしよう。『高僧伝』巻六によれば、僧肇は初め老荘思想を学んだが、なお生死を脱しえずにいたところ、支謙訳『維摩経』を披尋翫味するに及んで始めて無言の妙道に冥会し、遂に出家する。彼は三蔵に通じ、才思幽玄にして談論を善くしたと言われる。そして羅什が来朝するやこれに師事し、師の寂するまで修行に努め、また師の訳経を援けたが、31歳の若さで卒したと言われる。

　僧肇の功績は一般に、師のもたらしたインド中観仏教本来の空をよく理解してこれの普及に努め、格義を斥けたことにあるとされるが、それにとどまらぬ広範な影響を中国仏教に与えた。僧肇の代表作『肇論』は、主として「物不遷論」「不真空論」「般若無知論」「涅槃無名論」の四論から成り、「物不遷論」は有を明かして俗諦を叙べ、「不真空論」は空を明かして真諦を叙べ、「般若無知論」はこれら真俗二諦を成立させる因としての般若の智を叙べ、「涅槃無名論」は果としての涅槃を叙べるという構成になっている。中国仏教史上「涅槃」というテーマについて初めて創意に満ちた主張を叙べた著作がこの「涅槃無名論」であり、仏教思想が中国の風土と社会に定着した最初期の例であると言われる。また彼の『注維摩詰経巻』はインド仏教の中国化を示す金字塔の一つと評され、後代の中国仏教、特に『維摩経』解釈に大きな影響を与えた。「維摩詰不思議経とは、蓋し是れ微を窮め化を尽くし、絶妙の称なり。其の旨は淵玄にして言象の測る所に非ず。道は三空を越え、二乗の議する所に非ず。群数の表を超え、有心の境を絶す。眇莽無為にして為さざる無し。」（『注維摩詰経巻』巻一并序）ここにインド仏教の空思想と中国の老子の思想との融合を見ることができる。

　以下では、先ず上掲の三家の空義に触れ、次いで僧肇自身の空解釈に論及し、更に僧肇になお残る老荘思想の残滓を指摘し、最後に僧肇の後世への影響を論ずることにしたい。結論を先取りすれば、僧肇が『荘子』の斉物論から受け継いだ万物一体観が中国仏教形成の基底の一つとなったのである。

　三家の義について言及しているのは『肇論』「不真空論」である。その中で僧肇は、先ず心無義に触れ、「心無者、無心万物、万物未嘗無、此得在神静、失在物虚」と評している。『肇論』全体が極めて難解であり、訓読からして既に大問題なのだが、敢て訓読すれば、「心無とは、心は万物に無きも、万物は未だ嘗て無ならず。此の得は神静に在り、失は物虚に在り。」となるだろう。

　それにしても、これだけでは余りに簡潔かつ抽象的であるから、僧肇の心無義解釈を解明するには他の資料に拠る他は無い。吉蔵系統の三論宗の僧で初唐の元康『肇論疏』は、心無義の主唱者として東晋初期の人と思われる支敏度を挙げ、『世説新語』「仮譎篇」もそれを裏付けている。それによれば、心無義は荊州だけでなく江南一帯に広く行なわれていたらしいが、詳細は必ずしも明らかではない。ただ、『世説新語』の注を書いた梁の劉孝標の、心無義とは「種智の体は豁として太虚の如し。虚にして能く知り、無にして能く応ず。宗に居りて極に至るは、其れ唯だ無か。」と説くものだった、という言葉を信ずるならば、心無義は極めて老子的な空理解だったことになるだろう。一方、陳の慧達は『肇論疏』で晋の竺法温を挙げ、吉蔵も『中観論疏』で温法師を挙げている。恐らく同一人物であろう。慧達は「竺法温法師の心無論に云ふ。夫れ有は形有る者なり、無は像無き者なり。像有るは無と言ふべからず、形無きは有と言ふべからず。而して経に色無と称する者は、ただ内に其の心を止めて、外色を空ぜず。ただ内に其の心を止めて、外色を想はざらしむ。即ち色相廃す。」と述べ、六朝時代の佚書を引用する我が国平安初期の大安寺の僧安澄の『中論疏記』が引く「山門玄義」もほぼ同一の言葉を述べ、同書の引く「二諦捜玄論」は、より詳しく、「晋の竺法温は、釈法琛の弟子なり。其の心無論を製して云ふ。

118

夫れ有は有形者なり、無は無像者なり。然れば則ち有像は無と謂ふべからず、無形は有と謂ふべからず。此の故に有は実有なり、色は真色なり。経に謂ふ所の色空なる者は、ただ内に其の心を止めて、外色に滞らざるなり。外色、余が情の内に存せざるは、無に非ずして何ぞや。豈に廓然無形にして無色なる者を謂はんや。」と述べている。また、吉蔵は『二諦義』において、簡潔に、心無義は「心を空ずるも、色を空ぜず」と言い、『中観論疏』でも「外物を空ぜず、即ち外物の境は空ならず」と指摘している。

　以上から見ると、竺法温は、内なる心の働きを止めて外物に執著しないことを心無或いは空と呼ぶ一方で、有形の外物即ち色の実在性をそのまま認めていたことになる。従って僧肇の先の引用文は、「心無とは、心は万物に対して［執著せずに］無となっているが、万物は未だ無となっていない。心無義の長所は［我空・人空を知って］心を静めることに在り、短所は物が虚であること［＝法空・色空］を知らないことに在る。」と言っていることになるだろう。心無義を崇有論の影響と見る者もいるが、私はむしろ、物の実在性をそのまま認める中国人の伝統的現実主義、特に老子的無の実在論と仏教的空義とを折衷したものだと考える。いずれにしろ、心無義が空解釈としては甚だ不充分であることに変わりは無い。

　次に即色義だが、「不真空論」は、「即色とは、色は自ら色ならず、故に色と雖も色に非ざるを明かす。夫れ色と言ふは但だ当色即ち色なり。豈に色を色とするを待って、而して後に色と為さんや。此れ直だ色の自ら色ならざるを語って、未だ色の色に非ざるを領せざるなり。」と評している。

　即色義は、東晋の支遁（支道林 314-366）の説とされる。これまた難解な文言であるから、他の資料を引用しよう。とは言え、支遁の著作は『即色遊玄論』を始めとしてすべて散佚したため、他書に引用された断片を調べる他は無い。先ず断片として残った『妙観章』の一節には、「夫れ色の性は自ら色有るに非ず。色自ら有に非ざれば、色と雖も空なり。故に曰く、色即是空、色復不異空。」とあり、慧達の『肇論疏』には、「支道林法師の即色論に云ふ。吾おもへらく、即色是空、非色滅空、此れすなはち玄至ならんと。何となれば、夫れ色の性は色自ら色ならず、色と雖も空なればなり。知自ら知ならず、知と雖も恒寂なるが如し。」とあり、また安澄の『中論疏記』の引く「山門玄義」は、「第八に支道林の著せる即色遊玄論に云ふ。夫れ色の性は色自ら色ならず。自らならざれば色と雖も空なり。知自ら知ならざれば、知と雖も寂なるが如し。」と述べる。以上からすると、支遁の即色義は、色の無自性から色が非色であり、空・滅空であると主張する立場だということが分かる。その限りで即色義は空の一面を正しく捉えているとは言える。それでは僧肇が「此れ……未だ色の色に非ざるを領せざるなり」と評する場合、即色義の何を批判しているのだろうか。「大小品対比要鈔序」などを見ると、問題はどうやら色即是空にあるというよりは、むしろ即色義の根底を成している世界観そのものにあるらしい。つまり、それらの資料によれば、即色義は色の現実的限定性を否定しているようなのだが、その真の目的は現実を超えた至無の無限定的絶対境の実在性を呈示することにあるらしい。とすれば、即色義は至無の絶対境という荘子的至人の境地に遊ぶことが同時に有（色）に即することだと説くのであるから（それが支遁の『即色遊玄論』という書名の意味するところであろう）、即色義は郭象の『荘子注』に極めて近い立場だと見て間違いない。以上からすると、僧肇の即色義批判は、色即是空を知るも空即是色を知らず、というところに向けられているのではなかろうか。少なくとも僧肇は諸法の即空なることを明かすことこそ本義と見なして、即色義の色（法）を分析することによって無自性空を明かす態度を批判したのであろう。「不真空論」には、「夫れ聖人の物に於けるや万物の自虚に即す。豈に宰割を待って以て通を求めんや。」のように、「即物」つまり現実の只中に真理を見る立場が強く現れているのである。

　第三に、僧肇の「不真空論」は本無義を評してこう述べる。「本無とは、情に無を尚んで、多く言に触るるや、以て無に賓す。故に非有の有は即ち無、非無の無も亦た無なり。尋ぬるに夫れ文を立つるの本旨は、直だ非有は真有に非ず、非無は真無に非ざるを以てするのみ。何ぞ必ず非有とは此れ有無く、非無とは彼の無無しとするや。此れ直だ無を好むの談なり。豈に事実に順通し物に即するの情と謂はんや。」と。

120

　東晋の空義の中では南北ともに本無義が最も有力だったと言われる。羅什訳が普及するまでの空義はほとんど本無義だったと言っても過言ではない。既述の通り「本無」は「真如」の古訳であって、後漢末の支婁迦讖訳『道行般若経』も、呉の支謙訳『大明度無極経』も、同じく康僧会訳『六度集経』も真如を本無と訳している。般若経にとって真如とは空に他ならず、従って本無は同時に空である。かくして、空を本無とする本無義は既に般若経漢訳の段階で始まっていたと言える。しかも、本無という語自体の出典が『老子』の「天下の万物は有より生じ、有は無より生ず」（第40章）や、王弼『老子注』の「有の始まる所は、無を以て本と為す（以無為本）」にあることは明らかである。このように一切の有の根本を無・空と捉え、無が有に時間的に先行するだけでなく、価値的にも優先することを説く本無義は、明らかに老子の流出論的実在論の刻印を強く受けていると言うことができる。

　ところで、本無義の主唱者は一般に道安とされる。だが彼は格義からの脱却を図ったはずではなかったか。その道安にして本無義に留まっていたとすれば、彼の試みはどの点で不充分だったのだろうか。道安の空解釈は「性空義」とも呼ばれる。すると問題は「性空」と「本無」との関係如何であろう。吉蔵は『中観論疏』の中でこう指摘している。「釈道安は本無義を明かして謂ふ。無は万化の前に在り、空は衆形の始めなり。夫れ人の滞る所は末有に在り。若し心を本無に託せば、則ち異想便ち息む、と。安公の本無とは、一切諸法は本性空寂なり、故に本無と謂ふ。」と。この記述から察するに、「性空」とは「本性空寂」の謂であり、そのためこれを「本無」とも称したのであろう[21]。

21　『肇論』冒頭の「宗本義」で、僧肇は「本無と実相と法性と性空と縁会とは一義のみ。何となれば、則ち一切諸法は縁会して生ずればなり。縁会して生ずれば則ち未だ生ぜざるは有ること無く、縁離るれば則ち滅す。如し其れ真有ならば、有は則ち滅すること無し。此を以て推すが故に、今現に有なりと雖も、有は而も性常に自ら空なりと知る。性常に自ら空なり、故に之を性空と謂ふ。性空なるが故に、法性と曰ふ。法性是くの如し、故に実相と曰ふ。実相は自ら無なり。之を推して無ならしむるに非ず。故に本無と名づく。」と述べている。有はその本性が自ら、つまり本から空であって、有を分析して空というのではないと言うのだが、この記述を吉蔵は当然知っていたはずである。

　道安の弟子で、僧肇と同じく羅什門下に投じた僧叡（355-439）は、次のような意味のことを述べている。従来の格義は仏教の本旨に背き、六家の空義は偏っていて本義に即さぬところがあったが、師道安の性空宗は羅什訳の経論と照合してみると、最もその本旨に適っていることが分かる（『毘摩羅提経義疏』上）と。だが、いかんせん、道安には空義を正しく理解する上で必須の三論の存在さえ知りえなかった。そのためその性空義も従来の本無義の格義を完全には脱しえなかったのである。僧叡はそのことを歎じて、「然れども鑪冶の功、微かに尽くさざるを恨む」と付言している。道安になお残る格義的要素は、彼が「合放光光讃随略解序」で、般若の法性は至常至静なるがゆえに無為無著であるとして、老荘の至人の境地に近いものを述べているところにも現れている。要するに本無義は貴無論的色彩を強くもった空義だと言えるだろう。

　なお、吉蔵は本無義と区別して「本無異義」を挙げ、その主唱者を琛法師（釈法琛、伝不詳）としている。『中観論疏』によれば、本無異義とは、次のような立場である。「本無とは、未だ色法有らざるに先に無有り。故に無より有出ず。即ち無は有の先に在り、有は無の後に在り、故に本無と称す。」これは何の変哲も無いただの本無義だろう。とすれば吉蔵が本無義とは別に本無異義を立てたのは、本性空寂を説く道安の本無義と、この凡庸な本無義（本無異義）とを区別するためであったのかもしれない。

　いずれにせよ、三家の空義はどれも老荘思想の刻印を強く受けている。

　それではそれらを論破した僧肇自身の空義はどうであったか。『肇論』は、論全体の主旨を述べた「宗本義」と、「物不遷論」「不真空論」「般若無知論」と続き、この第三論に関して廬山の隠士、劉遺民が僧肇に送った「劉遺民書問」と、それに対する僧肇の「答劉遺民書」とを載せ、最後に「涅槃無名論」を置いている。

　先ず「物不遷論」は、「真を談じては不遷の称あり、俗を導くには流動の説あり。復た千途異唱すと雖も会帰して致を同じうす。」と述べているように、「不遷」と「流動」とを真俗二諦に当てて、万物が生滅変化すると考える常識的立場を批判し、物の運動変化と時間的変遷とを否定する不遷義を説く。その際、これは『肇論』全体の傾向でもあるが、『放光般若経』『道行般若経』『大智度論』『中論』などの経論とともに、『荘子』『論語』などの中国の古典を大量に引用しているのが目に付く。それでは老荘との違いはどうか。動（現象の時間的変化）に即して静（不変の真理）を求める点では、動の背後に静（根本実在としての無）を立てる老子と異なっており、時間の連続性を否定して生滅変化を否定する点では、荘子の実在論的生滅論とも異なっている。しかし、僧肇が「既に往返の微朕（＝微かな兆し）無し。何物か動ずべきこと有らんや。然れば則ち旋風岳を偃けども常に静なり。江河競ひ注げども流れず。野馬飄鼓すれども動かず。日月天を歴れども周らず。復た何ぞ怪しまんや。」と述べるとき、彼は確かに遷即不遷を知ってはいるが、不遷即遷にまでは理解が及んでいないように思われる。つまり僧肇は遷と不遷、動と静との同一性を説きながら、結局は動を否定した静を「空」とする点で、空の実在的理解に偏しているように見えるのである。

　「不真空論」は非有非無の「至虚無生」即ち中道畢竟空について、或いは絶対の真体と相対の一切法との非一非異なる関係について述べる。だが「不真空」とは何を意味するのであろうか。三論宗の元康は『肇論疏』の中で、諸法は虚仮なるがゆえに不真であり、虚仮は不真なるがゆえに空である、と説明している。事実、僧肇は一切法について、「其れ有と言はんと欲すれば、有は真生に非ず。其れ無と言はんと欲すれば、事象既に形る。象形るれば即ち無ならず。真に非ざれば実有に非ず。然れば則ち不真空の義、ここに顕はる。」と述べ、有無を縁起によって説明している。ただ、非有非無と言いつつも、万物の非有・非真に強調が置かれているのは、前論で不遷に重点が置かれているのと軌を一にしている。これは荘子による有の否定と発想が酷似しており、事実、僧肇は「指馬の況へ」に言及している。

　「指馬の況へ」とは、言うまでもなく『荘子』「斉物論篇」の以下の文言を指している。

　　指を以て指の指に非ざるを喩（＝諭）すは、指に非ざるを以て指
　の指に非ざるを喩すに如かざるなり。馬を以て馬の馬に非ざるを喩
　すは、馬に非ざるを以て馬の馬に非ざるを喩すに若かざるなり。天
　地も一指、万物も一馬なり。（以指喩指之非指、不若以非指喩指之非
　指也。以馬喩馬之非馬、不若以非馬喩馬之非馬也。天地一指也。万
　物一馬也。）

　ここでこの部分の現代語訳を引用してみよう。「現実の指によって、そ
の指が真の指（概念としての指——指一般）ではないことを説明するの
は、現実の指ではない〔それを超えた一般〕者によってそのことを説明す
るのには及ばない。現実の馬によって、その馬が真の馬（概念としての馬
——馬一般）ではないことを説明するのは、現実の馬ではない〔それを超
えた一般〕者によってそのことを説明するのには及ばない。〔現実の指や
馬にとらわれていたのでは、現実を超えたものは明らかにできない。道枢
の立場からは〕天地も一本の指である。万物も一頭の馬である[*22]。」因み

22　金谷治訳注『荘子』第1冊、岩波文庫、1971年、59頁。市川安司・遠藤哲夫『荘
子』明治書院、平成14年、26頁もほぼ同様の理解を示している。諸橋轍次は「ある人
が他人の指を見て、自分の指を標準に、おまえの指は指ではないという。あるいはまた、
自分の馬を標準に、おまえの馬は馬ではないという。しかし、だれの指もみな指であ
り、どの馬も馬はみな馬である。つまり、天地の間には森羅万象があるといっても、結
局は一つの指、一頭の馬と同じように一体であって、世の中には是非善悪もまたその差
別はないものである。」と解釈している（諸橋轍次『中国古典名言事典』講談社、1979
年、342頁、同じく諸橋『荘子物語』講談社、1988年、104-105頁）が、充分に理路が
尽されているとは言い難い。これらの解釈に対して岸陽子は、「指という概念を分析して、
指ということばが存在としての指に一致せぬことを論証する者がいる。馬という概念を
分析して、馬ということばが存在としての馬に一致せぬことを論証する者がいる。もし
も、これら詭弁論者が、これによってわれわれの認識能力の不完全さを明らかにしよう
と意図するなら、その方法はむしろ誤りである。なぜならば、指という存在は指であっ
てしかも指でなく、馬という存在は馬であってしかも馬ではないからだ。換言すれば、
一本の指すなわち天地であり、一頭の馬すなわち万物なのである。」と述べ、「このくだ
りは、恐らく公孫竜一派の論理学者たちが論じた「指物論」「白馬非馬論」を踏まえて
述べたものであろう。公孫竜は「白馬論」において万物の同異は見る者の視点によって
変わるという意味のことを述べ、「指物論」においては、名（指）と実（物）との関係
を取り上げ、名は仮の指示にすぎず、実と必ずしも適合するものではないという意味の
ことを述べている。」と指摘している（岸陽子『荘子』徳間書店、1996年、第3版第1
刷、59頁）。また、森三樹三郎は、「詭弁学派のうちには、まず指という個物の存在を
認めたあとで、指が指でないことを論証しようとするものがある。しかしそれは、最初
から指という個物を越えた一般者から出発して、そのあとで指が指でないことを論証す

るのに及ばない。〔馬についても同様の旨が記される。〕」と金谷他と同様の理解を示している が、次のような指摘も行なっている。「〈指を以て、指の指に非ざるを喩す〉名家の公孫龍子の書のなかに「指物論」があるが、ここでその論旨を批判するのである。公孫龍子はいう。もし、特定の一本の指をさして「これが指だ」というと、他の多くの指は除外されて、指ではなくなってしまう。だから特定の一本の指だけをさして、これを指だというのは誤りである。〈指に非ざるを以て、指の指に非ざるを喩す〉「指でないもの」というのは、前条の、特定の指から除外された多くの指をさす。特定の個物から出発しないで、個物でない普遍（万物斉同の立場）から出発し、そこから個物の姿をながめ、個物が絶対的な実在ではないことを知る。〈馬を以て、馬の馬に非ざるを喩す〉公孫龍子の書のなかに「白馬論」があり、「白馬は馬に非ず」という。その論証の方法は、「指物論」と同じである。白い馬をさして「これが馬だ」といえば、他の毛色をした多くの馬は除外されてしまい、馬でなくなってしまう。だから白い馬をさして、これが馬だというのは誤りだ、というのである。」（森三樹三郎『荘子（内篇）』中央公論社、1974 年、44 頁）これらの諸解釈に共通している理解は、正しい真理の見方とは、先ず普遍（万物斉同）の立場に立ち、そこから個物の世界を眺めることだ、ということかと思われる。だが、それは未だ個に普遍を対立させる分別の立場にすぎず、却って万物斉同に反しているであろう。真の普遍は個と普遍、有と無などの対立を超え、なおかつそれらの対立を含むものでなければならず、単なる抽象的一般者を突破して、却って個物として具現・活現するものでなければならない。荘子の言う万物斉同とは単なる無差別同一性ではないはずである。

　この点に若干言及したのは、福永光司『荘子（内篇）』（朝日新聞社、昭和 53 年）である。やや長いが全文を引用する。「さて、"道枢" において、人間の「小成」すなわち価値的偏見に見失われ、人間の「栄華」すなわち文化的偽善に歪曲された真実在—道—が、その本来の姿を明らかにし、"環中" すなわち絶対の一において、一切存在の対立と矛盾がその相対性の根源において一つになるとする時、そこではもはや、事物のあらゆる差別と矛盾の相は、単なる人間の心知の分別の所産にほかならないであろう。環中の道枢すなわち万物斉同の実在の真相においては、大もまた小であり、長もまた短であり、個もまた普遍なのである。荘子はこの間の消息を、さらに「天地は一指なり。万物は一馬なり」という言葉で表現する。一指といい一馬という表現を用いたのは、荘子の当時、公孫竜一派の学者によって指と馬とに関する次のような詭弁が行なわれていたからである。」（79 頁）「詭弁論者たちは、「指を以て指の指に非ざることを喩 ［あき］らかにする」——指といえば親指も中指も薬指もそのなかに含まれるが、親指は中指とも薬指とも異なるから、親指は指でないと主張し、「馬を以て馬の馬に非ざることを喩らかにする」——馬といえば白馬も黒馬も黄馬も皆そのなかに含まれるが、白馬は黒馬でも黄馬でもないから、白馬は馬でないと主張する。彼らは個々の概念について綿密な分析を加え、この分析を通して個物の実体性を追求する。そして彼らが個物の実体性に関心をもち、真に存在するものを突きとめようと努力するその限りにおいては、彼らの詭弁は、その遊戯性にも拘らず一つの意味を持っているのである。荘子はそれを一おう認める。しかし惜しむらくは、彼らの眼は個々の事物や概念に釘づけされ過ぎていると荘子はいう。指とか馬とかいう個々の事物にとらわれている限り、いかに精緻な論理と分析を以てしても、実在の真相は把握されようがないのである。実在の真相が正しく把握されるためには、指が指であるとともに指でない立場、馬が馬であるとともに馬でない立場に立たなければならない。そして指が指であるとともに指でなく、馬が馬であるとともに馬でない道枢の立場、すなわち真実在の世界においては、一がそのまま多であり、小がそのまま大であるから、天地の大も指一本と同じであり、万物の多も馬一匹と斉しいのである。「指に非ざるを以て指の指に非ざるを喩かにする」「馬に非ざるを以て馬の馬に非ざるを喩かにする」とは、このような「天地も一指、万物も一馬」の万物斉同の境地に立つことにほかならない。」（80 頁、傍点原著者）もっとも、以上が荘子の万物に、華厳宗第四祖澄観は『華厳玄談』巻一において、この『肇論』「不真空論」末尾に記されている言葉「道遠からんや、事に触れて而も真なり（触事而真）」を引き、一切法が即ち真体であることの証拠としている。華厳の事事無礙（後述）の真理を表現するために「事」を重視する澄観は、僧肇もまた事を真実とする思想を述べたと解して「不真空論」のこの言葉を引用したのである。事実、「不真空論」のこの言葉の直前を見ると、「真を離れて立処に非ざれば、立処即ち真なり」とあって、これは真を離れて諸法建立の処が他に有るわけではなく、建立されている一切法がそのまま真であることを述べたものだと解しうる。この「非離真而立処、立処即真」は、当然のことながら『臨済録』の「随処作主、立処皆真」（「随処に主と作れば、立処皆真なり」）に直接繋がっているだろう。ここには中国人の現実重視の姿勢、現実の只中に真理を見る態度がはっきりと現れている。つまり、僧肇の場合も、そして清涼澄観、臨済義玄の場合も、荘子の斉物論即ち万物一体観が大きく影響しているのである。血肉と化していると言った方が適切かもしれない。「是を以て聖人は、千化に乗じて而も変はらず、万惑を履んで而も通ずるは、其れ万物の自虚に即し虚を仮らずして虚物なるを以てなり」という僧肇の言葉は、「虚」という老荘の根本語を用いていることもさることながら、彼の理想とする「聖人」の境地がいかに荘子の至人の境地に近いものであったかを窺わしむるに充分である。

　これが一層明確になるのは「般若無知論」である。般若智が常人の分別知とは異なり、相を取著する知ならざる知であるところから般若無知と名づけたのである。本論は「序」と「難答」とから成り、「序」では論全体の宗旨を「無明の知、不知の照」にありとし、次いで般若を体得した聖人の境界について述べ、これを「不知にして自知、不為にして自為なり」と表現している。老荘の無為自然に酷似していることは余りにも明白である。「難答」は能所・名体・境智・生滅の問題を巡る九つの問答から成る

斉同であるとするならば全体性・普遍性・無差別同一性の契機が強すぎ、個物の具現・活現という多様性・相対性の契機が弱すぎることになる。僧肇の荘子理解もそうであるように、これが荘子読解の限界なのだろうか。甚だ問題である。

が、般若と真諦との関係を用と寂（作用と静止）の関係から捉え、「用即寂、寂即用、用寂一体」と結論づけている。

　以上からも明白なように、僧肇の空義の根本は、空とは有無相対を超え、しかもその相対を包容する絶対的無差別同一性だとするところにある。そこで第四論の「涅槃無名論」は「超境第五」において、涅槃が有無を超越したものであることを次のように述べる。先ず『成実論』（本文では「経」と述べているが）の「真諦とは何ぞや、涅槃の道是れなり。俗諦とは何ぞや、有無の法是れなり。」を引き、次いで「何となれば、則ち有は無よりして有、無は有よりして無なり。無有り、所以に有と称す。有無し、所以に無と称す。然れば則ち有は無より生じ、無は有より生ず。有を離れて無無く、無を離れて有無し。有無相生ずること、其れ猶ほ高下相傾け、高有れば必ず下有り、下有れば必ず高有るがごとし。然れば則ち有無殊なりと雖も、倶に未だ有を免れず。此れ乃ち言象の形る所以、是非の生ずる所以なり。」と述べる。有無は高下と同様に相対的で、常識的な無も有にすぎないと強調する。そこで僧肇は「意を得て言を亡じ、其の非有非無を体せよ。豈に有無の外、別に一有有って称すべしと曰はんや。」と述べて、その非有非無の涅槃を「無」と表現する。しかしこれを「無」と言うのはなぜか。僧肇はこう述べる。「篤患（＝煩悩）の尤、有より先なるは莫し。有を絶するの称、無より先なるは莫し。故に無を借りて其の非有を明かす。其の非有を明かすは、無を謂ふにも非ざるなり。」と。煩悩の原因は有であり、その有を否定するのに無以上のものは無い。それゆえ無という語を借りて、有が非有であることを明かすにすぎず、無が有ることを言おうとしているのではない、と言うのである。それでは有無相対を超えた「無」即ち「涅槃」の境界とはいかなるものであろうか。僧肇は、「然れば則ち玄道は妙悟に在り、妙悟は即真に在り。真に即すれば即ち有無斉しく観じ、斉しく観ずれば即ち彼と己と二莫し。所以に天地と我と同根、万物と我と一体なり。（中略）外に於いて数無く、内に於いて心無ければ、彼此寂滅し、物我冥一し、怕爾として（＝静寂で）朕（＝きざし）無し。乃ち涅槃と曰ふ。」と、余りにも有名な言葉を重ねる。僧肇の言わんとするところは明白であろう。一切法の相対差別を否定した極致において一切法を「斉しく観ずる」絶対的無差別同一性こそが、僧肇にとっての「無」であり「涅槃」なのである。そしてここに僧肇の空義は極まる。

　ところで「涅槃無名論」のこの「天地与我同根、万物与我一体」という語が『荘子』「斉物論篇」の「天地与我並生、而万物与我為一」（「天地と我と並び生じ、而して万物と我と一たり」）に由来していることは明らかである。荘子にとって現実世界の大小・長短・彼此・善悪・美醜・生死・是非などの一切の差別相対の相は人為的分別に基づいており、それに執著すれば対立は更に対立を生み、要らざる苦しみを繰り返すことになる。それゆえ人間の分別・執著を棄てて絶対の「一」（「天倪」「天鈞」）に任せれば、一切の対立差別は消失する。一切の現象の矛盾・対立を超えた「道枢」に立脚すれば、彼此の対立は絶対の「一」に帰する。そうして初めて逆に千変万化する現象の世界に自在に対処しうる。それを悟る者を『荘子』では「真人」「至人」「聖人」と呼ぶ。このような万物斉同の世界においては一切は斉しく、大も小であり、長も短であり、万物は即ち一である。荘子はこれを「天地も一指、万物も一馬なり」と喝破したのだった。この荘子の万物斉同・万物一体の思想が、老荘的格義を批判してインドの般若空を正しく理解しようとした僧肇の空義の根底にさえ在ること、そしてこの万物斉同・万物一体観こそが隋唐代に中国的仏教の形成およびインド仏教の中国的変容をもたらした主要因であることを考えると、『肇論』はインドの空観仏教と中国の老荘思想との深い融合を示した最初の事例だと言ってよい。『肇論』の唐仏教への影響はしばしば指摘されるところだが、以下で簡単にその影響を辿っておこう。

　これは易の陰陽思想を論じた際に既に指摘したことでもあるが、中国人の思惟の特徴は、万物の絶えざる転変を道と捉え、均斉の奥に感応し合う多者を考えるところにある。それが人生観として現れれば運命随順思想となり、世界観として洗練されれば万物斉同説となるのである。そしてこの万物斉同という基盤の上にインドの『華厳経』の一即多、多即一の思想が受容されたとき、中国華厳仏教が形成されることになる。換言すれば、中国華厳思想をインドの『華厳経』の思想の単なる直線的発展と見ることはできないということである。この万物一体観は華厳思想だけでなく、同様に天台思想の色心不二説をも貫いており、また龍樹の中観仏教の忠実な継承であるはずの三論宗にも、更には禅宗にも浸透し、後述する仏性論とも融合して、牆壁瓦礫、山川草木のような無情物にも仏性の存在を認める中国独特の仏性論としての「無情仏性説」を形成するに至る。それは更に程明道、謝上蔡、陸象山、王陽明などの思想にも流れ込んでゆく。

　さて『肇論』の影響であるが、特に三論宗と禅宗とに及ぼした僧肇およびその万物一体観の影響は甚大だった。

　先ず三論宗への影響としては、陳の慧達と唐の元康との二つの『肇論疏』を挙げることができる。例えば元康は同書巻下で「涅槃無名論」を釈し、「即真とは則ち有無斉観なり。既に即俗即真を知れば即ち有無斉しく、一同実相なり。斉しく観ずれば即ち彼と己と二莫し。既に能く斉しく観ずれば則ち此と彼と何ぞ別ならんや。彼は是れ此なり。故に天地と我と同根、同一同根なり。万物と我と一体、同一同体なり。」と述べている。無情仏性の基礎を確立した三論宗の大成者、吉蔵への影響については後述に譲る。

　次に、禅宗への影響について言及すれば、その最初期の例は、三祖僧璨*[23]（?-606）の作とされる『信心銘』であろう。やや長いが原文を引こう（圏点部分は、註において出典および関連箇所を示すことを意味する）。

至道無難	唯嫌揀択	但莫憎愛	洞然明白	毫釐有差	天地懸隔
欲得現前	莫存順逆	違順相争	是為心病	不識玄旨	徒労念静
円同太虚	無欠無余	良由取捨	所以不如	莫逐有縁	勿住空忍

23　僧璨は謎の人で、その伝記も古いものは存在せず、禅宗の三祖としての立伝（代表は『伝法宝紀』や『楞伽師資記』）が最初である。僧璨が当初その詳伝を欠いたために、やがてその顕彰運動が続いて起こったこと、また彼の作とされる『信心銘』が出現した経緯、更に彼の没年が隋の第二主煬帝の大業二年（606）と定められたのが『宝林伝』巻八に至ってであることなどについては『禅の語録 16 信心銘・証道歌・十牛図・坐禅儀』（筑摩書房、昭和 49 年）の柳田聖山による「解説」、特に、184-191 頁を見よ。なお、以下に示す『信心銘』の言葉の出典については、同書の梶谷宗忍による註釈にほぼ全面的に従う。

一種平懐　泯然自尽　心動帰止　止更弥動　唯滞両辺　寧知一種
一種不通　両処失功　遣有没有　従空背空　多言多慮　転不相応
絶言絶慮　無処不通　帰根得旨　随照失宗　須臾返照　勝却前空
前空転変　皆由妄見　不用求真　唯須息見　二見不住　慎莫追尋
才有是非　紛然失心　二由一有　一亦莫守　一心不生　万法無咎
無咎無法　不生不心　能随境滅　境逐能沈　境由能境　能由境能
欲知両段　元是一空　一空同両　斉含万象　不見精麁　寧有偏党
大道体寛　無易無難　小見狐疑　転急転遅　執之失度　必入邪路
放之自然　体無去住　任性合道　逍遥絶悩　繋念乖真　昏沈不好
不好労神　何用疎親　欲取一乗　勿悪六塵　六塵不悪　還同正覚
智者無為　愚人自縛　法無異法　妄自愛著　将心用心　豈非大錯
迷生寂乱　悟無好悪　一切二辺　浪自斟酌　夢幻虚華　何労把捉
得失是非　一時放却　眼若不睡　諸夢自除　心若不異　万法一如
一如体玄　兀爾忘縁　万法斉観　帰復自然　泯其所以　不可方比
止動無動　動止無止　両既不成　一何有爾　究竟窮極　不存軌則
契心平等　所作倶息　狐疑尽浄　正信調直　一切不留　無可記憶
虚明自照　不労心力　非思量処　識情難測　真如法界　無他無自
要急相応　唯言不二　不二皆同　無不包容　十方智者　皆入此宗
宗非促延　一念万年　無在不在　十方目前　極小同大　忘絶境界
極大同小　不見辺表　有即是無　無即是有　若不如此　必不須守
一即一切　一切即一　但能如是　何慮不畢　信心不二　不二信心
言語道断　非去来今

　『信心銘』のこれらの文言は、当然のことながら様々な経論を踏まえている＊24。（なお、 本文全226句の書き下し文は、行論上ここに載せるわけ

24　例えば、冒頭の「至道無難」だが、「至道」は儒家の語で、窮極の実在、規範の意だと梶谷は指摘し、これが仏教に摂取されて悟りの意になったと言う。梶谷によれば、その至道が難しいことなぞ無いという趣旨は、『中庸』13章の「道は人に遠からず、人、道を為して而も人に遠きは、以て道と為すべからず。」や、『孟子』「離婁章句上」の「道は邇［ちか］きに在り、而るに〔人〕諸［これ］を遠きに求む。」などを源流とする。ただ、

にはいかないため、本節末尾に一括掲載する。）それでもやはり特に目に付くのは『荘子*25』『肇論*26』、天台の一念三千*27、華厳の法界観門*28であり、要するにそれらに通底する万物一体観である。僧璨には慧命（531-568）の『詳玄賦』に対する注釈『詳玄伝』（『楞伽師資記』僧璨伝）もあるのだが、慧命が荘子の斉物論によって『華厳経』の本質を把握しようとしたことをも考慮に入れれば、荘子－僧肇－天台・三論－華厳－禅という一連の流れに改めて驚かずにはいられない。

　次に、僧肇撰と信じられて中唐以後の中国仏教思想史に大きな影響を与

「道」は道家の根本語でもあるから、儒家の典籍に限定すべきでもなかろう。『肇論』「不真空論」末尾の「道遠からんや、事に触れて而も真なり。」とも何らかの関係があるかもしれない。「明白」は、元来は『老子』第10章に出る語で、『荘子』「天地篇」にも見える。「根に帰すれば旨を得、照に随へば宗を失す」の「帰根」は『老子』第16章が出典。「万法咎無し、咎無ければ法無し」の「無咎」は『易』の語。「能は境に随って滅し、境は能を逐って沈む」の「能」は主観、「境」は対象を意味するが、『首楞厳経』巻四には「所既に妄に立つ、汝が妄能を生ず。」とある。また、「寧ぞ偏党有らんや」の「偏」「党」の二字とも「かたよる」の意だが、これは『書経』「洪範」が出典。「急に相応せんと要せば、唯だ不二と言ふ、不二なれば皆同じ、包容せずといふこと無し」は『維摩経』の入不二法門を承けたもの。「言語の道は断え、去来今に非ず」の「言語道断」は『般若経』および『中論』に出る語。「去来今に非ず」は『金剛般若経』に言う「過去心不可得、未来心不可得、現在心不可得」の意に同じ。

25　「眼若し睡らざれば、諸夢自ずから除く」は『荘子』「大宗師篇」の「古の真人は、其の寝ぬるや夢みず、其の覚むるや憂ひなし。」による。「万法斉しく観ずれば、帰復自然なり」は『荘子』「斉物論篇」の趣旨そのもの。勿論、『肇論』「涅槃無名論」の「然れば則ち玄道は妙悟に在り、妙悟は即真に在り。真に即すれば即ち有無斉しく観じ、斉しく観ずれば即ち彼と己と二莫し。所以に天地と我と同根、万物と我と一体なり。」とも関係があろう。なお、「帰復」の思想は老子に基づく。勿論、「自然」「逍遥」「無為」は道家の言葉である。

26　「毫釐も差有れば天地懸［はる］かに隔たる」は『肇論』「答劉遺民書」に「至理は虚玄にして、心を擬すれば已に差ふ」とあるのによる。「玄旨を識らざれば徒らに念静に労す」の「玄旨」は『肇論』以来、常に仏教の奥旨を指す語として用いられる。「万法斉観　帰復自然」は上述の通り。「有は即ち是れ無、無は即ち是れ有」は『肇論』「涅槃無名論」の「然れば則ち有は無より生じ、無は有より生ず。有を離れて無無く、無を離れて有無し。」にも基づいているだろう。

27　「宗は促延に非ず、一念万年」は「真理は時間の長短には関わらないから、一瞬も万年も変わらない」の意であるが、これは天台の「一念三千」を承けたものであろう。但し後述（本章第4節）するように、天台のこの思想そのものは『華厳経』から来ているものと思われる。

28　「極小は大に同じ、境界を忘絶す、極大は小に同じ、辺表を見ず」は、杜順の『華厳法界観門』の「理事無礙観」のところで、「全一大海の一小波中に在りて、而も海は小なるに非ず、一小波の大海に匝［あま］ねくして、而も波は大なるに非ざるが如し。」と記されているのによるか。「一は即ち一切、一切は即ち一」は言うまでも無く華厳の説である。

えた『宝蔵論』に言及せねばならない＊29。『宝蔵論』は「広照空有品」「離微体浄品」「本際虚玄品」の三品から成っている。『宝蔵論』はその論述の目的を述べて、「夫れ迷者は無我に我を立て、内に我倒を生ず。内に我倒を生ずるが故に即ち聖理通ぜず、聖理通ぜざるが故に外に所立有り。外に所立有らば即ち内外に礙を生ず。内外に礙を生ずれば即ち物理通ぜず、遂に諸流を妄起して疑照に混じ、万象沈没して真一の宗乱る。諸見競ひ興って乃ち流浪を為す。故に離微の論を製して体の幽玄を顕はさん。学者深く思ふべし。」と記している。「真一」の宗が乱されることを恐れて「離微」の論つまり『宝蔵論』を著す、と言うのである。以上から、『宝蔵論』が真一と離微との開顕を説いたものであることは明らかである。「真一」が仏典では用いられず、道教経典で用いられる語であるところから、早くも『宝蔵論』が道教の影響を受けたものであることが分かる。

　「広照空有品」の冒頭は「空の空とすべきは真空に非ず、色の色とすべきは真色に非ず。真色は形無く、真空は名無し。無名は名の父、無色は色の母なり。万物の根源となり、天地の太祖を作せり。」である。これは明らかに『老子』冒頭の「道可道非常道、名可名非常名。無名天地之始、有名万物之母。」を仏教的に変容させたものである。『宝蔵論』は老荘思想だけでなく、陰陽五行説をも摂取している。また、「真」を無相と捉え、真妄不二を説いているのは、煩悩と菩提、生死と涅槃、真俗、迷悟の不二などと同様に大乗仏教の根本を踏まえたものである。次いで、真に入るための真・隣・聞の三学道について論じているが、これは仏教の聞・思・修を道教的に変容したものと思われ、この点にも仏教と道教との習合が認められる。更に、学道の道を説明するに際して『宝蔵論』が無心・無限・無体・無事・無意・非内非外・非小非大・非一非異などの否定詞を連ねている点では仏教的だが、道は無限定であり、それに限定を加えるところに道を失

29　『宝蔵論』については、鎌田茂雄の労作である『中国華厳思想史の研究』（東京大学出版会、1965 年）375-401 頁に全面的に従う。但し、鎌田は道家思想と道教とをまったく区別することなく、ともに「道教」と理解し記述していることを予め指摘しておく。老荘思想が道教に理論的基礎を提供した以上、この措置には致し方が無い点もあるが、本来は厳密に区別すべきである。

う所以が有る、と説明するくだりや、この道を体得した人を「真人」と呼んでいるところはいかにも老荘的或いは道教的である。第二の「離微体浄品」では離微を説き、離微の本性を否定詞によって表現し、これを維摩の黙然や老荘の沖虚寂寞にも当てはめ、更に離と微とを区別して、離を真空、微を妙有と理解する。第三の「本際虚玄品」では本際を説く。本際は仏性・涅槃・法界・如来蔵などと同義とされ、また「真一」の異名とされる。

　このように、『宝蔵論』は老荘的或いは道教的用語を多く用いているが、その思想の根本は飽くまでも一乗仏教である。一般に一乗思想と言う場合には『法華経』を背景としている場合が多いのだが、『宝蔵論』の場合には、心の空なることを究明する立場を一乗としたものである。これは地論宗南道派の祖、慧光（463-537）の『大乗開心顕性頓悟真空論』の「問ふて曰はく、何者か是れ一乗なる。答へて曰はく、心是れ一乗なり。問ふて曰はく、心云何にして是れ一乗なりと知るや。答へて曰はく、心空にして所有無しと見るべし、即ち是れ一乗なり。」などからの影響であると考えられる。また『宝蔵論』は一乗という絶対的立場から小乗の棄つべきでなく、煩悩の断ずべきでないことを明確に述べている。これは、もしこの書の著者が僧肇であるなら、彼には決して到達できない境界である。

　このように、内容だけでなく『宝蔵論』所引の経論・典籍の訳出および作製年代などを調べると僧肇が『宝蔵論』の作者でないことは明らかなのだが、それなら『宝蔵論』僧肇撰述説が生じたのはなぜであろうか。鎌田茂雄は、『宝蔵論』には道教の『太玄真一本際経』（隋の道士、劉進喜が造り、李仲卿が続いて十巻にしたもので、仏典を模倣したもの）の影響が見られること、禅宗の一派である牛頭宗（達摩系とは別系統の、三論宗系の般若空観に基づく禅）の、特に牛頭法融（594-657）の撰述とも言われる『絶観論』の草木成仏説や、同じく法融撰述とされる『心銘』の影響が見られること、更には牛頭慧証が『肇論抄』を書いていること、しかも牛頭山や牛頭法融の生地、潤州には僧肇の思想的影響が根強いこと、その他、天台智顗の一心三観の先駆者とも言われ弥勒の下生とも言われた在家仏教徒、善慧（傅大師497-569）の『心王銘』、僧璨の『信心銘』の「一即一切」、僧亡名の

『息心銘』、禅宗五祖弘忍の「守一不移」の思想などの影響が見られること
などから、『宝蔵論』は八世紀末に、牛頭山系統の人が、これに権威を持
たせるために僧肇の名を冠して撰述した、と見ている。

　陳の慧達、吉蔵、元康が僧肇を重視していたように、僧肇の思想は初唐
にも深く浸透していたが、中唐になると僧肇の影響が顕在化し、特に中唐
に著された維摩経疏には、インドの空観仏教と中国の老子の思想との見事
な融合である僧肇の『注維摩』の影響が著しい（例えば、道液『浄名経集
解関中疏』、崇福寺体請『維摩疏釈前小序抄』など）。また、天台宗中興の
祖、妙楽大師湛然（711-782）も、『止観輔行伝弘決』の中で僧肇を引用し
ている。このように中唐の思想界で重視された僧肇が『宝蔵論』の作者に
よって撰述者に祭り上げられ、遂に僧肇撰『宝蔵論』が成立したものと思
われる。僧肇撰『宝蔵論』はその後も禅を中心として中国仏教思想史に大
きな影響を与え続ける。ともかく、僧肇は特に荘子から受け継いだ万物一
体観によって仏教の中国化を促進したのである。

3　道生と頓悟思想

　万物一体観と並んで中国仏教を根底から規定するに至るもう一つの思想
は、頓悟即ち一念成仏の思想である。速疾成仏・速得成仏などとも呼ばれ
るこの思想は、後に即心即仏や即身成仏へと発展してゆく。速疾成仏を最
初に説いた経典は、481 年に成立した『無量義経』だと言われる。この経
典は法華三部経（『無量義経』（開経）、『妙法蓮華経』、『観普賢経』（結経））
の一つに数えられるが、実は中国撰述の偽経である。頓悟思想は曇鸞の場
合、速得成仏という形で現れ、天台智顗の師、北斉の南岳慧思（515-577）
の場合は、法華三昧として現れる。この頓悟思想は「一乗成仏」や「一切
衆生悉有仏性」を説く『法華経』や『涅槃経』の翻訳を契機として南北朝
時代に現れた思想であり、中国仏教の成仏説形成を準備する。天台の三諦
円融・一念三千や華厳の六相円融・事事無礙法界の円融思想形成にも、こ
の頓悟思想が大きく関与していた。その最初の道を拓いたのが道生（355-

434）である。

　確かにインド仏教にも『華厳経』の「初発心時便成正覚」の如き信満成仏の思想があり、これはこれで『摩訶般若波羅蜜経』（羅什訳）「一念品」に説かれた、仏果位の徳相は菩薩の一念と不二であるとする思想の継承ではある。だからインド仏教にも速疾成仏の思想がまったく無いわけではない。しかし、インド仏教では小乗であれ大乗であれ、一般に悟りを開くには気の遠くなるほど長い時間と階梯が必要だと考えられた。例えば『倶舎論』「聖賢品」では三賢・四善根・四向四果の修道の階梯を説き、大乗仏教でも唯識派では資糧位・加行位・通達位・修習位・究竟位の五位を説いている。成仏するには三大阿僧祇劫という長い時間を必要としたのである。これは伝説にすぎないが、菩薩五十二位（十信・十住・十行・十廻向・十地・等覚・妙覚）のうち初歓喜地に生前達したのは龍樹と弥勒の二人だけで、世親ですら生前には世第一法（第十廻向）に住し、死後に漸く初地に入ったと言われていた。このように成仏するのに極めて長い過程を必要とするインド仏教の修道論は、中国人にとって到底容認できるものではなかった。頓悟を提唱する『無量義経』のような経典が中国で偽撰されたのも当然であろう。現実志向の強い中国人は、来世を待たずにこの身のままで成仏することを希ったのである。

　六朝末期の南北朝の仏教において最も重視されたのは、羅什の伝えた空観思想と僧伽提婆の毘曇学と『涅槃経』の仏性論の三者であった。これらを綜合したのが竺道生である。

　道生伝には、主として『出三蔵記集』巻十五、『梁高僧伝』巻七、『宋書』巻九十七、慧琳の「龍光寺竺道生法師誄」（『広弘明集』巻二十三）がある。これらによると、道生は10代後半に竺法汰について出家し、40歳代に廬山の慧遠の許で7年間修学した後、慧叡（僧叡と同一人物か？）・慧厳とともに長安に行き、羅什に師事する。彼は僧伽提婆からは毘曇学を、羅什からは空観思想を学んだ。道生は僧叡・僧肇・僧融とともに羅什門下の四哲と呼ばれ、その随一と称された。408年、劉遺民から僧肇の「般若無知論」を見せられたと言われる。翌409年、建康（南京）に戻り、青園寺に住した。彼は法顕（339?-420?）の将来した六巻本の『大般泥洹経』（法顕・仏駄跋陀羅共訳）に基づいて頓悟成仏説を提唱するが、これは当時の仏教界に大きな波紋を投げかけ、同門の慧観は『漸悟論』を著してこれを論難する。一方、謝霊運（385-433）は『弁宗論』（『広弘明集』巻十八）を著してこれを熱烈に支持し、南朝宋の文帝（在位 424-453）もまた道生の支持者となり、その門弟を厚く遇した。また道生は経文に記されていない闡提成仏説を唱えた[30] ために激しい非難を浴びたが、後に曇無讖（394-433）によって『大般涅槃経』四十巻が訳された（414-421）結果、道生説の正しさが改めて立証されることとなった[31]。

　さて、道生の著作の中で頓悟思想を示す資料は『妙法蓮華経疏』、「答王衛軍書」（『広弘明集』巻十八）の他に、道生説を引用している僧肇『注維摩』、宝亮『涅槃経集解』、吉蔵『大乗玄論』巻九、同『二諦義』巻下、慧観『漸悟論』、謝霊運『弁宗論』、曇無成『明漸論』などである。道生が頓悟成仏を唱えたことで、頓悟と漸悟とを巡るいわゆる頓漸論争の端緒が開かれるのだが、当時、頓悟義の主唱者には大頓悟師と小頓悟師との別が有ったらしい。磧法師は『三論遊意義』の中で小頓悟師の中に六家有りとし、僧肇・支道林（支遁）・真安埵・邪通・匡小遠・道安の 6 人を挙げる一方で、大頓悟師としては道生の名を挙げている。それによれば、小頓悟師が「七地以上にて無生忍を悟る」と言ったのに対して、道生は「金剛[32] 以還は皆是れ大夢、金剛以後は皆是れ大覚なり」と言ったとされる。謝霊運が道生を「新論道士」と呼んでいるように、道生の頓悟義が小頓悟義とは比

30　例えば『大般泥洹経』巻四には、「一切衆生皆有仏性在於身中、無量煩悩悉除滅已、仏便明顕、除一闡提。」とあり、一闡提のみは成仏を否定されている。

31　例えば『北品涅槃経』巻五には、「不定者、如一闡提。究竟不移、犯重禁者、不成仏道、無有是道。何以故。是人於仏正法中、心得浄信、爾時即便滅一闡提。若復得作優婆塞者、是亦得断滅一闡提。犯重禁者、滅此罪已、則得成仏。是故若言畢定不移、言不成仏道、無有是処。真解脱中、都無如是滅尽之事。」と言われており、一闡提もまた罪を滅し已れば「則ち成仏を得」と、即得成仏を説いている。

32　一般に用いられる「金剛」は金剛心・金剛喩定（金剛のように堅固で、すべての煩悩を断ち切る心、特に修行が完成して最後の煩悩を断ずるときの禅定）のことだが、ここで道生の言う「金剛」の正確な語義は判らない。ここでは一切の修行階梯を跳び越えて理を直観し真理に一致することと解しておく。

較を絶した革新的なものと見なされていたことが分かる。ともあれ、道生を中心として謝霊運・慧叡・宋文帝・僧弼などの頓悟義と、慧観・曇無成などの漸悟義との間に頓漸論争が起こった。

　さて道生の頓悟義の内容だが、彼は悟りを「極照」と呼ぶ。これは「冥符至理」を意味する。彼の言う頓悟は、覚りに過程や段階を認めず、直ちに「至理に冥符する」（「符」は「かなう」）ことであるから、当然、その至理は常住不変でなければならない。道生自身、明確に「真実の理は本と不変なり」（宝亮『涅槃経集解』巻五所引）と述べている。彼はまた「真理自然、悟亦冥符[*33]」と言い、真理は「不易の体」で「湛然として常に照らす」ものであるが、「但し、迷に従ひ之［＝不変の真理］に乖かば、事［＝真理］未だ我に在らざるのみ」（同、巻一所引）と述べる。迷いに従い真理に背けば、真理と我とは冥合しない。それゆえ逆に、迷いを除き真智を得れば、真理に冥符し、一切の疑念が氷解する。これが道生の言う頓悟である。これは、インドの小乗仏教で三賢・四善根の階梯を踏んで初めて見道位（賢者の道の始まり）に達すると言われているのと実に対照的であり、道生において既に仏教の中国的要素が現れ始めていることが分かる。

　だが、道生が頓悟成仏を主張する根拠はどこに有るのか。結論から言えば二つに要約できる。第一は、理不可分、つまり真理は唯一であって分割できず、これが現象して多となるということ、第二は、唯一不可分である真理は分別知によっては捉えられず、全一的直観による他は無いということである。

　先ず、第一点を検討しよう。道生は『妙法蓮華経疏』巻下において、「理」は「一」、「惑」は「万殊」[*34]であり、「如来の道」も「一」であって、もし理に三が有るなら仏もまた三となって現れざるをえないが、理に三無く「常一」であるから、仏も「一極」であると述べている[*35]。このように仏

33　この「真理自然」や「悟亦冥符」という語は、『肇論』「劉遺民書問附」の「心体自然」や「妙尽冥符」に酷似している。道生も僧肇も劉遺民も廬山の慧遠法師の弟子であるから、彼ら三者の間には当然のことながら影響関係が有るだろう。

34　ここで既に宋学の重要概念「理一分殊」が登場していることは重要である。

35　『妙法蓮華経疏』巻下では、「譬如三千、乖理為惑、惑必方殊、反而悟理、理必無二、

の唯一性の根拠は真理の唯一性にある。そしてここから道生は、この一なる理の全一的直観たる頓悟へと向かう。彼は『注維摩経』巻八の「入不二法門品第九」の注において、「既に其の一を悟れば、衆事皆得るなり。故に一を衆事の所由と為すなり。」と述べ、その一を悟れば全てが得られると言う。このように、この全にして一なる真理を直観することが道生にとっては頓悟の内実である。因みに吉蔵は『二諦義』巻下で、道生の大頓悟義を次のように引用している。「彼［道生の大頓悟義］に云はく、果報は是れ変謝の場、生死は是れ大夢の境。生死従り金剛心に至るまで皆是れ夢。金剛後に心豁然と大悟し、復た見る所無きなり、と。」つまり、現実の生死輪廻の世界（「変謝の場」）はすべて夢の如きものであって、金剛心の後に豁然と大悟すれば、輪廻の世界に二度と戻ることは無い、と言う。ここに相対差別を否定して唯一絶対の真理へと直入しようとする道生の頓悟思想の本領が余すところ無く語られている。

　誰もが修行すれば現世で仏と成りうるという道生のこの思想は、三阿僧祇劫という途轍もなく長い時間を経なければ成仏できず、菩薩の修行階梯五十二位で言えば第四十一位、即ち十地の中の初地に生前入りえた者が龍樹と弥勒の僅か二人のみというインド仏教とは極めて異質である。現実主義的な中国人が『涅槃経』の悉有仏性説に基づく道生の頓悟義を受容したのは実に当然であった。僧肇の空義が老荘的万物斉同説による中国的変容だとすれば、道生の頓悟義は儒教的或いは道家的現実主義による中国的変容だと言える。というのも、儒教も老荘もそれぞれの説く「道」の内容こそ異なるが、仏教が永い修行を説くのとは逆に、「道」に冥契しさえすれば聖人の境地に達しうると見なす以上、どちらも頓悟義と言えるからである。板野長八は、道生の頓悟思想は、廬山慧遠が王法に対する仏法の優位を主張したのとは対照的に、両者の差別を解消しようとしたものであり、礼教問題については支配者階級と妥協を図ったものであって、頓悟義成立

如来道一、勿乖為三、三出物情、理則常一、如雲雨是一、而薬木万殊、万殊在乎薬木、豈雲雨然乎」とか、「仏為一極、表一而出也、理苟有三、聖亦可為三而出、但理中無三、唯妙一而已」とかと言われている。

の要件は儒教と仏教、礼と戒律との調和であると述べているが[*36]、この見解は道生に対して些か厳しすぎるように思われる。もし板野の言う通りなら（現に板野はそう理解しているのだが）、道生の仏教思想史における位置は、王弼の老荘思想史における位置に相当することになる。だが道生の場合、彼の頓悟説は王法や儒教との協調というよりも、むしろ仏教を死後の世界や来世の存在を考えぬ中国思想の現世中心的伝統の上に立たせたと言うべきではないか。さもなければ、インド仏教を正しく理解しようとする当時の風潮の中で、経文に記されていない思想をも読み取り、読み込もうとした彼の革新性が正当に評価されることは無いだろう。

　ところで、道生の頓悟説は天台の一心三観・三諦円融、華厳の法界観門・法界縁起、禅の即心是仏をも貫いてゆくのだが、天台智顗と華厳宗初祖の杜順については次節で扱うこととし、ここでは華厳宗第二祖の智儼（602-668）が著した『華厳一乗十玄門』の「第八諸法相即自在門」に説かれた「一念成仏」への道生の影響を論じておきたい。

　智儼はこの門を説く理由を、三世が円融無礙自在にして相即相入の無尽を成ずるためだと述べる。つまり、三世の先後が相即相入することで初発心時便成正覚が可能となると言うのである。これは修行の階梯で言えば、十信位も等覚・妙覚位と相即すること、一地即一切地を意味する。一念の中に一切を含むというこの思想の論拠は『華厳経』「初発心菩薩功徳品」にある。そこでは繰り返し、一念の中に一切を具することを主張し、「無量劫即ち是れ一念なりと知れり。一念即ち是れ無量劫なりと知れり。」と述べている。一念の中に一切を含むとは、約 1,200 年後のニーチェの永劫回帰説と同様に、時間の中心は至る所に有るということ、始まりが同時に終わりであって、一瞬間が即ち一切瞬間（永劫）だということに他ならない。この思想はまた「第六諸純雑具徳門」でも説かれ、「人品経一念品〔＝羅什訳『摩訶般若波羅蜜経』「一念品」〕に明かすが如し。始め従り終はりに至るまで一念を出でず。即ち名づけて純と為す。而もこの一念の中に万

36　板野長八「道生の頓悟説成立の事情」（『東方学報』東京第 7 冊、1936 年、所収）、167 頁以下を見よ。

行を具する。即ち名づけて雑と為す。」と述べている。

　このように智儼は『華厳一乗十玄門』で『般若経』や『華厳経』に基づいて一念成仏義を展開して、次のように言う。

　　此の中に通じて一念成仏義を弁ぜば、小乗の説の若きは、三大阿僧祇劫に百劫を満じて相好の業を修行して始めて成仏を得ん。行若し満ぜざれば、意は成仏を欲するも亦た得ざるなり。故に一念成仏義無し。大乗の若きは一念成仏義を明かすに凡そ二種有り。一には縁を会して以て実性に入る。多少無きが故に一念成仏義を明かす。大品経一念品の義の如きは是れなり。二には、行行既に満じ、最後念を取りて名づけて成仏と為す。人の遠く行くに後歩を以て到れりと為すが如し。此れも亦た分に縁起を用ひて、而も三僧祇劫の修道を明かす。地前は是れ一僧祇、初地従り七地に至るは是れ二僧祇、八地従り十地に至るは是れ三僧祇、然も亦た不定なり。一念成仏有るに由るが故に、明らかに不定なることを知る。一乗に明かす一念成仏の若きは、大乗の如く最後の一念の成仏を取り、即ち一乗に入る。（「第八諸法相即自在門」）

　つまり、小乗では三阿僧祇劫の修行が円満しない限り、成仏しようと欲しても成仏不可能であるから、一念成仏義は成立しない。これに対して大乗の場合は二種類の一念成仏義が有ると言う。第一は『大品般若経』「一念品」に説かれているもの、第二は行位が円満し、最後念に成仏すると説くものである。前者の「会縁入実」が何を意味するかは不明瞭だが、後者によれば、地前に一僧祇、初地から七地までに二僧祇、更に八地から十地までに三僧祇かかるとしても、最後の一念に成仏することを一念成仏と称するというのである。また、「一乗に明かす一念成仏」は大乗の第二の立場を徹底したもので、最後の一念に成仏するということは最初の一念において既に成仏しているのと同じだという思想である。これは初念即後念、後念即初念の因果相即、因果同時という三世円融の論理によって可能となる一念成仏義である。

　それにしても、『大品般若経』「一念品」で説かれているという「会縁入実」としての一念成仏義とは何を意味するのか。智儼は『五十要問答』巻上で一念成仏義を更に簡潔に要約している。

　　　問ふ、一念成仏と多劫成仏と差別云何。答ふ、小乗教に依れば、世界成壊し、大劫三阿僧祇を満じ、定んで成仏するを得るなり。一念成仏無きなり。三乗教に依れば、或ひは一念成仏有るなり。此れに二義有り。一には覚理に由って、位満足の時、唯一念なるが故に。二には縁を会して実に従ふ時、法性多少長短無し。一成即一切成、一切成即一成なるが故に。

　以上からすると、「会縁入実」の一念成仏とは、法性から成仏を見ると多少長短の差別が無いために一念成仏が可能となることを意味していることが分かる。ところが、智儼は更に『孔目章』巻四「釈四十五知識文中意章」では、『華厳経』に依りつつ頓悟成仏を五段階に分けている。①勝身一生即得成仏、②見聞逕生疾剋成仏、③一時疾得成仏、④一念疾得成仏、⑤無念疾得成仏の五つである。問題は後二者の関係だろう。一応、一念疾得成仏は普賢法に適う一念即成仏をいうのに対し、無念疾得成仏は一切法の不生不滅を悟る立場だとされるが、両者はどこが違うのだろうか。智儼は、一念成仏とは俗諦の立場であり、無念成仏は真仏を見る立場、つまり真諦の立場だとする。先に『華厳一乗十玄門』で一念成仏義に深浅の段階が有ると述べていたのは、そこを指していたのだろう。俗諦たる一念成仏は、真諦たる無念成仏即ち本来無一物まで徹底されねばならないのである。要するにこれは禅観の立場に立つということである。この点を更に追究しよう。『孔目章』巻四「融会三乗決顕明一乗之明趣」にはこうある。

　　　一乗の法義には、其の玄想に臨めば、玄想頓に得るなり。若し見仏すれば頓見、頓見、頓見、頓見、頓見、頓見、頓見、頓

　　見、頓見、頓見なり。称名も亦た然り。菩薩も亦た然り。一乗の
　　法義には、一切衆生と共に成仏す。同時、同時、同時、同時、同時、
　　同時、同時、同時、同時、同時成仏するなり。後後後後後後後後
　　後後、皆新新に断惑するなり。亦た学地に住せず、而して正覚を
　　成ずるなり。普賢菩薩の行願も亦た然り。三乗はすなはち然らず。

　一乗の法義によれば見仏とは頓見であり、称名もまた頓見であって、仏
と衆生とは同時に成仏すると言う。ここで注目すべきは、道生の頓悟成仏
説や『無量義経』の速疾成仏説が華厳に継承されているだけでなく、曇鸞
の称名念仏にも認められていることである。つまり禅観にせよ称名念仏
にせよ、実は実践的態度こそが理論的・哲学的な中国華厳教学の推進力で
あり、十玄縁起を代表とする高度な理論は、この速疾成仏という核心中の
核心を説明するための方便に過ぎなかったということである。智儼はこ
の点で杜順禅師（557-640）の紛れも無い弟子であった。智儼は華厳思想
を体系化する際に唯識思想（但し、護法（ダルマパーラ）系の法相宗のそ
れではなく、真諦（パラマールタ）系の摂論宗系の唯識思想）を用いたが、
彼の究極の関心はむしろ唯識観にあったと思われる。『五十要問答』巻下
「四十六　唯識略観義」で、彼は唯識観に入る方便として坐禅の方法を説き、
また『孔目章』巻二でも様々な観門を説いている。興味深いことは、それ
らの一つとして「壁観」が挙げられていることである。これは当然、菩提
達摩の「凝住壁観」のことだろう。彼はまた天台止観にも通じていたはず
である。
　智儼によって確立された中国華厳宗の一念成仏義は、三祖法蔵（643-712）
にも受け継がれる。彼は『華厳五教章』で十玄縁起を説き、その第二門「諸
法相即自在門」で、一念即（得）作仏について論じ、師の『孔目章』巻四
とほぼ同文を記している。法蔵が一念成仏に言及している例は多くないが、
実践より理論的整合性を重視した彼としては当然だったのだろう。一念成
仏義は、むしろ在俗の華厳学者、李通玄（635-730 / 646-740）に大きな影
響を与えた。『新華厳経論』巻二には、「故に一念と相応すれば一念成仏な

り。一日と相応すれば一日成仏なり。何ぞ劫数の漸漸にして修するを須ひんや。」とあり、同、巻十三には、「また無量の三世諸仏は、皆同じく一念成仏せり。前後際なく、是れ一なり。」と記されている。

　但し、一念成仏が無念成仏へと徹底されねばならないように、一念成仏は更に即心即仏、そして遂には即身成仏へと徹底されねばならない。「即身成仏」という語は真言密教の専売特許の感があるが、実際の初出は天台宗中興の祖、妙楽湛然の『法華文句記』巻八之四である。それはともかく、中国思想史上この役割を担ったのが中唐以後の南宗禅だった。

　以上のように、道生の頓悟思想は後世への影響が大きいのだが、ここで誰しも疑問に思うことは、道生の頓悟と禅宗の頓悟とがいかなる関係に有るか、であろう。この点に関しては、中国人学者が道生の頓悟説をインド仏教に対する中国仏教の革新と見なすだけでなく、達摩禅と質的に同一と見て中国禅の基礎とさえ見なすのに対して、日本人学者は両者の質的差異を強調する傾向が強い。例えば鈴木大拙は、羅什系般若学と慧能系禅宗とを思想的に異質だと見なし[37]、宇井伯寿も、道生の頓悟説は一種の学説の主張にすぎず、実践的に把握されたものではなく、達摩の理入とは異なると言う[38]。

　この問題を論ずるには、先ず慧能系禅者が道生をどう評価していたかを検討するのが得策だろう。『景徳伝燈録』巻二十八「汾州大達無業国師」の条には、馬祖道一の法嗣である大達無業（762-823）が上堂して或る僧の問いに答えた中に、「若し道及び祖師（＝達摩）の来意（＝西来意）を会せざれば、什麼の生・肇・融・叡をか論ぜん」と、羅什門下の四哲が仏道を体得していないと述べ、「彼の生公の如きは何ぞ羨しとするに足らんや。道と全く遠し。」と、道生が悟りから遠く離れていることを述べたくだりが有る。ここから当時（つまり 8 世紀から 9 世紀にかけて）の南宗禅が羅什系般若学との立場の違いを意識し、強調していたことが分かる。また、やはり馬祖の法嗣である大珠慧海の『頓悟要門』巻上の冒頭近くには

37　鈴木大拙『禅宗思想史研究』（岩波書店、1987 年）40 頁。

38　宇井伯寿『禅宗史研究』（岩波書店、昭和 14 年）20-21 頁。

次のような記述が有る。

　　　問ふ、何の法を修してか即得解脱を欲する。答ふ、唯だ頓悟の一
　　門のみ有りて即得解脱す。云はく、何をか頓悟と為す。答ふ、頓と
　　は頓に妄念を除き、悟とは無所得を悟るなり。問ふ、何れ従り修す
　　るや。答ふ、根本従り修す。云何が根本従り修す。答ふ、心を根本
　　と為す。

　次いで、根本を修するには、ただ「坐禅」即ち「禅定」のみによるとし、
禅と定とをそれぞれ説明して、

　　　妄念生ぜざるを禅と為し、坐は本性を見る（見本性）を意と為す。
　　本性とは是れ汝が無生心なり。定とは境に対して無心にして、八風
　　も動ずること能はず。八風とは利、衰、毀、誉、称、譏、苦、楽、
　　是れを八風と名づく。若し是くの如き定を得れば、是れ凡夫と雖も
　　即ち仏位に入る。

と述べている。このように、南宗禅にとって頓悟とは実践的に妄念を除く
ことであり、見性即ち無生心を体現することであるから、道生の場合のよ
うに、直観によって一なる理と冥符することとは、確かに些か異なる。そ
れゆえ南宗禅の頓悟と道生の頓悟とを必ずしも質的に同一と見なすことは
できない。しかしそうであるからと言って、これによって両者の頓悟説が
まったく無関係だと断定することもできない。というのも、中唐以後の禅
籍には道生や僧肇からの引用が数多く見られるからである。特に僧肇から
の引用は多く、僧肇撰とされた『宝蔵論』からもしばしば引用されている。
道生について言えば、そもそも大達無業が道生や羅什門の四哲に言及した
のは、当時、実際に南宗禅と僧肇や道生などの般若学者との間に思想的連
関が有ると見られていたからだろう。とすれば、両者の質的差異を無闇
に強調してその連続性を看過することも誤りである。だが、やはりその差

異は軽視されてもならない。恐らく、この差異は時代の違いから来ているのだろう。道生の頓悟説は、格義を批判してインド仏教を正しく研究しようとしていた南北朝当時の風潮の中で、インド仏教と中国的思惟とを融合させた最初の試みであり、当時としては革新的すぎたために仏教者からは非難を浴びた。彼の頓悟思想が定着するには、やはり時を要したのである。だが、隋から唐にかけての中国的仏教の形成期には、道生の頓悟説は既に時代遅れとなっていた。この時期の仏教者は完全に道生説を咀嚼した上で、より実践的な仏教を求めていたからである。次節で論ずるように、中国仏教哲学の双璧である天台・華厳の根本にも禅観の実践があるのであり、先に引いた大珠慧海の『頓悟要門』の言葉の端々からも、南宗禅の頓悟は単なる理の直観ではなく、坐禅修行に裏打ちされた確乎たるものだとの自負が窺われる。実際、南宗禅が未だ新興勢力にすぎなかった段階では、自分たちの立場を固めるためにも、従来の類似した教学（その一つが道生の頓悟説である）との違いを殊更に強調して否定することに存在意義を見出そうとしたに違いない。だが仮にそうであったとしても、道生が中国仏教に頓悟思想への道を拓いた功績は、やはり特筆されねばならないであろう。

　道生に発し智儼によって基礎を据えられた頓悟・一念成仏の思想は、華厳宗四祖澄観（738-839）にも大きな影響を与えている[* 39]。澄観の華厳思想には、三祖法蔵のそれとは異なる要素が現れていると言われるが、その要因として、湛然の天台思想や禅からの影響が指摘されている。しかし、老荘や道教、僧肇、道生からの影響も大きい。事実、澄観が自身の『華厳経疏』（二十巻）を自ら註解した『華厳随疏演義鈔』（九十巻）には道生からの引用が多い。その玄談の部分を別出した『華厳経疏鈔玄談』（九巻）巻四でも、彼は僧肇、僧叡、天台智顗などと並んで道生をも重視している。法蔵がほとんど重視しなかった道生を澄観が重視したのはなぜか、と言えば、それは澄観が道生の理不可分説に注目したためだと思われる。言うまでも無く、華厳学で最も重要な概念の一つは「理」であり、華厳思想の至

39　澄観に対する道生の影響については、鎌田茂雄『中国華厳思想史の研究』（上掲）415-421頁を参照する。

境である四種法界（後述）は「理」と「事」との関係から成り立っている。
そして四種法界のうち、法蔵が事事無礙を（この語を法蔵がたとえ用いて
いないとしても、その発想からして）重視するのに対して、澄観は理事無
礙を重視する。要するに、澄観は「理」を重視するということである。こ
こから澄観は道生に着目したのだろう。澄観は『華厳経疏』巻十二の「分
数塵沙なるも、理不可分の故に一分と称す」を註釈するに際して、道生の
言葉「万善、理同而相兼亡、異而域絶」を引き（『演義鈔』巻二十九）、万
行は千差万別であっても理が同一であるから千差万別ながらともに菩提を
成ずると述べ、また『華厳経疏』巻十三の「一理以て是れを貫くなければ、
業惑は万差なり」を註釈する際にも、道生の言葉「凡順理生心名善、乖
背為悪」を引いている（『演義鈔』巻二十九）。これは理の唯一絶対性を強
調する道生の立場を端的に述べたものである。澄観はまた『華厳玄談』巻
五で、『華厳経疏』巻十一の「一理斉平」を註釈するに際しても、「第一義
空は真妄を該通す。真は俗外に非ず。俗に即して真なるが故に。」と述べ、
やはり道生の「是非相待故、有真俗名。生一諦為真、二言成権矣。」を引
用している。是非を相対的に捉えるところに真俗二諦が生ずるのであるか
ら、是非を亡ずれば第一義諦即ち真理が現れると言う。澄観の中にも、荘
子に発し僧肇を経て曇遷の『亡是非論』へと流れた万物一体観が貫流して
いることは明白である。このように澄観の「理」は亡是非という絶対無差
別同一性の立場に立脚しているのだが、このことは澄観が道生の理不可分
説の紛れもない継承者であることを示している。例えば澄観は言う、

　　理は照を待たずして自ら智を了す。必ず理に資って照を成ず。故
　　に知る、理に廃興なし。これを弘むるは人に由る。智は人の用なり
　　と雖も、人に在らずして出ず。故に人に照分有り。功は理に由って
　　発す。理を失すれば即ち照を失するが故に。必ず此の理を見てまさ
　　に成仏するのみ。（『演義鈔』巻二十四）

と。理を悟れば仏智を得て成仏すると言う。これは道生の頓悟説の継承で

ある。実際、澄観は道生の頓語義を『演義鈔』巻五十六で次のように説明している。

> 夫れ頓と称するは理不可分を明かす。悟とは極照を語り、頓を以て悟を明かす。義は二を容れず、不二の悟は不分の理に符ふ。理智兼ねて釈す、これを頓悟といふ。

と。ここで澄観は、頓悟とは不分の一理に契うことだと述べ、道生の頓悟説は常人の理解を遥かに超えた幽玄な真理を顕わしたものだと称賛している。しかし、澄観の以上の頓悟理解を、先に引いた大珠慧海『頓悟要門』の頓悟説と比較すれば、両者の間の立場の違いは明らかである。実はここに、澄観が自ら禅を修しつつも達摩系の禅から一線を画さざるをえなかった理由が窺われるのだが、それに言及する前に、ここで道生の澄観への他の面での影響について簡単に触れておきたい。

澄観は『華厳玄談』巻五で道生の言葉を引用しつつ、次のように述べている。

> 故生公云、揚当時誘物之妙、豈可守文哉、以法顕翻六巻泥洹経云、除一闡提、皆有仏性、生公云、夫稟質二儀、皆是涅槃正因、闡提含生之類、何得独無仏性、蓋是此経来未尽耳。

これは既に紹介したように、法顕の将来した六巻本『泥洹経』が一切衆生悉有仏性を説きながら「除一闡提」と述べていたのを、道生が経文を忠実に守らずに、むしろ慧眼を以て闡提成仏を提唱した彼の経文解釈の姿勢について述べたものである。しかしここで重要なのはむしろ、道生が闡提成仏だけでなく「含生之類」までも「何ぞ独り無仏性なるを得んや」と述べ、人間以外の生類の有仏性まで主張していることである。これは理不可分説とともに澄観の無情仏性説形成にも影響を与えた証拠であろう。この無情仏性説については後に述べる。

　さて、澄観は道生と同様に、一切の善悪・是非相対を絶した絶対不可分の「理」に契うことが真理であり成仏であると考えるのだった。彼が事事無礙よりも理事無礙を重視したのもそのためだったであろうことも既に指摘したところである。この「理」の重視は彼の禅に対する態度にも自ずから反映する。彼自身禅を修したが、彼の禅は達摩系の南宗禅でも、漸悟を説くとされる北宗禅でもなく、恐らくは三論系の牛頭禅であったために、南宗禅・北宗禅のいずれにも批判的であった。それは彼の教禅一致の思想から見たとき、同じく頓悟を説きながら、実践一辺倒の南宗禅よりも、理論即ち智解を重視する道生の頓悟説の方が彼の思想により近かったからであろう。それは彼の華厳思想を支えた社会的基盤の変化にも影響されている。法蔵の華厳の社会的基盤が武周朝の国家権力を背景としていたのに対し、唐も玄宗朝を境としてその社会的構造は変化しつつあった。澄観の華厳が表面的には旧体制的な学問仏教・哲学仏教の形を取りながらも、新たな時代の要求に応えるべく実践仏教への方向性を内包していたことは、彼が律・天台・三論・禅・華厳の五宗の学系を受けただけでなく、老荘や道教をも積極的に学んだところにも現れている。道生からの影響もその現れの、但し大きな現れの一つである。

　だが、澄観のこうした思想は過渡期の典型的形態であり、実践仏教へと徹底されねばならなかった。中唐以後、急速に南宗禅が勢力を拡大し、民間に定着した浄土教とともに禅浄二宗が仏教界を覆うに至るのも自然の趨勢である。その場合も底流となったのは道生の頓悟説であった。例えば五代から宋にかけて活躍した法眼宗の禅僧で、禅浄双修、後の念仏禅を唱えた永明延寿（904-975）の『宗鏡録』巻十九にはこうある。

　　問ふ、既に久しく修し始め得るに、云何が一念に得ると云ふや。
　　答ふ、久しく善根を修すといふは、既に三乗教の摂に在り。三乗より一乗に入る、即ち是れ一念始めて修し、具足せり。故に経に云はく、初発心時便成正覚と。（中略）即ち三乗中に用ふる多劫を修するは、一乗の一念に及ばざるなり。また此の時劫は不定なり。或ひ

は一念即ち無量劫、無量劫即ち一念、一生即ち無量生、無量生即ち
一生なり。十玄門の時処無礙なるが如し。

　以上から永明延寿が智儼の一念成仏をそのまま継承していることは極め
て明白である。また、同、巻二十三にも、

　　問ふ、此れ猶ほ古を叙し、文を引く。如何が是れ即今の仏。答ふ、
　今の一念の如きは纎かに起こるも不可得なりと了す。処所有ること
　なし。是れ過去仏なり。過去は有ならず。未来も亦た空なり。是れ
　未来仏なり。即今念念に住せず、是れ現在仏なり。但だ、一念起こ
　る時、執なく断なし。取ならず捨ならざれば、三際に無蹤なり。一
　念十法界を円具すれば、非因非果にして、而して因、而して果の法
　なり。若し能く是くの如き一念に達すれば、即ち念念に相応し、念
　念に成仏するなり。

と語られている。これは一念成仏即ち「因果同時」の端的を述べたもので
ある。
　中国の万物一体観と頓悟説とによってインド仏教の業報輪廻説が変容し
てしまったことは最早明白であるが、万物一体観も頓悟説も仏性論の中国
的変容の二つの形態であり、更にその根底には極めて中国的な自然観が控
えている。この点については改めて論ずることにしたい。

【参考】『信心銘』書き下し文

至道は難きこと無し、唯だ揀択を嫌う。但だ憎愛莫ければ、洞然
として明白なり。毫釐も差有れば、天地懸かに隔たる。現前を得
んと欲すれば、順逆を存すること莫れ。違順相争う、是を心病と為
す。玄旨を識らずんば、徒らに念静に労す。円かなること太虚に同

じ、欠くること無く余ること無し。良に取捨に由る、所以に不如なり。有縁を逐うこと莫れ、空忍に住すること勿れ。一種平懐なれば、泯然として自ら尽く。心動いて止に帰すれば、止更に弥よ動ず。唯だ両辺に滞らば、寧ぞ一種を知らんや。一種通ぜずんば、両処に功を失う。有を遣れば有を没し、空に従えば空に背く。多言多慮、転た相応せず。絶言絶慮、処として通ぜざる無し。根に帰すれば旨を得、照に随えば宗を失す。須臾も返照すれば、前空に勝却す。前空の転変は皆妄見に由る。真を求むることを用いず、唯だ須らく見を息むべし。二見に住せず、慎んで追尋すること莫れ。才かに是非有れば、紛然として心を失す。二は一に由って有り、一も亦た守ること莫れ。一心生ぜずんば、万法咎無し。咎無くんば法無し。生ぜずんば心ならず。能は境に随って滅し、境は能を逐って沈む。境は能に由って境たり、能は境に由って能たり。両段を知らんと欲せば、元是れ一空。一空は両に同じ、斉しく万象を含む。精麁を見ず、寧ぞ偏党有らんや。大道は体寛く、易無く難無し。小見は狐疑す、転た急なれば転た遅し。之を執すれば度を失し、必ず邪路に入る。之を放てば自然にして、体に去住無し。性に任せて道に合し、逍遥として悩を絶す。繋念すれば真に乖き、昏沈して不好なり。不好なれば神を労す、何ぞ疎親を用いん。一乗を取らんと欲せば、六塵を悪むこと勿れ。六塵を悪まずんば、還って正覚に同じ。智者は無為なり、愚人は自ら縛す。法に異法無し、妄りに自ら愛著す。心を将って心を用う、豈に大錯に非ざらんや。迷えば寂乱を生じ、悟れば好悪無し。一切の二辺は浪りに自ら斟酌す。夢幻虚華、何ぞ把捉を労せん。得失是非、一時に放却す。眼若し睡らずんば、諸夢自から除く。心若し異ならずんば、万法一如なり。一如体玄なれば、兀爾として縁を忘ず。万法斉しく観ずれば、帰復自然なり。其の所以を泯じて、方比すべからず。動を止むれば動無く、止を動ずれば止無し。両既に成らず、一何ぞ爾ること有らん。究竟窮極、軌則を存せず。心の平等に契えば、所作倶に息む。狐疑尽く浄きて、正信調直なり。一

切留めず、記憶すべき無し。虚明自から照して、心力を労せず。非
思量の処、識情測り難し。真如法界は、他無く自無し。急に相応せ
んと要せば、唯だ不二と言う。不二なれば皆同じ、包容せざる無し。
十方の智者、皆此宗に入る。宗は促延に非ず、一念万年。在と不在
と無く、十方目前。極小は大に同じ、境界忘絶す。極大は小に同じ、
辺表を見ず。有は即ち是れ無、無は即ち是れ有。若し此の如くなら
ずんば、必ず守ることを須いず。一は即ち一切、一切は即ち一。但
だ能く是の如くならば、何ぞ不畢を 慮 らん。信心不二、不二信心。
言語の道は断え、去来今に非ず。

第3節　天台の一心三観と華厳の法界観門

　さて、これまで述べてきたことによれば、羅什来朝が契機となり、従来の格義仏教を批判してインド仏教の経論を学問的に理解しようとする風潮が中国仏教界を支配したのであった。後世大きな影響を及ぼしたとは言え、僧肇も道生も、基本的には学解の人であったと言える。しかし、仏教の単なる教理研究に飽き足らぬ仏教者も多く、彼らは禅観や念仏という形で仏教を実践に移そうとした。道安・廬山慧遠・曇鸞は、その初期の例に属する。後世の中国仏教が禅宗と浄土教とに二分され、更に両者が融合して念仏禅となってゆくことを考え併せれば、この実践性を一項として独立させ、中国仏教形成第三の要素と見なすべきではないか、と思われる。特に禅観について言えば、後に主流となる達摩禅系の南宗禅以外にも様々な系統が有り、『景徳伝燈録』巻二十七には、そのような禅者のうち特に有名な 10 人を挙げている。即ち、梁の宝誌（誌公 418-514）、斉の善慧（傳大師 497-569）、南岳慧思（514-577）、天台智顗（538-597）、僧伽大師（?-709）、法雲公（632-708）、最早伝説と化していてその実在さえ疑問視されている豊干・寒山・拾得のいわゆる三聖、そして我々には馴染みの七福神の一、布袋和尚（?-916）である。

　前節までに論じられた中国仏教の萌芽を締め括り、次節への橋渡しとするために、本節では隋唐期に高度の、しかも極めて中国的な仏教哲学を展開する天台宗と華厳宗の両者が、実は禅観を根底としていたということを証示しようと思う。

　忘れてはならないことだが、天台宗と華厳宗の両者が仏教哲学として華開くためには、『法華経』『華厳経』の民間弘通という前提が有った。つまり、突発的に哲学的宗教体系として現れたわけではないのである。そもそも新しい宗教や宗派が成立するには、凡そ三つの要素が揃わねばならない。第一に、神異や神通力などの不可思議な力を具えた超人的徳行者が現

れること、第二に、そのような宗教者を生み出す母集団、或いは彼の教え
に帰依し、それを弘通する支持母体が存在すること、第三に、その宗教者
の宗教体験を教理として組織化する理論家が出現することである。天台宗
と華厳宗の場合にもそれは該当する。第一の宗教的実践者としては、それ
ぞれ慧文・慧思と杜順とがそれに当たる。第二は、天台宗の場合は普賢斎、
華厳宗の場合は華厳斎と呼ばれる、それぞれ『法華経』『華厳経』の読誦
を中心とした在家信者の信仰集団がそれに当たる。普賢斎は5世紀初頭、
南宋の時代に始まり、最初は数十人規模だったのが、6世紀末には数百人
規模にまで拡大したらしい。華厳斎はやや遅れて北斉の文宣帝の頃、つま
り6世紀中頃から始まった、と言われる。これらの斎会を中心として広ま
った経典信仰という基盤が無ければ、天台や華厳が宗派として成立するこ
とも無かったであろう。この経典信仰が志怪小説や観音霊験記などの各種
霊験譚と結びついて仏教の民間弘通を促したことについては上述の通りで
ある。そして第三は、天台宗の場合には天台智顗が、華厳宗の場合には智
儼・法蔵がそれに当たる。

　先ずは天台の一心三観を論じ、次いで華厳の法界観門を論ずることにし
たい。

1　天台の一心三観

　天台宗という名の由来ともなった天台智顗（538-597）の実践論の
根本は「止観」の二字に要約される。「止観」は古い仏教語で、「止」
（śamatha）とは、諸現象（諸法）の生滅変化に因われて心が散乱するのを
止め、真理の本源に住することを意味し、「観」（vipaśyanā）とは、不動の
心が智慧の働きとなり諸現象（諸法）を実相に即して正しく観察し、自在
に対処してゆくことを意味する。ゆえに止・観はしばしば定（samādhi　三
昧）・慧（prajñā　般若）と同一視される。止観は漸次・不定・円頓の三種
止観に大別されるが、智顗の弟子で、いわゆる天台三大部の筆録者でもあ
った章安灌頂（561-632）は『摩訶止観』に付した序文の中で、三種止観

は天台智顗が師の南岳慧思（514-577）から伝えられたものだと述べている。漸次止観とは浅から深へ、低から高へと漸次に止観を実修して至上の証悟を成満する修証法であり、円頓止観とは実践観心の当初から全体的・綜合的に諸法の実相を体得する修証法である。不定止観とは時と場合に応じて頓・漸の諸法門を浅深・前後が交互になるように随意自在に活用することを意味する。従って行法としては、頓漸止観以外に不定止観なる特別の修証法が有るわけではない。勿論、円頓止観が天台止観の究極であり、これは「一心三観」とも呼ばれる。これを初めて説いたのは北斉の慧文禅師（6c.）だとされる。

　宋代に著された天台宗史『仏祖統紀』その他の文献によれば、慧文禅師は北斉の人と言われているだけで、その事跡、生没年ともに不詳である。彼は専ら修禅を行ない、龍樹の『大智度論』に説かれた、一心の中に一切智（平等智・空・般若）・道種智（差別智・分別智）・一切種智（平等即差別智・後得智）の三智を具えれば一切の煩悩を断滅できる、という言葉を読み、そしてこの「一心三智」の妙旨と、同じく『中論』「観四諦品」に説かれた空・仮・中の三諦とを結びつけて、それを一心に観ずる「一心三観」の観法を考え出したと言われている。

　続いて南岳慧思であるが、彼は頭頂に肉髻が有り、牛の如く行き象の如く視ると言われているから、恐らく容貌魁偉だったのであろう。彼は梵僧が出俗を勧める夢を見て 15 歳で出家し、常に坐禅をし、一日に一食するのみで『法華経』等を読誦すること千遍に及んだと言われる。やがて彼は『妙勝定経』（坐禅について述べた中国偽撰の経典）を読んで禅定の功徳を歎じ、四方に遊行して諸大徳を歴訪し、専ら禅観に努めた。この間、嵩山に慧文禅師を訪ねて師事する。こうして修行するうちに神通力を得、遂に法華三昧を体得して豁然と大悟する。その後、諸方で自らの証得した禅観中心の実践仏教を説いたが、その都度、従来の学解中心の論師比丘たちから迫害を受け、毒を盛られること数度に及んだと言われる。568 年、弟子40 余人とともに南岳衡山に移り、577 年、入寂する。優れた宗教者に霊験譚はつきものだが、慧思の場合も例外ではない。例えば南岳に入ったとき、前世でもこの地を踏んだことがある、と語ったという話や、南岳に或る古寺が在るのを見て、この寺には前世に住んだことがある、と言って掘らせると、実際に寺の基石が出てきたという話、或る巖の下を指して、自分が前世にここで坐禅をしていたときに賊に首を切られた、と言ったので、巖の下を掘ってみると髑髏が出てきた、そのためこの時から化道いよいよ盛んになったという話、南岳の中腹で水が涸れて困っていたとき、彼が断崖の下に行って杖で突くと水が噴出したという話などである。因みに、聖徳太子は南岳慧思の生まれ変わりだとする伝説も生まれた。

　しかし、こうした伝説は南岳慧思の遺偈と伝えられるものと比べれば戯言にすぎない。遺偈の一つはこうである。

　　　　天も蓋ふこと能はず、地も載すること能はず。去無く来無く障礙無し。長無く短無く青黄無し。中間及び内外に在らず。群を超え衆を出でて太だ虚玄なり。物を指し心を伝ふれども、人会せず。

　大いなる天も自己を蓋うことができず、広大な地も自己を載せることができない、と先ず自己の境界を語る。次の「去無く来無く……中間及び内外に在らず」は、龍樹『中論』の精髄を述べたもの。「去無く来無く」、過去を悔いることも未来を待ち望むことも無い。絶対の今が在るばかりだ。死後に極楽や地獄に行くなど問題ともならない。「長無く短無く青黄無し」、一切は相対差別を絶しており、万物は斉同である。「中間及び内外に在らず」、無差別平等だから中間も内外も無い。つまり「群を超え衆を出でて」この世のあらゆる差別相（「群衆」）を「超出」している。「太虚」と訓めば宇宙の根源の意、「虚玄」も「虚」も「玄」も『老子』の根本語であり、この偈全体が老子の「虚玄」によって仏教の「空諦」を述べたものだということになる。

　但し、「超群出衆」を「群に超え衆に出でて」と訓めば、この偈全体は俄然深みを増してくる。その場合、ここは一切皆空の無差別平等智にも滞らず、現実の差別相へと還ってくる差別智、「仮諦」を述べたものだということになるだろう。勿論、それは相対差別の日常世界を単に肯定することではない。平等智を得た後得智としての差別智である。それゆえその平等即差別智が「太だ虚玄なり」。宇宙の根源であり、奥深い真理つまり「中諦」である。そして「物を指し心を伝ふれども、人会せず」。その真理は、これだ、と人に指し示して伝えることなどできない、自分で体得するより他は無い。以上のように訓むと、この南岳慧思の偈は、彼が慧文禅師から伝授された「一心三観」の根本を語ったものだということになるであろう。もっとも、それを『老子』の語を用いて語ったところに仏教の中国化の進展を感じざるをえないということもまた事実なのだが。

　慧文・慧思の体得した一心三観を自らも体得し、これを体系化したのが天台宗の初祖、天台大師智顗であった。

　天台智顗の生涯と著作については余りにも有名であるから省略する。ただ、以下のことだけは指摘しておきたい。智顗は南朝梁代に生まれ、陳・隋にかけて生涯を送った。名家に生まれたが、南北朝の盛衰興亡を目にし、また両親を失って無常を観じ18歳で出家する。23歳の時、大蘇山に慧思禅師を訪ねて7年間法華三昧の法を学ぶ。その後、金陵（建康）瓦官寺に8年間留まり、北周の廃仏（574）に遭遇したためか、575年、天台山に赴いて11年間山上生活を送る。一旦は金陵に戻り、『法華経』に註釈を施した『法華文句』（587）を講じ、これを弟子の灌頂が筆録するが、隋の天下統一による戦乱を避けて廬山に赴く。だが、当時揚州総督だった隋王室の晋王広、後の煬帝に請われて591年揚州に行き、晋王広に菩薩戒を授けた後、再び廬山に行く。次いで南岳に登り、故郷の荊州に帰って『法華経』の哲理を説いた『法華玄義』（593）、実践を説いた『摩訶止観』（594）を著した後、595年、晋王広の招きで再び揚州に行き、最後に天台山に隠棲して終に入寂する（597）。臨終に際して門弟に『法華経』と『無量寿経』を読ませ、弥陀と観音の来迎を念じたと言われる。彼は理論と実践とを兼ね備えた人であり、『法華文句』『法華玄義』『摩訶止観』は天台三大部として重要視されるが、実際にはいずれも弟子章安灌頂の私見がかなり混じっているらしい。その後、天台の法燈は灌頂、智威、慧威、玄朗へと受け継がれたが、第六祖の妙楽大師湛然（711-782）が出るまで宗勢は沈滞した。隋唐の交替期に灌頂が煬帝の権力に依存しすぎたことに加えて、玄奘三蔵（600-664）による新訳仏教の潮流に乗り遅れたためと推察される。それにもかかわらず、天台思想そのものは華厳や密教の体系化に大きな影響を与えた。なお、湛然門下の道邃と行満とから日本の伝教大師最澄（767-822）が天台思想を教示され、かくして日本天台宗が開かれるに至ることを付言しておく。

　今、日本天台宗という語が出たため、ここで天台智顗の仏教学の前提を成す「五時八教」の教判を論じておくことにしたい。というのもこの教判は中国・日本の天台宗のみならず、日蓮の教学に至るまで大きな影響を与えているからである。

　前にも述べたことだが、中国に仏教が伝えられたとき小乗経典と大乗経典とが同時に入ってきた。それらの厖大な経典は時として互いに矛盾する内容を含んでいる。そこでそれらを統一的に理解する一種の文献整理学が必要だった。南北朝時代には有力な教判として「南三北七」があったらしいが、それを大成したのが天台智顗である。智顗は釈尊の教説を五時に分かつ。今日では到底認め難い方法だが、あの厖大な仏典をすべて釈迦の説法と見なし、それを釈迦の一生の五つの時期に当てはめてゆくという方法である。

　それによれば、釈尊は最初に自己の悟りの内容を試みに説いた。それが『華厳経』である。だがこれは余りに難解で人々に理解されなかったため、今度は解りやすい『阿含経』つまり小乗の教えを説いた。これを12年間説いた後で、釈尊は徐々に人々を大乗の教えへと導いてゆく。先ず説いたのが『維摩経』を中心とする『方等経典』である。これは出家のための教えではなく、在家のための教えだった。これを16年間説いた後で、次には『般若経典』を説いた。これは言うまでも無く大乗仏教の中心思想、空の教えである。これを14年間説いた後に、つまり釈尊晩年の72歳のとき、初めて『法華経』を説いた。このように、人々の機根を知り尽くした釈尊は低い教えから徐々に高い教えへと人々を導きてゆき、最後に、その教えを聞く者すべてを真実の仏知見に証入させる最高の教えを8年間説いた、と言うのである。

　それゆえ『法華経』こそが釈尊の真実の教え、最高最上の教えだと智顗は考えた。因みに、『涅槃経』は教化に洩れた者を仏性常住・扶律談常などの教えによって救済するものと位置づけられた。更に彼はこの「五時」（華厳時・阿含（鹿苑）時・方等時・般若時・法華涅槃時）に「八教」と呼ばれる判定法を付け加えた。八教とは化儀の四教と化法の四教である。化儀の四教とは頓教・漸教・秘密教・不定教*40であり、化法の四教とは蔵教・通教・別教・円教*41であるが、要するに、すべての仏教を形式と内容とからそれぞれ四分したものである。『法華経』は形式的には非頓非漸非不定非秘密とされ、内容的には円中の円とされる。

　さて、大乗仏教の根本は言うまでも無く「空」である。空は有無相対の突破・超越に他ならない。『法華経』「如来寿量品」でも、

　　　如来は三界をありのままに見るからである。すなわち、三界は生まれず、死なず、変化せず、生ぜず、流転せず、完成せず、真実でもなければ真実でないものでもなく、存在するものでもなければ存在しないものでもなく、このようなものでもなければ別のものでもなく、偽りでもなければ偽りでないものでもなく、別のものでもなければ、そのようなものでもない、と見るのである。如来が三界を見るのは、愚かな衆が見るのとは異なるのだ。

─────────────

40　(1)頓教とは、仏が自内証を直接衆生に説く説き方で、『華厳経』がこれに相当するとされる。(2)漸教とは、初めは浅い教えから次第に深い教えへと説いてゆく説き方で、『阿含経』『方等経典』『般若経典』が初・中・後の三時に当たる。(3)不定教とは、衆生が同じ説法を聞いても、その機根に応じて理解するから、教えとしては一定していないという説き方である。(4)秘密教とは、機根の異なる各人相互には知らせないで、それぞれ異なる利益を与える説き方である。なお、不定教と秘密教の二教は、『法華経』が説かれる前（爾前）の諸経に対応する。

41　(1)蔵教とは三蔵経のことであり、小乗教を意味する。この段階では空を分析的に観じて、因縁生滅の理を悟るにとどまる。(2)通教とは、三乗に共通する大乗の始めの教えであり、空を直観的に観じて、無生滅の理を悟る。(3)別教とは、菩薩のためだけの教えで、次第に空・仮・中を観じ，空・仮と隔絶した中の理を悟る。(4)円教とは、仏の悟りそのものであり、空・仮・中の三諦円融の理を悟る。

（羅什訳では、「如来如実知見。三界之相。無有生死。若退若出。亦無在世。及滅度者。非実非虚。非如非異。不如三界。見於三界[42]。」となっている）

と説いている通りである。空とは、一切の有無の差別相対を否定した無差別絶対の真理を言い表したものなのである。ところがインドでは小乗仏教が、そして中国では格義仏教が非有非無の非を固定化し、空を一種の「無」として実体化した。だが現実相を如実知見すれば、一切は固定的実体（我）として存在しているのではなく、相縁り相待って存在しているということ、無我・空・縁起を性としているということである。いわゆる人法二空・我法倶空である。

　さて、智顗は大乗の「空」および慧文・慧思両禅師から伝授された「一心三観」を、空・仮・中の三概念によって論理的に説明した。その際に彼が用いたのは、『中論』「観四諦品」第十八偈の「縁起を我々は空性と説く。それは仮の名づけであり、これが即ち中道である。」という文言と、5世紀頃に中国で偽撰されたらしい『菩薩瓔珞本業経』の従仮入空・従空入仮・中道第一義の三観とであった[43]。

　『摩訶止観』巻三之上によれば、現実の諸現象はすべて相対立する二相に分けられるが、それらは実体的に有るのではなく、相依・相対の縁起に基づいている。それゆえそれは仮の姿であるから、それら差別相対に執著することなく、本性としての不二・空を把握せねばならない。これが「従仮入空」、つまり仮より空に入るということである。これは『般若心経』では「色即是空」に相当するが、これは破せられる仮の真相と悟入すべき空の真理との両者を観ずるものであるから「二諦観」とも呼ばれる。ところで不二・空を把握するということは、相対差別・二を斥けて不二・空に住するということではない。従仮入空とは言っても、空という実体的なも

42　坂本幸男・岩本裕訳注『法華経』（下）（岩波文庫、1967 年）18-19 頁。

43　以下、一心三観、三諦円融については、田村芳朗・梅原猛『仏教の思想 5　絶対の真理〈天台〉』（角川書店、昭和 45 年）70-79 頁を参照せよ。

のがどこかに予め有って、そのような実体的な「空」を把握するということではない。空とは、そもそもそのような実体観の否定だからである。それゆえ「空に入るも、なほ空として有るべき無し」であり、空もまた空である。こうして従仮入空は空をも空と観じ、空の真もまた真に非ず（真非真）とすることになる。即ち「従空入仮」である。『般若心経』では「空即是色」に当たる。換言すれば、諸物の無差別平等相（不二・空）は、それらの差別相（二・仮）の本来の姿としてその中に生かされるべきであり、仮は空によって真に生きたものとなる。例えば、我が国でも戦前にはよく「人馬一体」という言葉が用いられたが、人馬一体とは人と馬との二が半人半馬の一、例えばケンタウロスのようになるということでは無論ない。人は人としての、馬は馬としての本分を充分に尽くし、人馬の二が生き生きと動くことである。これが従空入仮である。これは仮を空と観じ（仮空）、空をも空と観じ（空空）、また仮を破して空を用い（空用）、空をも破して仮を用いること（仮用）であるから、「平等観」とも呼ばれる。以上の如くであるなら、従仮入空にも住せず、従空入仮にも滞らず、両観双存・双用でなければならない。空と仮とのいずれにも偏らず、常に空仮相即の「中」でなければならない。これが「中道第一義」である。

　このことを別の観点から見てみよう。小乗の声聞たちが空に拘泥して、これを一種の実体的「無」と取る悪取空、虚無空見という謬見に陥ったことが従仮入空の危険だとすれば、現実の只中における真理の実現・実践に励む大乗の菩薩が現実に深く関わる余り日常的世界に埋没する危険が従空入仮の危険である。そこで『法華経』「従地涌出品」では菩薩たちに対して、仮にあって空を忘れず、という戒めが説かれている。同経同品が、大地から涌出した菩薩たちは「先より尽く娑婆世界の下、此の世界の虚空の中に在って住す」、と述べているのがそれである。この従仮入空から従空入仮への運動と、従空入仮から従仮入空への運動という二重の運動を綜合統一したのが「中」或いは「中道第一義」である。なお、従仮入空の仮空と従空入仮の空空とを併せて双遮と呼び、従仮入空の空用と従空入仮の仮用とを併せて双照と呼ぶ。従って双遮と双照とを併せた双遮双照が中道第一義だということになる。

　以上の従仮入空・従空入仮・中道第一義は、止観のうち「観」について立てられたものであり、つまり「三観」であるが、智顗はこれを「止」にも適用して「体真止」（空の真理を体得すること）・「方便随縁止」（善巧方便で現実の諸相即ち仮に随縁すること）・「息二辺分別止」（空と仮の二辺を分別するのを息め、不偏の中道に住すること）の「三止」を立てた。要するに三止三観は空仮中の三諦を体験・実践の面から言い表したものだということになる。

　既に触れたように、三止三観には段階的な「次第三観」と、不次第即ち同時相即の「円頓止観」或いは「一心三観」とが区別される。後者は三止三観を同時的・全一的に直観する修証法であり、「即空即仮即中」即ち仮が即ち空であり中であると説くものである。空を言えば全てが空、仮を言えば全てが仮、中を言えば全てが中である。これは『摩訶止観』巻五之上に、

　　　一空一切空、仮・中として空ならざるなく、総て空観なり。一
　　　仮一切仮、空・中として仮ならざるなく、総て仮観なり。一中一切中、
　　　空・仮として中ならざるなく、総て中観なり。

と説かれるところである。これに対して「次第三観」は仮から空へ、空から仮へ、そして空即仮・仮即空へと段階的に進んでゆく修証法だが、このような次第三観が必要なのは、飽くまでも真理の理解・習得・実践の手段としてであって、本来は最初から即空即仮即中なのである。真実の空は二乗（小乗）の理解するような実体的無ではなく、妙なる現実生成・展開として蘇るものであり、それを一般に「真空妙有」と称する。

　龍樹は『中論』「観四諦品」第十四偈で、「空性が成り立つものには一切が成り立つ。空性が成り立たないものには一切が成り立たない。」（24.14）と述べている。一切皆空が即ち一切皆成だと言うのである。智顗はこれを円頓止観・一心三観によって語ろうとしたのであり、この空仮中三諦円融の直観（円頓止観・一心三観）こそが天台智顗の教学の根本を成している。

慧文・慧思の空観がいかに智顗によって受け止められ、理論化されたかが分かるだろう。

　天台宗が鳩摩羅什訳『妙法蓮華経』を一心三観によって纏め、その真義を簡潔に闡明したように、華厳宗もまた仏駄跋陀羅（359-429）訳『華厳経』を三重法界観によって纏め、やはり「観」によって組織する。このように天台・華厳という隋唐を代表する仏教哲学が、その根底に実践をもっていたことは、仏教の中国化を如実に示すものである。

2　華厳の法界観門

　さて、華厳宗の初祖とされた杜順（557-640）だが、彼の宗教もまた極めて実践的要素が強く、多くの神異奇瑞を現したらしい。道宣の『続高僧伝』巻二十五や法蔵の『華厳経伝記』巻三・巻四から察するに、18歳で出家した杜順は専ら山野に起居し、観行を主とする普賢行を修したらしい。こうして彼は次第に民衆の尊崇を集め、その令聞は口から口へと広まって、遂には帝室の知るところとなって宮中に招かれた。そして640年、義善寺において入寂する。齢84。彼が学問よりも実践の人だったことは、彼の伝記が『続高僧伝』の「義解篇」ではなく、「感通篇」に録されていることからも知られる。つまり彼は学解の人というよりは、むしろ優れた神通力によって知られていたのである。彼の神異奇瑞としては、例えば極悪人だった張弘暢という者が杜順の言葉で善人になった話や、虫が野菜に損害を与えたため虫を移動させた話、病人に手を触れただけで治癒した話、毒龍に魅入られた僧を救った話、そして（但し優れた宗教者にはよくある話だが）河を渡るときに水が避けたため足がまったく濡れなかった話、踵から膿が出てもそこから香気を発した話、彼の死後、葬られた屍が数ヶ月腐らず、却って香気を発したという話などである。杜順だけでなく、『続高僧伝』の「遺身篇」「感通篇」「読誦篇」に収録された人々の事跡から考えると、当時の人々の間に南北朝の単なる学解仏教では救われないという共通の認識が有ったことが知られる。当時の人々は、実践を主として観行を修し、神異を現じた仏教者を求めていたのである。普賢行つまり普賢菩薩の衆生済度を行じた杜順は突然出現したわけではなく、当時、彼のような行者が生まれる土壌が形成されていたと見てよい。天台宗の慧文も慧思もまたそのような仏教者に属しているのだった（と言えばシニカルに過ぎようが）。

　しかし、その杜順にも先駆者がいた。一人は慧命（531-568）であり、もう一人は曇遷（542-627）である。慧命も山野に遊行し、専ら禅観を修したらしい。彼の著『詳玄賦』は坐禅と『荘子』「斉物論篇」と『華厳経』の一多相即思想、これら三者の渾然一体化したものであり、万物に仏の光明が貫徹していることを簡潔に説く。他方、曇遷もまた『荘子』「斉物論篇」に影響されて『亡是非論』を著した。書名が雄弁に物語っているように、これは善悪・是非などの一切の相対差別を亡じた無心の境地においてこそ仏性が顕現することを述べたものである。このように慧命と曇遷はともに『荘子』「斉物論篇」を根底として、慧命は万物一体の中に仏の光明と一多相即とを見、曇遷は無心の中に仏性の顕現を見た。そしてこれらを統一したのが杜順なのであった。杜順が後に華厳宗開祖と見なされるのは、禅定の体験・実践に基づいて『華厳経』の茫漠たる思想の本質を一即多や理と事との関係に見、人々を華厳法界に悟入させるために三重の門を開き、華厳の玄理を示したことによる。それを記した『華厳法界観門』は、南北朝から隋にかけての華厳研究や『華厳経』の注釈書と極めて異質であった。『華厳経』は、これを精読した経験のある向きには首肯してもらえると思うが、よく言えば深遠かつ広汎、悪く言えば散漫かつ冗長であるため、その本質を摑むのは至難である。そういう事情であるからか、それ以前の華厳研究は『華厳経』の逐字的解釈に終始せざるをえなかったのだが、これに対して杜順の『華厳法界観門』は、『華厳経』の思想を真空観・理事無礙観・周徧含容観の三観に集約し、その精髄を見事に捉えたのである。鎌倉時代の日本華厳宗の学僧凝然（1240-1321）も、「華厳法界観一巻は、杜順大師の述、一家の高祖、是れ根本の章なり。」（『華厳法界義鏡』巻下）と言っているように、『華厳法界観門』は華厳宗の独立を宣言する根本の書なのである。

　以下では鎌田茂雄の研究[44] を参照しながら本書の内容を紹介すること
にしたい。

　本書は真空観・理事無礙観・周徧含容観の三観から成るが、これら三観
のうち「第一真空観」は、後の四種法界（事法界・理法界・理事無礙法
界・事事無礙法界）で言えば「理法界」に相当し、文字通り空観を説いて
いる。杜順は真空観を述べるに際し、これを更に①会色帰空観、②明空即
色観、③空色無礙観、④泯絶無寄観の四観に分ける。

　先ずは「第一真空観」の四観について。①会色帰空観は、色法の無自
性から色法がそのまま真空であること、即ち「色即是空」を述べたもので
あり、空を固定的実体的に理解する断空・悪取空を破している。②明空即
色観は逆に、「空即是色」即ち真空そのものが仮有・妙有であることを説く。
会色帰空観は真空に重点を置き、明空即色観は妙有に重点を置き、かくし
て真空妙有が真の空観だと主張していることになる。しかし杜順の空観が
最も強く出ているのは③空色無礙観と④泯絶無寄観とである。③空色無礙
観で杜順は、

　　　謂はく、色の挙体、全て是れ色を尽くすの空なるが故に、則ち
　　色尽きて而も空を現ず。空の挙体、全て是れ空を尽くすの色に異
　　ならざるが故に、則ち色即空にして而も空は隠れざるなり。是の
　　故に、菩薩の色を看るに空を見ず、空を観るに非ずと言ふことなし。
　　無障無礙にして一味の法たり。

と述べている。色の挙体（丸ごと全部）が空であり、空の挙体が色である
と言うのだが、これは極めて華厳的な色空観である。この杜順の色空無礙
観は、後に三祖法蔵が唯識三性説や『大乗起信論』における真如の不変と
随縁を用いることで理論化した真妄交徹・有無相即の思想とは異なってお

44　鎌田茂雄『中国華厳思想史の研究』（上掲）、特に 61-65 頁を参照する。

り、観行の体験に基づいた極めて直観性・実践性の強いものである。これが一層徹底した形で現れているのが、④泯絶無寄観である。

　　　此の所観の真空は、即色・不即色と言ふべからず。亦た即空・不即空とも言ふべからず。一切法皆不可なり。不可も亦た不可、此の語も亦た受けず。迴かに絶して寄する所無し。言の及ぶ所に非ず。解の到る所に非ず。是れを行境と謂ふ。何を以ての故に。心を生じ、念を動ぜば、則ち法体に乖いて正念を失するを以ての故に。

と杜順は言う。真空は禅宗で言う「非思量底」に相当し、言詮不及で智解の到らぬ「行境」、つまり実践によって体得されるより他に無い境界であるが、このように空観を論理的・哲学的に理解するというより、むしろ実践的・体験的に捉えるところに杜順の宗教の特色がある。彼の法界観門が弟子の智儼はもとより、澄観・宗密によっても高く評価されただけでなく、宋代に程明道・程伊川などの宋学にも大きな影響を与えたのは、これが中国人のメンタリティーに合致していたからである。逆に、論理的な吉蔵の三論思想や、哲学的で体系的な法蔵の華厳思想が中国仏教では主流となりえなかったのも、それらが中国人の体質に合わなかったからではないか、と鎌田茂雄は指摘している。

　次に「第二理事無礙観」であるが、杜順はこれを①理徧於事、②事徧於理、③依理成事、④事能顕理、⑤以理奪事、⑥事能隠理、⑦真理即事、⑧事法即理、⑨真理非事、⑩事法非理の十門に分けている。後に澄観はこの十門を、相徧・相成・相害・相即・相非の五対のカテゴリーによって解釈しているが、理事無礙については次節で詳述するため、ここでは、この十門が縁起の構造を理と事との関係によって示すものだ、とだけ述べておくことにしよう。

　「第三周徧含容観」は、四種法界の「事事無礙法界」に当たり、観門の究極の相を示している。これもまた ①理如事、②事如理、③事含理事、

④通局無礙、⑤広狭無礙、⑥徧容無礙、⑦摂入無礙、⑧交渉無礙、⑨相在無礙、⑩普融無礙の十門に分かれる。

　澄観によれば、最初の二門は前の理事無礙観と同じ立場に立つものである。④通局無礙門の「通」とは普遍を、「局」とは個別を意味する。従って第四門は、個別は個別として各々独立しつつ、しかも各々が普遍を具現していることを示している。⑤広狭無礙門は、一塵を破壊せずに能く十方刹海を容れることを説いたものであるから、これは③事含理事門と内容的には同じだが、第三門が、一が一切に遍ずる面を説いているのに対し、第五門は、一切が一に容れられる面を説いている。つまり普遍と個別のどちらに重点を置くかの違いである。⑥徧容無礙門は、第四門の個が全に遍ずる立場と、第五門の全が個に容れられる立場、即ち「徧」と「容」との無礙を表している。澄観は、第二門と第四門は「徧」を、第三門と第五門は「容」を表すと言う。従って両者の無礙を説く第六門によって、一と一切、一切と一、つまり個物と普遍、普遍と個物との円融が成立することになる。更に「入」の関係を考察して、⑦摂入無礙門は、一切の一法に対する摂入を表し、⑧交渉無礙門は、逆に一法の一切に対する摂入を表し、かくして一が一切を摂し、一切が一に入ることを意味しているから、第七・第八門によって一摂一切、一入一切、一切摂一、一切入一、一切摂一切、一切入一切の交参無礙なる関係が展開される。⑨相在無礙門は、同時交参無障無礙を表し、第八門と第九門とを摂するとき円融無礙が成ずることを述べたのが⑩普融無礙門である。つまり第七から第十までの四門は「入」と「摂」とによって相即相入を説明したものである。以上がいかにして成り立つのか、またその意味については次節で詳述する。

　杜順の『法界観門』は理事無礙および事事無礙を説く段になると、すべてを十門に分かつ『華厳経』の一般的形式に則って複雑になるのだが、しかしながらその根本に在るのは飽くまでも空観であり、空の実践を通してその上に華厳の一即多、多即一の円融無礙の真理を見ようとしたものなのである。

3　インド仏教と中国仏教の「空」

　すぐ上でも述べたことだが、天台の一心三観も、華厳の法界観門も、そして三論思想も、当然のことながらその根本は空観である。だが、インドの空観仏教が隋唐仏教で受容され理解された際にも、やはり著しく中国的変容を受けているように思われる。ここでは、智顗・杜順・吉蔵らの空観と龍樹本来の空観との比較を試みることにしよう。

　そういうわけで、本書第2部で既に詳述したことではあるが、ここで改めて龍樹の空の原意を見ておこう。『中論』「観四諦品」第十八偈（いわゆる三諦偈）は、『プラサンナパダー』のサンスクリット原文では次のようになっている。

yaḥ pratītyasamutpādaḥ śūnyatāṃ tāṃ praccakṣmahe sā prajñaptirupādāya pratipatsaiva madhyamā

　鳩摩羅什は、この文を「衆因縁生法　我説即是無　亦為是仮名　亦是中道義」（「衆の因縁より生ぜし法は、我、即ち是れを無と説く。亦た是れを仮名と為す。亦た是れ中道の義なり。」）と漢訳しているのだが、我々が上掲のサンスクリット原文を直訳するならこうなる。

　　縁起（pratītyasamutpāda）を我々は空性（śūnyatā）と説く。それ（空性）は仮の名づけ（prajñaptirupādāya）であり、これが即ち中道（madhyama）である。

　しかも鳩摩羅什の青目釈には、「衆因縁生法、我、即ち是れを空と説く。何となれば、衆縁具足し和合して物は生ず。是の物は衆因縁に属するが故に自性無し。自性無きが故に空なり。空も亦た空なり。但だ衆生を引導せんが為の故に、仮名を以て説く。有と無との二辺を離るるが故に、名づけて中道と為す。」とあり、一切の存在者は縁起ゆえに無自性、無自性ゆえに空である、と言われている。つまり三諦偈の前半は、空性とは縁起であるから実体的有ではないこと（非有）を述べ、後半はそのような空もまた言語仮設で、仮に空と名づけたにすぎないから実体的無ではないこと（非無）、従って有と無との二辺を離れたこの非有非無を中道と呼ぶことを説いているのである。このことからも明らかなように『中論』本来の意味での空は、すべての固定的実体を否定する絶対的否定の働きそのものを意味している。

　ところが、天台智顗はその「非有・非無」を「空・仮」に置き換え、言わば空と無とを混同している。彼が「息二辺分別止」と言う場合の「二辺」とは「空」と「仮」に他ならない。こうした混同は、彼が依用した『菩薩瓔珞本業経』の従仮入空・従空入仮などでも既に起こっているが、これが中国で偽作された経典であることは実に興味深い。しかも羅什までもが、青目釈の漢訳では śūnyatā を「空」と訳しているのに、どういうわけか龍樹自身の偈の śūnyatā の方は「無」と訳してしまっている。これでは両者を混同するな、と言うことの方が無理というものだろう。

　次に杜順は、第一真空観の第三空色無礙観の中で、色の挙体は空であり、空の挙体は色であると述べているのだったが、この根拠は空が「真空」だからだとされた。これが法蔵の場合なら、色と空とを相破相成の関係と捉えるのだろうが、杜順の場合には、色と空とを成立させる根拠を「真空」に置いているのである。事実、彼は第一真空観の第四泯絶無寄観で、真空を即色と不即色、即空と不即空とを超えた絶対空と見なしている。龍樹の場合には絶対否定の働きであった空が、杜順の場合には実在的に考えられているふしがある。これは紛れも無く老荘の実在的「無」の思想の伝統を引くものである。

　更に吉蔵は『中観論疏』巻十の中仮義釈の中で、三是義によって三諦偈を解釈して次のように述べている。

　　　因縁生法は是れ畢竟空なり。然る所以の者は、若し自性有らば

即ち因縁に従はず、即ち是れ無自性なり。所以に是れ空なり。亦
為是仮名とは第二是を示す。因縁所生法、亦た是れ仮名なるを
明かす。所以に仮を秤する者は、前に因縁生法我説是空を明かす。
然るに因縁既に本有ならず、今亦た不空にして非空非有なり。知
らず、何を以て之を目するや。故に仮名を有と説き、亦た仮名を
空と説く。亦是中道義とは第三是を示す。因縁生法亦た是れ中道
なるを明かす。因縁より生ずる法は自性有ること無きが故に空な
り。所以に空なり。所以に非有なり。既に其の非有は亦復非空なり。
非有非空の故に中道と名づく。

　無自性なるがゆえに空という吉蔵の理解は、確かに龍樹と同じでも、
中道義の理解は龍樹からは逸脱している。龍樹は「非有非無」即ち「空」
を「中道」と考えたのに対し、吉蔵は「非有非空」を中道と見なしている
からである。この「非空」という考え方は空亦空、更には真空へ、遂には
真空妙有という思想へと発展してゆく。この傾向は天台智顗にも既にはっ
きりと現れていた。勿論、龍樹にも空亦空という考え方や、一旦否定され
た有が蘇って縁起有となるという発想が無いわけではない。だが龍樹の場
合には、空・縁起は仮の名づけ、つまり衆生を引導するための言語仮設・
方便として語られているにすぎず、その絶対否定の働きはすべてを貫徹し
ている。つまり、龍樹において、空（śūnyatā）は単なる無（abhāva）や虚
無（nāsti）とは厳密に区別され、中国仏教のように混同されることは決し
て無いのである。これに対して、中国仏教が真空妙有を強調した結果、空
は固定的に捉えられるようになる。そうなると非有非空の空は単空として
貶められ、空亦空の絶対空が単空とは別に、より高次の空として立てられ、
それこそが真の実在であるかのように見なされてくる。後述するように、
中国仏教では『涅槃経』の「一切衆生悉有仏性」の思想、天台智顗の「色
心等分観」、華厳の「三界唯心、万法唯識」、唯識の「心外無別法」の思想
などに依拠して、遂には「無情仏性説」が主流となってゆく。中国におけ
る仏性説が神不滅論の変容・展開であったように、仏性もまた独特の形で

実体視されたのだったが、例えば吉蔵が第一義空を仏性と捉えているように空もまた実体視され、不生不滅の真理として固定化される。よく誤解される点だが、龍樹の場合、「空」および「不生不滅」は飽くまでも有（生）と無（滅）の二辺の否定の働き（不）そのものであって、いわゆる永遠不変の真実在などではなかった。もう一度言おう。龍樹の言う「不生不滅」は、いわゆる「永遠不変の真実在」ではない。龍樹自身、『中論』冒頭の「帰敬偈」で、はっきりと「不生亦不滅、……（いわゆる八不）の吉祥なる縁起」と語っているのである。そうであるからこそ、この「不」は逆に生滅の絶対肯定（つまり「真空妙有」）たりえたのである。ところが吉蔵の『十二門論疏』巻上には、はっきりとこう記されている。

　　問ふ、是れ何等の空なりや。（中略）又、解して云はく、是の外の所縁法は空なり。故に空三昧なり。前には是れ智空を解し、後には是れ境空を釈す。論主皆之を破す。是の二辺を離れて中道を説く。謂はく、諸法の因縁より生ずるは、一定法有ること無きが故に空と為す。何を以ての故に。因縁生法は自性無し。無自性なるが故に即ち畢竟空なり。畢竟空とは本より以来空なり。仏作に非ず、又た余人の作に非ず。諸仏、衆生を度すべき為に、是れ畢竟空と説くなり。是の空相は是れ一切法の実体なり。故に名づけて深と為す。

と。明らかに吉蔵はここで「畢竟空」こそが「一切法の実体」だと断じている。法蔵もまた『十二門論宗致義記』の中で、これを「真空」と解している。こうした空の実体視（私は吉蔵の言葉尻を捕まえて「実体視」という語を用いているわけではない！）が中国の伝統的思惟、更に言えば老荘の無の思想の影響であることは明白だろう。

　仏教の空の思想が中国に伝入した当初、中国人は老荘の無を介して空を理解しようとした。老荘の無は万物生成の根源として根本実在であった。こうした実体的な無の観念によって空の思想が理解されたために、空は実体化され、万物の根源と見なされた。論理的な頭脳を持ち、できるだけ忠実に龍樹の中観仏教を理解しようとしたイラン系の吉蔵も、また、極めて哲学的・体系的で華厳の立場から空観と法相唯識とを『大乗起信論』の真如不変と随縁の思想によって綜合（いわゆる性宗融会）しようとした中央アジア系の法蔵も、結局のところ、中国的思惟の影響を脱することはできなかった。そして最終的にインドの空観が最も中国的形態を取ったと言えるのは禅宗の無心や寂照においてであった。禅こそは僧肇の万物一体観と道生の頓悟思想両者の系譜を引くとともに、全一的直観の実践を重視する点で最も中国的な仏教であり、老荘、特に荘子の思想と空観仏教との完全な融合だと言えるだろう。

第4節　縁起思想の極致——天台の一念三千と華厳の法界縁起

　既に明らかなことではあるが、六朝初めに知識人も福音として迎えた業報輪廻説は、民衆の間でこそ支持され続けたが、僧侶や知識層の間ではいつしか解体されてしまった。死後や来世を待たずに現世で成仏しうることを説く頓悟説が、早くは道生によって説かれ、南岳慧思の法華三昧にも、浄土教の曇鸞の即得成仏にも流れ、やがては南宗禅によって定着するのが何よりの証拠であると思われる。確かに、僧侶も民衆を引導するための方便としては輪廻転生を説いたであろう。だが中国人は基本的に、たとえそれが民衆であっても生身のままで救われることを希った。この現世志向は中国仏教哲学の構築にも当然影響せざるをえない。その典型が天台の十界互具・一念三千であり、華厳の六相円融・十玄縁起である。これらはいずれも大乗仏教の縁起説の中国的発展形態であり、インド仏教を含めた仏教哲学全体の精華である。

1　天台の一念三千説

(1) 十如是

　空観を根底にもつ天台の一心三観が存在論として展開すれば十如是・十界互具・一念三千となる。「十如是」は羅什訳『妙法蓮華経』「方便品」のあまりにも有名な次の箇所に由来する。

　　　唯だ仏と仏とのみ、乃ち能く諸法の実相を究尽す。所謂、諸法の如是相・如是性・如是体・如是力・如是作・如是因・如是縁・如是果・如是報・如是本末究竟等なり。

サンスクリット原典の対応箇所では、「それらの現象が何であり、どのようなものであり、いかなるものに似ており、いかなる特徴があり、いかなる本質をもっているかということは、如来だけが知っているのだ。[45]」となっており、しかもこの同じ文言が2度繰り返されており、他の漢訳でもほぼ同様となっている。原文の場合は、文意も曖昧という他は無い。つまり、十如是は羅什が存在者に関する従来のカテゴリーを集めて10に整理し直した、むしろ創作したものであるらしい。ともかく十如是は、すべての法が相・性・体・力・作・因・縁・果・報・本末究竟等の10の有り方で存在し、生起することを述べたものなのである。因みに、「相」とは外的形相、「性」とは内的本性、「体」とは相・性の帰属する主体、「力」とは潜在的能力、「作」とは顕在的作用、「因」とは直接的原因、「縁」とは間接的条件、「果」とは因縁の結果、「報」とは果報、「本末究竟等」とは本（「相」）から末（「報」）までの9者が互いに関係し、一貫していることを意味する。十如是はヨーロッパの実体論的カテゴリー論とは違って、インド仏教の縁起説の発展形態であるから、一切諸法が相互関係においてのみ存在することを述べたものである。

　天台智顗は『法華玄義』巻二上において、この十如是を空仮中の三諦に適用し、次のように述べている。いわゆる「十如三転読」である。これは南岳慧思から受け継いだものであるらしい。

　　　義に依って文を読むに、乃そ（およ）三転有り。一に云はく、是相如、是性如、乃至是報如なり。二に云はく、如是相、如是性、乃至如是報なり。三に云はく、相如是、性如是、乃至報如是なり。若し皆如と称するは、如は不異と名づく。即空の義なり。若し如是相、如是性と作すは、空の相性を点じて名字施設し、邐迤（＝連なって長く伸びる）不同なり。即仮の義なり。若し相如是と作すは、中道実相の是に如ふ（かな）。即中の義なり。

45　坂本幸男・岩本裕訳注『法華経』（上）（上掲）69頁。

　つまり、「如是相、如是性……」を読むのに、「是の相は如なり、是の性は如なり……」と読むならば、如は「不異」つまり無差別平等の義であるから空諦を表すものとなり、「是くの如き相、是くの如き性……」と読むならば、相・性などの差別を肯定する仮諦を表すものとなり、更に「相は是に如ふ、性は是に如ふ……」のように「如」を「かなふ」と読むならば、「是」は二辺を離れた中道実相を意味するから、相から本末究竟等までの10のカテゴリーが皆、中諦であることを表す、と言うのである。

　天台智顗が同じ箇所で、

　　　　如に約して空を明かさば一空一切空なり。如を転じて相を明かさば一仮一切仮なり。是に就いて中を論ずれば一中一切中なり。一二三に非ずして而も一二三不縦不横なるを名づけて実相と為す。

と述べ、また「本末究竟等」について、

　　　　若し如の義を作さば、初後皆空なるを等と為す。若し相性の義を作さば、初後相在るを等と為す。若し中の義を作さば、初後皆実相なるを等と為す。

と述べているのも、「初後」即ち「本末」が皆、空・仮にわたって中道実相であることを言おうとしたものである。しかし、なぜ「等」に「究竟」なる語が付いているのであろうか。智顗は「三法具足するを究竟等と為す。夫れ究竟とは、中乃ち究竟、即ち是れ実相なるを等と為す。」と言う。つまり、空仮中の「三法」が究極においては即空即仮即中として円融具足するところにまで到らねばならない、と言うのである。空を言えば仮・中は言わず一空一切空として空の全現であり、仮・中についてもまた同様だということである。いずれにせよ、これらは驚嘆すべきテクスト読解と言わねばならない。

⑵十界互具

　十界互具も独創的である。十界とは『華厳経』ですべての生類を地獄・餓鬼・畜生・修羅・人・天・声聞・縁覚・菩薩・仏の 10 段階に分けたものである。十界のうち地獄から天界までが迷界で六道或いは六趣と呼ばれ、また地獄から天界下層までが欲界、天界中層が色界、天界上層が無色界と呼ばれることについては周知の通りである。いずれにせよ三界六道は迷界である。これに対して声聞・縁覚・菩薩・仏の世界が覚りの世界である。かくして十界は六凡四聖と総称される。

　ここで注目すべきことは、もし声聞・縁覚を一括して二乗或いは小乗とするならば十界は九界となって、人間界がその中央に来るということである。古い五支縁起で有が中央に位置し、十二支縁起の十二支が十二有支とも呼ばれるように、これもまた人間が中間的存在であることを言おうとしたものだと言える。つまり、人間は極悪極苦の地獄界から見れば善楽の存在だが、極善極楽の仏界から見れば悪苦の存在だということである。このように天台智顗によれば、人間には地獄と仏の両面が存在する、否、十界すべてが含まれているとされる。これは人間が二重に、或いは多重に引き裂かれた存在であり、矛盾に苦しむ存在だということである。ここには人間の輪廻的生存を前世や来世、死後の問題として捉えるのではなく、具体的現実に即して捉える現実主義的態度がはっきりと現れている。換言すれば、死後に極楽に行くのでも地獄に堕ちるのでもなく、現実のこの自己の有り方こそが地獄であり極楽であって、十界の絶えざる転位なのである。このように十界の各々は人間の現実の種々相を述べたものに他ならない。

　このような人間観の根底を成しているのは、勿論のことながら「空」である。これは仏界と地獄、善と悪、色（肉体）と心（精神）の二が実体的に有るのではなく、本来不二・一如だということを意味している。仏界と地獄、善と悪、色と心は、現実相においては飽くまでも相対立する二として現れているが、真実相においては対立を超えた不二・一如として存在するということである。例えば、仏界は現実相としては極善の世界だが、真実相においては善悪不二・一如である。極善とは根本的にはこの善悪不二・一如を意味する。同じことは地獄についても言える。地獄は現実相としては極悪の世界だが、根本的には善悪不二・一如である。このように仏界と地獄とがともに善悪不二・一如であり、両者は本質的に同一だということになると、地獄にも仏界が有り、仏界にも地獄が有るということになるだろう。そしてこれを智顗は十界全体にまで拡張してゆく。つまり、十界は「各々の因、各々の果、相混濫せず、故に十法界と言ふ」（『摩訶止観』巻五上）と言われるように、現実相としては10段階に分けられるが、本来相においては「一法界に又十法界を具す」（同）、「一法界に九法界を具す」（『法華玄義』巻二上）、「一法界に又十界あり」（『法華文句』巻一上）と言われるように相即相入するものだとされるのである。こうして十界の各々が十界を具して百界となる。この「十法界相互」（『観音玄義』巻上）、「十法界交互」（同、巻下）が、天台智顗のいわゆる「十界互具」説である。

(3)性悪説

　このような「十界互具」の思想は極めて重大な帰結をもたらす。その一つが、仏にも本性としての悪が有るとする「性悪説」である。

　その出典は『観音玄義』巻上なのであるが、そこにはこうある。「闡提は修善を断じ尽くして、但だ性善有り。仏は修悪を断じ尽くして、但だ性悪有り。」と。闡提には修善は無いが性善は有り、仏には修悪は無いが性悪は有る。つまり、極悪の典型である闡提は善を行なうこと（修善）は無いが、そのような者にも本性としての善（性善）は有り、成仏の可能性を認めるというのである。これは勿論のことながら『涅槃経』の闡提成仏・一切衆生悉有仏性の思想を承けたものなのだが、後世に大きな議論を巻き起こしたのは、仏は現実に悪を行なうこと（修悪）は無いが、その極善の仏にも本性としての悪（性悪）は有るとする思想の方であった。『観音玄義』は、智顗の弟子の章安灌頂が師の言葉を筆録する際に自己の見解を多分に混入させたものだとも、章安灌頂自身の述作だとも言われるいわくつきの書であることから、性悪説は天台智顗自身の思想ではない、と主張する者も確かにいる。しかし、『観音玄義』が仮に章安灌頂の述作であるとしても、性悪説はやはり智顗の十界互具説の当然の帰結であると言わざるをえないように思われる。その証拠を挙げよう。例えば『法華玄義』巻五には、

　　　凡夫の心の一念に即ち十界を具し、悉く悪業の性相有り。祇だ悪の性相は即ち善の性相なり。悪に由って善有り、悪を離れて善無し。諸悪を翻ずれば即ち善の資成なり。竹の中に火の性有れども、未だ即ち是れ火の事ならざるが故に、有れども焼けず。縁に遇ひて事成ずれば、即ち能く物を焼くが如し。悪即ち善性なれども、未だ即ち是れ事ならず。縁に遇ひて事成ずれば、即ち能く悪を翻ず。竹に火有り、火出でて還って竹を焼くが如し。悪の中に善有り、善成ずれば還って悪を破す。故に悪の性相に即して是れ善の性相なり。

とある。なるほど、これだけでは性悪説を述べた証拠とするには不充分であろうが、『法華玄義』巻八上では、先ず小乗仏教について「小乗は悪の中に善無く、善の中に悪無しと明かす」と指摘し、次いで大乗仏教について「大乗の観心は、悪心を観ずるに悪心に非ず。亦た悪に即して而も善なり。亦た即ち悪に非ず善に非ず。善心を観ずるに善心に非ず。亦た善に即して而も悪なり。亦た即ち善に非ず悪に非ず。一心を観ずるに即ち三心なり。」と述べている。とするならば、善と悪との相資相即という天台智顗の思想が一心三観、十界互具の展開であることは明らかであろう。

　私は「性悪説」という天台智顗のこの卓見に感歎を禁じえない。性悪説の「善悪相資」は単なる善悪同一性の主張でもなければ、ましてや悪を非実在として軽視することでもない。人間の現実相に即している点が重要である。智顗は人間の悪を冷徹に見据えた上で善悪相即を説いているのである。『観音玄義』は、この点を仏に寄せてこう語っている。

　　仏は性悪を断ぜずと雖も、而も能く悪に達す。悪に達するを
　以ての故に、悪に於いて自在なり。故に悪の染する所と為らず。
　修悪起こるを得ず。故に仏永く復た悪無し。自在を以ての故に、
　広く諸悪の法門を用ひて衆生を化度す。終日之を用ひて、終日
　染まらず。

　この一節を読む度に、私は『臨済録』の次のくだりを思い出す。即ち、

　　夫れ仏の六通（＝六神通）の如きは然らず。色界に入って色
　惑を被らず。声界に入って声惑を被らず。香界に入って香惑を
　被らず。味界に入って味惑を被らず。触界に入って触惑を被ら
　ず。法界に入って法惑を被らず。所以に六種の色声香味触法の
　皆是れ空相に達すれば、此の無依の道人を繋縛すること能はず。
　是れ五蘊の漏質〔＝五蘊仮和合の肉体。「漏質」は煩悩の形質。〕
　なりと雖も、便ち是れ地行の神通〔＝地上を歩行することのよ
　うな平常底の神通妙用〕なり。

　もっとも、「仏に逢ふては仏を殺し、祖に逢ふては祖を殺し、（中略）
親眷に逢ふては親眷を殺して、始めて解脱し、物と拘らず、透脱自在なる
ことを得ん」と喝破する臨済義玄禅師からすれば、仏と衆生とを一時的に
せよ区別すること自体が妄想であり、すぐさま「喝」と来るのであろうが。
ともかく、仏は悪を具えておりながらそれを克服して仏に成ったのである
から、闡提のような極悪人の悪にも感応することができる。善悪を厳しく
二分して、善のみを取り悪を容赦なく捨てるというのでは悪人を救済する
ことなど覚束ない。これが宗教と道徳との決定的相違であり、更には善悪
二元論に立つ一神教的宗教と仏教との違いである。但し、仏に性悪が有る
ということは、仏が悪に繋縛されるということでは決してない。悪の中に
いながら決してそれに染まらないということである。臨済の場合、その根

底には『成唯識論』巻七に基づく法相の「三界唯心、万法唯識」もあるが、根本はやはり空観である。いずれにせよ、天台の性悪説は大乗仏教の呈示した最も深い悪の理論だと思われる。

　これに近い思想を強いてヨーロッパに求めるとすれば、シェリングの「神は実存の根拠である限りでは悪の中で働くが、実存する限りでの存在者としては悪の中で働かない」という思想が見当たる程度である。プラトーンのイデア論はもとより、プローティノスの流出説においても、キリスト教の弁神論においても、悪の存在はアポリアである。いずれの場合も、なぜ真実在の善のイデア、至高至善の一者・神から非実在・悪が生ずるのか説明がつかないからである。この点については既に本書第1部第3章で論じたことであるから再説は控える。だが、これはインドでも大問題となっていた。例えばヴェーダーンタ学派もまた、純粋精神であり至福至善のブラフマンから、いかにして雑多で物質的な悪苦の現実世界が生ずるのかというアポリアに直面した。これに対してシャンカラは世界の現実相をマーヤー（幻影）と見なすことで切り抜けようとした。だが、現実の悪苦はマーヤーだとして無視できるようなものではない。たとえアートマンが業の繋縛を断滅して真実在たるブラフマンに帰入したとしても、それは死の世界にすぎず、そのような悟りでは現実世界に戻って来て人々を化導することなどできない。小乗仏教もまた同様である。これに対して大乗仏教は生死即涅槃、煩悩即菩提を標榜し、空に基づく縁起説を展開した。その善悪問題に関する成果こそが善悪相即・一如の思想なのである。

　しかし、この相即・一如をどう理解するかで立場は大きく分かれる。もしも相即・一如を、善悪のような二者が体を異にしつつ、なおかつ一体であることだ、と解するならば、その場合には、悪を断滅することが同時に善を顕彰することになる。この場合、煩悩即菩提を説くためには、予め仏性や真如を諸法即ち現象から切り離すことになるが、そうなると仏性・真如から万法がいかにして生じてくるかを説明せねばならない。かくしてこの場合も先のアポリアを逃れえない。唯識法相の阿頼耶識縁起がこれに該当するように思われる。同じ唯識とはいっても、真諦系の摂論宗・地論宗と違い、護法系の法相宗の場合、阿頼耶識は妄識であり、その根底に無垢識つまり自性清浄心を設定しないため、妄識たる阿頼耶識がいかにして大円鏡智へと転じうるか、煩悩が菩提へといかにして転じうるかの説明が原理上不可能だからである。第二の立場は、相即・一如を、善悪の二者が相を異にしつつも体は一であることだ、とする立場である。例えば『入楞伽経』「仏性品」には、「阿梨耶識（＝阿頼耶識）を如来蔵と名づく。無明の七識と共倶なり。」とある。唯識法相では妄識にすぎない阿頼耶識が、ここでは自性清浄心・如来蔵と同一視されている。これは悪の根源である阿頼耶識が如来蔵という人間の善・理想に即して見られているということ、悪心の中にも善心が貫徹しているということ、要するに煩悩や悪は皆仮有であって、一切は仏に包まれているため消えてゆくということである。この場合、例えば『大乗起信論』でのように、自性清浄心である真如が万法として随縁するという説明が為される。これは、ともすると一から多・差別が生ずる一種の流出論に陥り易い。「三界唯心」に基づいて理心（自性清浄心）が事心（現実の心）を貫徹していると考える華厳にもこうした傾向がある。それゆえ、真理の純一性を重視し、そこから現実への生成を説くこの立場は、善悪相即の半面しか見ていない。悪は善に包まれているため、悪もまた一種の善であり、煩悩がそのまま菩提として肯定され易い。善悪相即・不二や煩悩即菩提は、本来善と悪、煩悩と菩提の対立・断絶という冷徹な現実直視から説かれたものであるはずなのに、である。そこで第三の相即の立場とは、現実の多が多でありながら、そのまま即一と見る立場である。善悪について言えば、善悪の二が二でありながら即一である。これこそが天台的な相即・一如観である。ここを天台智顗は、

　　　若し差別を論ぜば、即ち十法界の相なり。若し無差別を論ぜば、
　　　即ち一仏界の相なり。差別と無差別とは如来能く知る。差即ち無差、
　　　無差即ち差なるを、如来亦た能く知る。（『法華文句』巻七上）

と述べる。このように天台智顗の場合、善悪相即は善悪の対立という具体

的現実を踏まえて語られている。単に悪を善という理想の側から一種の善と見なして悪苦に満ちた現実を肯定するのではない。それは善悪の無差別同一性論であって、それでは煩悩と菩提との断絶が看過されてしまう。善・菩提へと向かって悪・煩悩と闘う当処にこそ善・菩提を見る。これが智顗の善悪相即・善悪不二である。

(4)一念三千

　十如是・十界互具・善悪相即は「一念三千」で完成する。『摩訶止観』巻五上には、

　　　　夫れ一心に十法界を具す。一法界に又十法界を具して百法界なり。一界に三十種の世間を具し、百法界に即ち三千種の世間を具す。此の三千は一念の心に在り。若し心無くんば已みなん、介爾も（＝僅かでも）心有らば即ち三千を具す。

とある。『華厳経』に説く地獄乃至仏の十界が各々十界を具えて百界となり、『法華経』に説く十如是を具えて千如となり、『大智度論』に説く衆生世間（主体）・国土世間（環境）・五陰世間（物心の五要素）を具えて三千世間となる。即ち、三千とは時間的・空間的に極大の世界を、一念とは極小（介爾）の世界を表現したものである。従って、一念三千とは極大と極小とが円融相即する諸法の実相を述べたものだということになる。だが、問題は一念と三千との相即の仕方である。智顗自身は続けてこう述べる。

　　　　亦た、一心は前に在り、一切法は後に在りと言はず、亦た、一切法は前に在り、一心は後に在りと言はず。たとへば八相が物を遷すが如し。物、相の前に在らば物は遷されず、相、物の前に在らば亦た遷されず。前も亦た不可なり、後も亦た不可なり。ただ物に相の遷るを論じ、ただ相の遷るを物に論ずるなり。今

　　の心も亦た是くの如し。若し一心より一切法を生ぜば、此れ即
　　ち是れ縦なり。若し心、一時に一切法を含まば、此れ即ち是れ
　　横なり。縦も亦た不可なり、横も亦た不可なり。ただ心は是れ
　　一切法、一切法は是れ心なるなり。故に縦に非ず横に非ず、一
　　に非ず異に非ず、玄妙深絶にして識の識る所に非ず、言の言ふ
　　所に非ず。所以に称して不可思議境と為す。意ここに在るなり。

　これによれば、一念と三千との関係について一方が真実在で他方が現象
だとか、一方が全体で他方が部分だとかいう観点から、時間的・空間的に
前後、本末、主従、同異を論じてはならない。一元論のように一念が根源
的一者で、そこから三千世界が流出するとか、一念の中に三千が包含され
るとか考えてはならず、多元論のように一念を三千という全体の部分と見
なしてもならない。それではどう考えるべきなのか。智顗は、

　　　若し一心一切心・一切心一心・非一非一切を解すれば、一陰
　　一切陰・一切陰一陰・非一非一切、一入一切入・一切入一入・
　　非一非一切、一界一切界・一切界一界・非一非一切、一衆生一
　　切衆生・一切衆生一衆生・非一非一切、一国土一切国土・一切
　　国土一国土・非一非一切、一相一切相・一切相一相・非一非一切、
　　乃至、一究竟一切究竟・一切究竟一究竟・非一非一切なり。遍
　　く一切に歴て皆是れ不可思議境なり。（『摩訶止観』巻五上）

と述べる。ここで、一法一切法は「俗諦」或いは「仮観」、一切法一法は「真
諦」或いは「空観」、非一非一切は「中道第一義」或いは「中観」であって、
やはりその根底には三諦円融・一心三観が有る。つまり、一念と三千とは
ともに空であり、空であってこそ両者の間に相依相関の縁起が成り立つの
である。これはまた色心不二平等観となって現れる。例えば『四念処』は「色
を離れて心無く、心を離れて色無し」と言い、「当に知るべし、若しくは
識（＝心）、若しくは色、皆是れ唯色なり。若しくは識、若しくは色、皆

是れ唯識なり。」と言う。心（識）を言えば色は言わず、すべてが心となり、色を言えば心は言わず、すべてが色となる。色心いずれにも偏らず、不二平等、即ち非一非一切である。要するに一念三千とは、一が一切に遍在し、一切が一に凝縮され、円融相即して全世界が成り立っているということを意味する。

　このように一念三千が空に基づく一多相即の縁起説であるなら、これは華厳思想と酷似したものではなかろうか。智顗の一念三千は極めて独創的だとしても、『華厳経』の一即多、多即一を摂取し、「三界虚妄但是一心作」（「十地品」）や「心仏乃至衆生、是三無差別」（「夜摩天宮菩薩説偈品」）をしばしば引用していることからして、彼の一念三千説形成に『華厳経』の思想が大きく関与していると見て間違いない。しかし、後にこの一念或いは一心を妄心と取るか真心と取るかの論争が起こり、天台宗は山家派と山外派とに分裂する。華厳が一心を強調し理心が事心を貫いていると考えるのは、前節で見たように空観という実践の立場から心の主体性を重視したものだが、ともすれば一心を純一無雑な根本実在とし、そこから万法が生成するかのように説く傾向が現れる。この傾向が華厳教学だけでなく中国仏教共通の傾向であることは前節で述べたことだが、華厳と天台との交流の過程で、天台にもこの傾向を強調する者たちが現れた。山外派である。山外派は一念を主とし、三千をこれに従属させ、純一無雑の一念が随縁して悪や煩悩に満ちた多様な三千が仮現すると主張し、一念そのものには三千は存在しないと説いた。そこから一念は真実清浄なもので、煩悩・悪の穢れを離れたものと見なし、性悪説をも否定した。こうなるとすべては仏の光明に包まれているために修行が必要とされなくなる。山家派の祖、四明知礼（960-1028）はこれを異端として批判し、凡夫の心（妄心）に三千が具わるのを理具の三千とするとともに、縁によって具体的に生起する現象の三千を事造（変造・事用）の三千と説き、理事両重の三千を説いた。また、心法に三千が具わることを心具三千と見なすとともに、三千の色法も各々三千を具えると主張し、色具三千を説いた。仏性つまり本来性に重点を置くか、現実性に重点を置くかを巡って為された華厳と天台、山外派と山家派との間のこの論争は、元来インドの大乗仏教が孕んでいた問題の中国的展開なのだが、中国では決着を見る前に論争そのものが立ち消えになってしまう。中国仏教界を支配するのが理屈を嫌い実践と直観とを重視する南宗禅であることを考えれば、中国の伝統的自然随順思想と万物一体観とが、いかに仏教をも完全に中国化したかが知られよう。この点については次節で詳述する。

　天台智顗は『法華玄義』巻八下で諸法実相について述べ、「諸法は既に是れ実相の異名にして、而も実相の当体なり。又実相は亦た是れ諸法の異名にして、而も諸法の当体なり。」と語る。畢竟、天台の一念三千説は生滅変化する具体的現実に即して不生不滅の絶対的・統一的真理を見る綜合的で全体的な世界観の構築だと言うことができる。

2　華厳の法界縁起

(1)性起説

　それでは天台と並び称される華厳思想の極致はどうであったか。天台も華厳もともに一多相即を説くのだが、両者を対比するのに「性具」と「性起」とが用いられる。「即事而真」（『法華玄義』巻二上）を説く天台が現実に立脚し、諸法が真性を具していると見て、多なる事を一なる理に収め取ろうとするのに対し、華厳は本証の立場に立脚し、真性が諸法へと生起すると見て、一なる理が多なる事へと具成することを重視する。同じく一多相即を説きながら、天台と華厳とでは方向が正反対である。

　華厳思想の核心を成す「性起」とは「仏性（真如・法性）の生起」の謂であり、衆生や世界の森羅万象に仏性が顕現していることを意味する。すると「性起」と「縁起」との関係が問題となるはずである。智儼は、

　　　　性起は一乗法界を明かす。縁起の際は本来究竟にして修造を
　　　離る。何を以ての故に。起とは、大解・大行・離分別の菩提心

中に在るを、名づけて起と為すなり。是れ縁起性に由るが故に、説いて起と為す。起は即ち不起なり。不起とは是れ性起なり。（『孔目章』巻四）

と記す。「性起」は「法界」（真理の世界）を明らかにするもので縁起の究極だと言う。「修造を離る」とは、本証の世界即ち仏果に立つということである。諸法は縁起即ち生滅転変している点では確かに「起」であるが、本証・仏果という絶対の今に現在している点では「不起」である。ゆえに縁起と性起、起と不起とは一如であって、この一を事の方から見れば縁起となり、理として見れば性起となる。現実の生滅変化する世界を離れて別に不生不滅の世界が有るのではない。そもそも華厳で「法界」と言う場合、「法」は「もの」と「真理」の二義をもち、「界」も「分」（諸法が各々分限を守っている有り方）と「性」（不変の法性）の二義をもつ。即ち、「法界」とは個と普遍、現実と理想、事と理とが融通していること、つまり縁起即法性、性起即縁起を示そうとしたものだと言える。これはまさしく龍樹『中論』「帰敬偈」の「不生不滅の縁起」の継承である。

　以上を実践論の立場から見れば、性起とは衆生の現実の只中に仏が現在することを意味する。『臨済録』で言えば「赤肉団上に一無位の真人有り」というのがそれに当たる。ここから見ると、一切の悪も性起ならざるは無し、ということになろう。華厳は天台の性悪説のように仏の中に性悪が有るとは考えず、「性起唯浄」を立場とする。天台が地獄の中に仏果が有るだけでなく仏果の中にも地獄が有るとして善悪相即を双方向的に考えるのとは違い、華厳は専ら仏の方から一方向的に、一切の悪も仏の慈悲に包まれていると考える。悪業を行なう衆生にも仏の光明が貫徹していると見るのである。この思想が更に徹底されれば、衆生のいる所には必ず仏がいる、否、仏の住処は浄土ではなく地獄だというところにまで行き着く。つまり、我々が現に生き、苦しんでいるこの三界六道は本来仏界に他ならず、仏性や法性は衆生から離れ、現実を超越した所に単なる「性」として実体的に有るのではなく、性起として衆生との関わりにおいて具成するのでなければならない。仏性は無自性空であり、仏とは空を行ずる主体に他ならないのであるから、縁起の世界を措いて他に仏の世界は無い。縁起する諸法は生滅する無常のものだが、無常なる一切に即してこそ不生不滅の仏の生命が流れる。無常にして苦なる三界六道を離れて別に仏が存在するわけではない。従って性起の世界とは法界縁起の世界に他ならず、性起とは生滅する事の中に不生不滅の理が貫徹していることを意味する。とすれば事と理とはいかに関係し、いかに相即するのか。この問題を四つに分けて説いたのが四種法界説である。

(2)四種法界

　四種法界とは①事法界、②理法界、③理事無礙法界、④事事無礙法界をいう。この体系を確立したのは澄観だとされるが、名称そのものは既に法蔵の弟子、慧苑（673?-743?）が用いており、それ以前にも懷師や新羅の元暁が四種法界を説き、法蔵は『探玄記』の中で五種法界を説いた。これらに依拠して法界縁起を集大成したのが澄観である。更に澄観の四種法界を全面的に受容して、日本の凝然（1240-1321）は法蔵と澄観の教学を綜合した。以下では主として凝然の『華厳法界義鏡＊46』に拠って法界縁起を見ることにしたい。

1. 事法界

　先ず事法界とは、凝然が「森焉たる万象、欝然たる千門、これより麁現し、自他顕彰す。これに十門あり、以て無尽を顕はす。」と言うように、森羅万象つまり一切の事法を意味する。これは①教義、②理事、③境智、④行位、⑤因果、⑥依正、⑦体用、⑧人法、⑨逆順、⑩応感の十門、十対二十句のカテゴリーに分類される。

46　凝然『華厳法界義鏡』からの引用は日本思想大系『鎌倉旧仏教』（岩波書店、1971 年）、鎌田茂雄校注、227-302 頁に拠る。

①教義の「教」とは「即ち能詮の声名句文なり。五教の詮門、諸法の顕義、光明香飯、六味諸触、語黙視瞬、動止威儀、思想寂静、触事入法、皆是れ教体なり。」とあるように、言葉が表現する一切のものを意味する。これに対して、「義」とは教によって表現される意味内容の一切であり、「質礙変壊、大小長短、縁観思相」、ものの変化、大小長短、感覚および思考内容を意味する。つまり教義は一切の表現と表現内容、即ち森羅万象を包括する。次に②理事の「理」とは、人法二空によって顕わされる「真如と無性と独空と絶理と円空と妙理とのごとき性」を、「事」とは「色心身方等の相」を意味する。理事の一対も一切の現象を包含するものだが、事法界の中に「理」をも含めていることは極めて重要であり、ここに事法を離れて理は有りえないと考える華厳の現実志向がはっきりと現れている。③境智の「境」は対象、「智」はそれを知る智慧であって、五教によってそれぞれ異なる。小乗教では四諦涅槃が境、無漏の浄智が智であり、大乗始教では四諦・真俗二諦が境、加行・根本・後得の三智が智である。大乗終教では空仮中の三諦が境、権智・実智・理智・無量智・無礙智のごときが智とされる。頓教では境が無いことが境であるから無境を境とし、絶智を智とする。つまり概念的認識を超えた直観智である。円教即ち華厳では無尽の境と無尽の智とがあり、境智一対を成す。④行位は五教の修行とそれによって得られる位とによる差別を論じたものであり、⑤因果は五教の修行を因とし、所得位を果と見たものである。④と⑤は実践的観点から五教の一切を包括したものである。⑥依正の「依」は国土、「正」は仏等、要するに国土とそこに住する仏をいう。仏国土をも事法界に含めているのは注目すべき点であって、現実世界を仏国土と即一のものと見るのは、まさしく大乗仏教の根本精神を継承したものである。⑦体用は仏身論から立てたカテゴリーであって、「体」は法身と報身、「用」は応身と化身を意味する。⑧人法の「人」は覚者、「法」は菩提であり、⑥⑦⑧は悟りが現実の迷える衆生に即して存在することを示している。⑨逆順の「逆」とは婆須蜜多（世友菩薩）や無厭足を、「順」とは文殊菩薩や観世音菩薩を意味し、すべての菩薩を包括したものである。最後の⑩応感の「応」とは仏・菩薩、「感」

は菩薩・衆生を意味する。応感つまり感応とは感応道交のことであり、元来は易の陰陽二気に由来するが、これを仏と衆生との感応道交の意味に用いたのは天台智顗（『法華文句』巻六下、『法華玄義』巻六上）であり、華厳はこれを天台から受け継いだことになる。

　以上を総括すれば、森羅万象は「教義」に収まるだけでなく、観点を変えることで、十対のカテゴリーのそれぞれに収まることになる。仏国土や仏・菩薩などの悟りの境界さえもが事法界に含められていることからも明らかなように、事法界は、一般に現象界と等置される感性界だけでなく、精神的活動や悟りなどの超感性界をも含めた呼称なのである。それはまさしく全体であり、そしてここには解釈学的循環が有ることもまた明白である。なぜなら、事法界が物質的現象だけでなく精神や理念などのいわゆる形而上学的領域をも含むことによって、後述する理事無礙法界や事事無礙法界において事法界が取り戻されることを予示しているからである。換言すれば、事法界は仏・菩薩と衆生との感応道交を根拠として立てられているということである。ここに現実と理想とを即一とする華厳の立場がはっきりと現れている。

2. 理法界

　次に理法界だが、これは既に述べた杜順の『法界観門』の第一真空観に相当する。凝然が「体性空寂にして、相状寥莫たり」と言うように、四句百非を絶した空性そのものの世界を意味する。

　理法界は先ず「性浄門」と「離垢門」の二門に分かれる。性浄門とは、煩悩の只中に在っても染まらず、本性恒に清浄であり、一切衆生に遍在してはいるが、だからといって汚れた一切衆生と同一ではないことである。離垢門とは、修行によって煩悩を次第に払拭してゆくことで清浄性が顕われることである。つまり性浄門は本覚門を、離垢門は始覚門を意味するが、これらは理法界を本来性と実践性の両面から見て、仮に二門に分けたもので、本来は不二である。

この理法界は更に①会色帰空観、②明空即色観、③空色無礙観、④泯絶無寄観の四門に分かれるが、これらについては既に前節で論じたため再説は控える。しかしここに一つの問題が有る。それは、第三門の空色無礙観が空と色との無礙を説くのであれば、理事無礙法界と同じではないか、という問題である。この点について凝然は、「この中に空色の二事ありと雖も、意致ただ是れ空理に帰す。色は是れ虚名虚相にして、繊毫の体あることなし。この観を修する者の意、此にあるが故に。」と述べている。つまり空色無礙観も理事無礙観も空と色との無礙を説く点では同じだが、空色無礙観は空理を顕わすことに主眼があり、この観法を修する場合、生滅する色を虚名虚相として排除しようとするため、飽くまでも理法界に属するというのである。だからこそ続く泯絶無寄観において、一切の物質的・概念的世界を超脱した一念不生、不生不滅の真空の理が語られるのである。

3. 理事無礙法界

第三の理事無礙法界は、理と事との相即無礙を示すのだが、これを凝然は「如理縁起して、一切の事事の法を成ず」と表現している。一切法の縁生無性（縁によって生じ、無自性空であること）を根拠として、もし縁生に中心を置き「無性の縁生」と解すれば、理が事を礙えずして理事無礙が成立することになり、他方、もし無性に中心を置き「縁生の無性」と解すれば、事が理を礙えずして理事無礙が成立することになる。「惣じて是れ事理無礙の相状なり」と凝然の言う所以である。

理事無礙法界は、杜順の『法界観門』の第二理事無礙観に依拠して十門に分かれる。

①理徧於事門（理、事に徧ずる門）とは、分限の無い（無限の）理が分限の有る（有限の）事に徧在することを説く。それゆえ一一の事象に一切の理が具成する。

②事徧於理門（事、理に徧ずる門）は、逆に有限の事が無限の理に徧

在することを示すのだが、これは常識的に見れば成り立たない。な
ぜなら、一法が法界全体に遍在するとすれば有限な個が無限となっ
てしまい、これは個物の自己否定だからである。このアポリアを解
決するために、華厳は事と理とが非一非異だと考える。両者が非一
非異であれば、両者は同一でありながら、しかも理は無限、事は有
限だと言えるからである。従って事と理とが同一であってこそ事は
理に遍ずることができることを述べたのがこの第二門だということ
になる。

③依理成事門（理に依りて事を成ずる門）は、縁起せる事法が無自性
の理によって成ずることを説くのだが、これには二つの解釈が有る。
一つは『華厳経』「夜摩天宮中偈讃品」の「心如工画師、能画諸世間」
の唯心偈によって、一切法が唯心即ち理の所現だとする解釈であり、
もう一つは『大乗起信論』の真如随縁によって、理たる真如が随縁
して諸法と成るとする解釈である。

④事能顕理門（事、能く理を顕わす門）を凝然は「事は理を攬りて成
ずれば、事は虚、理は実にして、依他の無性、即ち円成なるが故に」
と述べている。ここで「攬る」とは「収めとる」の意であり、事
が理を完全に収めることをいう。そのためには事が虚つまり無になっ
ていなければならない。水波の喩えで言えば、波は仮に波という
相をとったのであって、実相は水であり、波は水の仮現にすぎない。
唯識の三性三無性説で言えば、依他起性の無性（生無性）即ち縁生
無性がそのまま円成実性即ち真如だということである。

⑤以理奪事門（理を以て事を奪う門）。事は全体が理となったのである
から、事は尽きている。波が静まれば水となるようなものである。「故
に生仏不増不減と説く」。衆生も仏も無相平等であるから、一切衆生
が成仏したからといって仏界が増えるわけでも衆生界が減るわけで
もない。存在するのは無相の真理だけである。

⑥事能隠理門（事、能く理を隠す門）。第五門とは逆に、存在するのは
すべて事・衆生であり、理・法身は完全に隠れる。「故に法身流転す

るを生と名づく」。法身が流転したものを衆生と言う。第五門を挙体全真とすれば、第六門は挙体全妄であり、挙体という点では同一である。従って絶対の真実は挙体にこそある、とも言える。

⑦真理即事門（真理、事に即する門）は、理が必ず事と相即しているからこそ真理であり、事と別ではないこと、即ち挙体即事を説き、

⑧事法即理門（事法、理に即する門）は、縁集が必ず無性であること、つまり挙体即真を説く。

⑨真理非事門（真理、事に非ざる門）と

⑩事法非理門（事法、理に非ざる門）の二門は、理と事との不即、絶対的差異を説く。「妄に即するの真は、妄に異なるが故に」、「真に即するの妄は、真に異なるが故に」。事は事であって理ではなく、理は理であって事ではない。衆生は衆生であって仏ではなく、存在するのは事法であって、理法ではない。

　凝然は以上を総括して、「この十事は、同一縁起、成壊即離、隠顕一異、逆順自在、無障無礙、同時に頓に起こりて、前後あることなし。深く思ひて修習して、観智明現するを、即ち理事円融無礙の観門と名づく。」と述べている。ここに「成壊即離、隠顕一異」とあるが、このうち「成」は③依理成事門、「壊」は⑤以理奪事門、「即」は⑦真理即事門、「離」は⑨真理非事門、「隠」は⑥事能隠理門、「顕」は④事能顕理門、「一」は⑧事法即理門、「異」は⑩事法非理門を指している。要するに、成壊（相成対）、隠顕（相害対）、即離（相即対）、一異（不即対）の四対のカテゴリーを用いて第三門から第十門までを表しているのである。①理徧於事門と②事徧於理門の二門の説く理と事との相互遍在（相遍対）が根拠となって理事無礙法界全体が成立するという構造になっている。

　最後に肝心なことを一つ指摘しておきたい。それは、理事無礙を説くために、理事相即だけでなく理事不即をも説いているということである。澄観はこの点について「若し不即無ければ相遍すべきこと無し」（『演義鈔』巻十）と述べている。理と事とが不即でなければ、両者の相即はありえな

いというのである。これを仏と衆生との関係で言えば、仏と衆生とは隔絶しているからこそ却って一体たりうるということである。仏は衆生ではなく、衆生は仏ではない。仏は苦界の衆生の苦しみに触れてこそ、真の仏として衆生を救済しうるのであり、衆生もまた闇に沈んでいるからこそ、真に仏の光明を希求しうるのである。仏と衆生との感応道交とはそういう事態であろう。これと同様に理と事とは絶対的に異なるがゆえに、却って一如たりうる。理事は不即なるがゆえに相即無礙である。これが大乗仏教の根本精神、煩悩即菩提、生死即涅槃を受け継いでいること、また性悪説こそ説かないが、天台の善悪相資説と極めて近いことは明白である。

4. 事事無礙法界

　以上の事法界・理法界・理事無礙法界は、天台の三智三観にほぼ対応する。即ち、事法界は道種智・仮観に、理法界は一切智・空観に、理事無礙法界は一切種智・中観に当たる。しかし第四の事事無礙法界は天台の説かない華厳独自の教えである。

　既に述べたように、事事無礙法界は杜順の『法界観門』の「周徧含容観」に当たるが、これを凝然は簡潔に「局限の法、彼此融する」こと、つまり現象している諸法が分限を守って独存しながらも互いに円融することだと述べている。事事無礙法界は、理事無礙法界の理即事、事即理を踏まえて更に事と事の円融を説く縁起思想の極致である。事の中に理が、即ち現象の中に真理が遍在しているとする理事無礙の思想は西洋に無いわけではない。また、全体的一者と個別的多者との相即も西洋思想に無いわけではない。しかし、個物の中に一切が含まれるという思想は僅かにライプニッツのモナド論やニーチェの権力への意志説などにしか見出されないように思う。ライプニッツの場合は飽くまでも神の存在を前提した議論であるから、事事無礙というよりはむしろ理事無礙であろう。ましてや個物の独存と相互の円融とを同時に説いて、一即一切、一切即一から、更には一即一、一切即一切まで説く思想となると華厳の独壇場ではなかろうか。西洋では、

192

世界は権力への意志即ち自己超克を本質とする権力量子或いは力量子の相互作用の全体だと考えるニーチェの権力への意志説が類似している程度だろう。ニーチェについては本書の末尾で詳述する。いずれにせよ、華厳の事事無礙法界は、仏教だけでなく、人類の到達した究極の思想だと断じてよい。そこでは最早、理とか空性とか仏とかいった原理的なもの、理念的なものがすべて消失し、宗教臭を完全に払拭して再び現実の世界に戻ってくる。だがこれは事法界の山是山・水是水ではなく、理法界、理事無礙法界を経た山是山・水是水であるから、事事無礙法界は事法界と隔絶した境界だとも言えるし、事法界の真相だとも言える。この境界を表現すると「張公喫酒、李公酔」（張さんが酒を飲むと、李さんが酔っ払う）とか、「僕が君で、君が僕」とかのように奇矯となるが、日本人に馴染みの言葉を引けば、松尾芭蕉の「松の事は松に習へ、竹の事は竹に習へ」を服部土芳が解釈した言葉、「習へといふは、物に入ってその微の顕れて情感ずるや、句と成るところなり」（『三冊子』）となるだろう。つまり人（芭蕉）が松で、松が人、人が竹で、竹が人である処である。『臨済録』の「四料揀」（奪人不奪境、奪境不奪人、人境倶奪、人境倶不奪）のうち「人境倶不奪」或いは「随処に主と作れば、立処皆真なり」という処、『十牛図』で言えば第九牛「返本還源」や第十牛「入鄽垂手」がそれに当たるだろう。

　この事事無礙法界を体系化したのが「十玄縁起無礙法門」である。この十玄門は先ず智儼の『一乗十玄門』『捜玄記』において説かれ、その弟子、新羅の義湘（625-702）の『華厳一乗法界図』、法蔵の『華厳五教章』『探玄記』、澄観『華厳義疏』『演義鈔』などにおいても説かれているが、『一乗十玄門』『捜玄記』『一乗法界図』『五教章』の中で説かれた十玄門（古十玄）と、『探玄記』『華厳義疏』『演義鈔』などの中で説かれた十玄門（新十玄）との間には若干の相違が有る。以下ではその点には触れず、凝然『法界義鏡』に依って新十玄門を簡単に見ていこう。

①同時具足相応門——これは十玄縁起全体の総論であり、「一微塵の中に一切法を具す」ることを説く。一切法とは事法界で説かれた十

対二十句のカテゴリーに他ならない。各々の法が各々十対二十句の一切法を具し、一切法が一切法を具足円満することで、法界全体が融通無礙となる。その場合、或る法が先で或る法が後というような、前後始終などの別はまったく無い。しかもこの第一門だけでなく、他の九門も十対の一切法を具足し、第一門は他の九門を具足しているのだから、一切法は「同時に具足して一縁起を成ず」ることになる。但し一切法が円融するとは言っても、一法一法は各々独存していて雑乱しない。そこを凝然は「逆順無礙にして参へてしかも雑はらず」と述べる。この個物独存と円融相即とが法界縁起の論理なのだが、これがいかにして成り立ちうるかについては後述することにして、「海印定中に頓に顕現するが故に、諸法を摂し尽くして、遺余あることなし」と言われていることは重要である。法界は海印三昧の中に顕現するのであって、常識や分別智で理解できるような境界ではない。無一物中無尽蔵のように、自己を放下し尽くした非思量底においてのみ顕現するのである。

②広狭自在無礙門——凝然が「この一微塵、法界に普周して本位を壊せず、法界の諸物、全く一塵に在り。本法を移さず、分即ち無分、無分即ち分、広狭自在にして無障無礙なり。」と述べているように、狭である一微塵が広である法界に遍満し、逆に法界が一微塵に収まることをいう。「分」は分限で狭、「無分」は無分限で広、かくして狭即広、広即狭の無礙が成立する。

③一多相容不同門——「相入」の立場から一塵が一切に入ると同時に一切が一に入って、一入一切、一切入一、無礙自在であることを説く。しかし諸法はすべて不同であり、各々が己の本分を守って障礙無きことを述べる。

④諸法相即自在門——「相即」の立場から「一即一切、一切即一、円融自在にして、無礙成立す」と説く。「この一塵の法は、己を廃して他に同じて挙体全し。この故にかの一切の法は、しかも恒に他を摂して己に同ず。彼をしてこの己体に全からしむ。」と言われているが、

要するに有体無体或いは空有の関係から相即を論ずるのである。「己を廃して」とは一法が無体・空であること、「他に同じて」とは自他相即すること、「挙体全し」とは他の諸法が有体であることを指している。それゆえ一切法のうち一法が有体なら他はすべて無体・空となり、かくして一即一切が成り立つ。なお前門の「相入」とこの門の「相即」については後述する。

⑤秘密隠顕俱成門——縁起せる諸法を隠と顕との関係から見る。現代の心理学用語で言えば「地と図」の関係である。相即相入する諸法のうち、一が図として表に顕れれば、他は地として背後に隠れる。それゆえ「隠顕俱ならず、隠顕並ばず、隠顕顕隠は同時無礙なり」と凝然は言う。

⑥微細相容安立門——「一切の諸法、一念の中において炳然として、同時に斉しく顕はれ、彼此を顕現して濫れず。」一切法が各々自己の本来の面目を発揮して、しかも雑乱することが無いことを説く。

⑦因陀羅網境界門——因陀羅網とは、帝釈天宮の珠網のことで、網の目ごとに宝珠が置かれており、一つの明珠に万像が俱に現じ、一一の珠が互いに影を現じ合って一大光明を現出している。同様に、法界縁起の重重無尽を説くのだが、凝然が「是れ心識思量の境界にあらず」と付言していることを看過してはならない。

⑧託事顕法生解門——「託事顕法」とは、現実に存在する事象に託して無尽法界を説くことだが、凝然は「この一巻を見るに、即ち無尽法界の法門を見る。この塵、即ち是れ一切の法なるが故に、是れこれに託して、別に所表あるにはあらず。」と言う。現実のこの一塵以外に法界を表すものが有るわけではなく、一塵そのものが法界全体だと言うのだが、これは現象の背後に真実在を立てることを完全に拒絶した思想であり、弘法大師空海が十住心の教判において、天台を第八住心に、華厳を第九住心に配して密教の第十秘密荘厳心へと繋げた点でも極めて重要である。

⑨十世隔法異成門——これは華厳の時間論であり、時間という観点か

ら相即相入、重重無尽を論じたものである。「三世に各々三あり、摂して一念とす、是れを十世と名づく。」十世とは、過去・現在・未来の三世の各々に過現未の三世を含んで九世となり、この九世全体がこの一瞬の一念に摂せられて十世となる。従って「一念即ち無量劫、無量劫即ち一念なり」となる。一念とは絶対の今であり、道元の言う「而今」である。「時に別体無し、塵によりて立つ」と凝然も言うように、事象とは別に時間なるものが実在するのではない。時間を実体視しないのが仏教の根本的立場である。時は法によって初めて時たりうる。これは無常が即ち時であるということ、山河大地悉く「而今の現成」にあらざるは無しということである。そうであればこそ、私は釈尊や龍樹と時を隔てて対面しうるのである。

⑩主伴円明具徳門――万法が互いに主となり伴となって存在することを説く。「円教の法は、理孤り起こることなし。起これば必ず眷族伴侶随ひて生じて、闕減あることなし。」と凝然も言うように、いかなる事象も単独では生ぜず、一つの事象が生ずれば必ず他の一切も生ずる。ただ、一が主となるときには他の一切が伴となり、かくして一が主伴を具足する。これはいかなる瑣末な物にも存在意義を認める考えである。

以上の十玄門は事事無礙法界を十の観点から論じたものだが、十門なのは華厳が十を満数とするからであって、必ずしも十門に限るべきではない。凝然は事事無礙法界を次のように総括する。「一塵に是くの如く十玄を具足す。余の諸の微塵、および一切の法、各々一種の玄門を具すること、皆爾なり。故に一切の法は互ひに摂して無礙なり、相通じ、相摂して重重無尽なり。」と。

(3)事事無礙の根拠

しかしながら、問題は事事無礙が成り立つ根拠である。

　凝然はそれを次の十項に纏めている。①唯心所現の故に、②法に定性なきが故に、③縁起相由の故に、④法性融通の故に、⑤幻夢のごとくなるが故に、⑥影像のごときなるが故に、⑦因無限の故に、⑧仏は証窮まるが故に、⑨深定の用なるが故に、⑩神通解脱の故に、の十項である。これらの中で特に重要なのは「縁起相由」と「法性融通」とである。中でも「縁起相由」に関する凝然の説明は、当該問題を論じたテクストの半分以上を占めている。「縁起相由」は縁起している諸法が相由（相依）しているという観点から諸法の相即相入を論ずるものであるのに対し、「法性融通」は、事の所依である理が融通するという観点から諸法の相即相入を説くものである。つまり理と事との関係から諸法の無礙を論理的に導出するのである。

1. 法性融通

　先ず「法性融通」の成立根拠だが、凝然の説明はこうである。事は分限であり、差別であって、互いに障礙し合うものであるのに対し、理は無分限であり、一味平等である。この前提に立って、事の中に理が入ると考えれば次のような背理に陥る。先ず、一事が理を摂し尽くすことができないとすれば、他の事も理を摂することになり、理に分限があることになって、理の無分限という前提に矛盾する。理が事ごとに分割されてしまうからである。そこで今度は、一事が理を摂し尽くすことができるとすれば、理が融通している多事も理に随って一事の中に顕現するのでなければならない。さもなければ事は理の外にあることになり、事の中に理が無いという背理に陥るからである。それゆえ一事の中に理を摂し尽くすならば、理が融通している多事も悉く一事の中に現ずることになる。法性融通は理と事の概念の矛盾を衝くことで相入を論証したものと言える。

2. 縁起相由

　次に最も重要な「縁起相由」だが、これは「異体」と「同体」、「相即」と「相

入」という二対の概念に基づいている。凝然はこれらの基礎概念を当然の
こととし、説明していないため、法蔵の『五教章』の説明を借りることに
したい。

⒜異体と同体　法蔵は「縁起門の内に二義有り」とし、「一には不相由の
義。謂はく自ら徳を具するが故に、因中の不待縁等の如き是れなり。二に
は相由の義。待縁等の如き是れなり。初は即ち同体、後は即ち異体なり。」
と述べている。即ち、縁起している諸法について二通りの見方ができると
いう。第一は、一が独立（不相由）し、他の一切を自らの内に摂すること
で縁起の世界を形成しているという見方であり、このとき一と他とは「同
体」の関係にあると言う。第二は、一切法が互いに相依（相由）して縁起
の世界を形成しているという見方であり、それら一切は「異体」であると
言う。つまり個を中心に見れば同体となって個の独立性および個と全体と
の同一性が成り立ち、世界を個相互の依存関係から見れば異体となる。

⒝相即と相入　華厳教学は円融無礙を「体・用」から見る。図式的に言え
ば、「体」（主体）の「空・有」の面から円融無礙を説くのが「相即」であ
り、「用」（作用）の「有力・無力」の面から円融無礙を説くのが「相入」
である。「相即」とは一と多との関係で、一によって多が成り立ち、多に
よって一が成り立ち、両者が密接な関係に有ること、ドイツ語に翻訳すれ
ば "Miteinander-Gleichen"、「相入」とは一の中に多があり、多の中に一が
あること、ドイツ語では "Ineinander-Durchdringen" であろう。これだけで
は具体性を欠くだろうから、法蔵が相即相入を説明する際に用いている「十
銭の比喩」を借用することにしよう。
　先ず十銭の「十」という数は、この場合も「一切」を意味している。さ
て、我々は通常一銭に一銭を加えると二銭になると考える。しかし法蔵に
よればこれは些かも自明ではない。なぜなら、一銭に一銭を加えることは
一銭が一銭増えただけのことで、二銭を生ずることにはならないからであ
る。それでは二銭という概念はいかにして生ずるのか。それは、一銭に一

銭を加えるだけでなく、一銭を加えた全体を同時に直観することで初めて生ずる、と法蔵は考える。三銭以下も同様である。そのような直観が可能であるためには、つまり一銭足す一銭が二銭であるためには、一銭が二銭を初めから含んでいなければならない。三銭以下も同様である。それゆえ一銭は二銭以下と切り離されて単独に存在しているのではなく、二銭以下と相対することで一銭なのである。法蔵はこれを「縁成の故に一なり」と言う。一という自然数、二という自然数は他の自然数との関係においてのみ成り立つのである。しかも、一と言うときには一の中に他の自然数全体が含まれている。その場合、一が有力でその他の一切が無力となって均衡が取れている。これが「相入」である。しかし、一銭が他の一切銭を内に含んでいるからといって、一銭で三百銭の掛蕎麦が食えるわけではない。そこで、というわけでもなかろうが、法蔵は次に体の空・有から任意の自然数と自然数全体とが融通することを説く。それが「相即」である。

　例えば、一銭が一銭として定立される場合、一銭は主・有・顕という地位を占めており、二ないし十銭は伴・空・隠という地位を占める。その場合「有る」のは一銭であり、従って一銭で三百銭の掛蕎麦を買うことはできない。しかし一銭は単独で存在しているのではなく、その他の一切銭に関係づけられている。一を立てると一は主体となり、二以下は従属関係に入る。一は有となり、二以下は空となる。二以下にも妥当するこの関係を、諸法の「体」における「相即」と呼ぶ。

　相入にせよ相即にせよ、極めて重要なことは、一が一であってなおかつ一ではなく、一切が一切であってなおかつ一切ではない、という絶対的否定の論理に貫かれているということである。ものが働くには相互に関係するのでなければならないが、相互に関係するとは、先ず一が自己を肯定して他を否定し、他も自己を肯定して一を否定する相互否定の関係に立つということである。しかしこれだけではものが働くことはありえない。なぜなら、自己の絶対的肯定は自己否定に帰着するからである。それゆえ相互否定は同時に相互肯定でもなければならない。つまり、すべての存在者が各々独立しつつ自己を肯定し、相対立しつつ相互に否定することが、却って互いに他を肯定することであり、またその逆でもあるということである。独立無伴であることが却って相依相属を成り立たせるということ、この点を看過すると円融無礙は安直な予定調和或いは合目的性に成り下がってしまう。

(c)縁起相由の成立　いよいよ「縁起相由」の説明に入るが、凝然はこれを十義に分けている。即ち、①諸縁各異、②互徧相資、③倶存無礙、④異体相即、⑤異体相入、⑥体用双融、⑦同体相入、⑧同体相即、⑨倶融無礙、⑩同異円満、の十義である。このうち①②③は法界縁起の概略、④⑤⑥は異体から見た相即相入、⑦⑧⑨は同体から見た相即相入、⑩は総括を述べたものである。

　①諸縁各異──凝然が「体用各別にして、まさに縁起を成ず」と言うように、諸法が各々独自の個性と働きをもっており、「雑乱」せずに縁起していること。②互徧相資──①とは逆に、諸法の各々が「多の一」であり、個が全体の中の個であること。③倶存無礙──どの一法も、①と②の両者を具えて初めて縁起を成じうるということ。「唯一多一、自在無礙なり」、存在者はどれも個別性から見るならば「唯一」絶対、全体性から見るならば「多の一」であり、両者が融通して初めて法界縁起が成り立つことを説く。④異体相即と⑤異体相入とは、諸法を相依関係から見る異体の立場に立って相即と相入とを論ずるものであり、⑥体用双融は体と用との不離の関係から、体が用を全うした体である場合は相即となり、用が体を全うした用である場合は相入となって、更にその相即相入が融通して縁起の世界を成ずることを説く。⑦同体相入と⑧同体相即とは、一法が他の一切法を包摂すると見る同体の立場から相即と相入とを論じたものである。その際、⑦は一が多を摂する関係から相入を説き、一が多に応ずることから多が一に入ることを論じ、⑧は有体・無体の関係から多即一を説く。⑨倶融無礙は、体と用との双融から相即相入の自在無礙を説く。そして、最後の⑩同異円満は前九門を綜合して一大縁起を成ずると説くものであり、内容的には上述の十玄縁起無礙法門に他ならない。

3. 総括

　法界縁起の真相を示すものに、以上の十玄縁起と並んで「六相円融」がある。

　六相とは、総別・同異・成壊の三対六個の概念であり、これらが互いに円融無礙の関係にあって、一に他の五相が含まれ、しかも六相の各々が分を守ることによって法界縁起が成り立つことを述べたものである[47]。法蔵が『五教章』「六相円融義」において述べているように、十玄縁起にせよ六相円融にせよ、法界縁起は宗教的実践の論理化であることを看過してはならない。

　　　此の義現前すれば、一切の惑障は一断一切断にして九世十世の滅を得。行徳は即ち一成一切成、理性は即ち一顕一切顕なり。並びに普別具足し、始終皆斉しうして、初発心の時に便ち正覚を成ず。良に此くの如き法界縁起、六相容融、因果同時相即自在にして逆順を具足するに由る。因は即ち普賢解行及び証入、果は即ち十仏の境界、所顕無窮なり。広くは華厳経に説くが如し。

　因果同時は、確かに大乗仏教の縁起説の根本であるが、天台の一念三千、華厳の法界縁起に至って、遂に至高の高みに達した感がある。隋から唐にかけて成立した中国仏教諸宗派が追求したのは、この苦悩に満ちた現世において生きたままで救われる道は無いのか、という問題であった。

47　(1)総相とは、縁起する一つの法に多くの徳性が含まれていること、つまり全体的統一をいう。(2)別相とは、縁起する一つの法が個々の差別せる徳性の集合であること。(3)同相とは、多くの徳性が協力して一つの全体を形成していること。(4)異相とは、一つの全体を構成している徳性の差別・変異の側面。(5)成相とは、差別せる多くの徳性が各々縁となって一つの全体を形成すること。(6)壊相とは、個々の徳性が自己の本位に住して、本来の面目を守って交じり合うことのないこと。万有にはこれら六種の相が有り、これらが互いに無礙の関係にあって一体化していることを「六相円融義」という。

それは、インドから仏教が伝入した当初福音として歓迎された輪廻転生説そのものを断ち切ることへと向かった。中国の伝統的思想の影響を受けながらそれに解答を与えたのが、哲学仏教としては天台と華厳であり、実践仏教としては禅と浄土教であった。禅は見性成仏によって、浄土教は極楽往生の約束を得ることで現世に生きる安心を獲得したと言える。禅と浄土教については若干言及すべきことが残っているが、ここまで来ると三世思想や神不滅説を前提とした六道輪廻説は最早完全に解体されてしまっている。しかし他方、それが民間仏教において信仰され続けることもまた事実である。かくして仏教は中国でははっきりと二層に分かれたように見える。

3　天台と華厳の交流と天台の分裂

　最後に、天台と華厳との交流について言及しよう[48]。

　天台は性具を、華厳は性起を特徴とするのだった。天台は普遍的真理即ち一乗妙法が具体的現実に即して見られるべきことを主張した。一念三千説も、性悪説もそこに根差している。ところが天台智顗の後、真理の生成が仏教学界のトピックとなる。この課題に取り組んだのが華厳教学である。天台智顗の現実に即した普遍的・統一的真理の主張は華厳教学の形成にも大きな影響を与えたが、天台教学は多に即して一を見る傾向が強いため、一なる普遍的真理がいかにして多なる現実相へと生成しうるか説明できなかった。綜合統一・円融相即の契機を重んずる余り、否定・対立の契機に乏しかったからである。その点で、真理の純一性を宣揚する理想主義的な華厳の方が却って力動性に富んでいた。雑多な現実相に純一無雑な普遍的真理を対置することで、一なる理が多なる事へと具成（性起）することになるからである。これは換言すれば、迷える衆生の悪苦に満ちた現

48　湛然から四明知礼にかけての天台思想の展開については、安藤俊雄『天台学』（平楽寺書店、昭和 41 年）を、湛然については、日比宣正『唐代天台学序説』（山喜房仏書林、昭和 41 年）、天台と華厳との対比、山家・山外両派の論争については、玉城康四郎『心把捉の展開』（山喜房仏書林、昭和 36 年）および安藤俊雄『天台思想史』（法蔵館、昭和 34 年）を参照する。

実の只中に仏が現在しているということであり、悟りへと向かう意欲が起こるということである。勿論、理が事へと具成するためには、理と事とが相即するのでなければならない。理が事と、仏が衆生と隔絶し、現実を離れて別に理想なるものが存在するなら、そうした理や仏や理想は抽象的で無内容の単なる観念にすぎない。つまり真理は具体化されねばならず、理と事とは円融相即せねばならない。ここからも華厳が天台教学の意義を充分に認めていることが分かる。なお、華厳が真理の生成を哲学的に基礎づける際に、現象世界の分析を行なう唯識思想を活用した点も重要である。天台智顗が唯識思想を斥けたのとは対照的である。華厳は唯識思想の三性三無性説や、行為とそれを惹き起こす潜勢力との関係を明らかにした「種子の六義」を華厳的に変容させて「三性同異義」と「因門六義」を形成し、これによって個物と個物との円融無礙を説く「法界縁起」を展開した。その結果生まれたのが「十玄縁起無礙法門」と「六相円融義」とである。華厳教学への影響という点では、真如（真理）の随縁（生成）を説いた『大乗起信論』も見逃すことができない。

　さて、天台の性具説と華厳の性起説は、妙楽湛然と清涼澄観とにおいて相互に影響を行使する。例えば湛然は『起信論』の真如随縁を採り入れ、澄観は師でもある湛然から天台の性悪説を採り入れている。勿論、立場の違いも有って、天台と華厳との間には論争が起こった。次節で詳述するが、湛然は綜合・円融を重視する天台の立場から色心等分説に依拠して、草木などの無情にも仏性を認める無情仏性を説いたが、智儼・法蔵・澄観は仏性を有情に限定し、無情については法性という語を用いた。それは華厳が心の主体性を重視し、仏性を霊知の覚と見なし、開覚仏性を強調したためである。しかし華厳にも草木国土悉皆成仏の思想が無いわけではない。この点については次節に譲る。

　湛然以後、唐末および五代（907-960）の争乱や、唐の武帝や後周の世宗の廃仏に遭い、天台宗は再び衰える。この時代に栄えたのは禅宗のみであった。そういう時代にあって天台山は五代十国の一つ呉越（907-978）に接していたこともあり、天台宗は呉越王の保護を受けて復興し始める。

五代の分裂を収めた宋（北宋960-1127）の時代になると、四明知礼（960-1028）が出る。彼は天台宗が湛然以降、華厳や『起信論』や禅などを吸収していたことを疑問視し、原始天台への復帰を唱えた。これに対して華厳色の強い天台教学を良しとする一派が対立し、ここに天台宗は二つに分裂して論争を展開した。知礼の一派は自ら正統派を以て任じ山家派と称し、反対派を異端の山外派と呼んだ。両派の対立は天台と華厳との論争を天台宗内部に持ち込んだもので、論争の中心は真理の統一性・具体性を重視するか、純一性・力動性を重視するか、つまり性具か性起かにあった。四明知礼は湛然の『十不二門』の注釈書『十不二門指要鈔』の中で、山外派が真理の清浄性に偏し、十界のうち頂点に立つ仏界を理性（りしょう）として他の九界の事相から切り離している点、その一なる理による縁起を説いている点、理を総（普遍）、事を別（特殊）と見なして理と事とを乖離させている点などを批判した。また一念三千に関しては、山外派が三千の波（多なる現象）は一念の水（一なる本質）に存在しないとしたのを批判して、三千の波は一念の水に本来具わっていると主張した。随縁に関しては、山外派が、一なる水が随縁して多なる波に成ったのであり、波が静まれば一なる水に帰し、水自身に波は無いとしたのに対し、山家派は、生成如何にかかわらず、一なる水は多なる波を性として具しているとして、不随縁を主張した。性悪説に関しても、四明知礼がこれを堅持したのに対し、山外派は、三千（現象）は仮現（俗仮）であり、一念の理は空・無相を実相とするため、そこに三千は存在しないとし、善悪に関しても、山外派は、善悪二相は俗仮にすぎず、真なる仏界には存在しないとして性悪説を論難した。つまり同じく生成を説くにしても、山家派は相即円融に主眼を置き、山外派の一理随縁に対して自派を円理随縁とし、理と事との総別についても、山外派の理総事別に対して、自派を理事両重総別だと主張した。要するに山家派は理性と事相の両者に総別があるとし、一なる普遍的な理と多なる特殊的な事との不二円融を強調したのである。空の根本精神から言えば原始天台や山家派が正統であり、真理を具体的現実から切り離せば真理は単なる抽象的観念に堕する懼れがある。しかし他方で、真理・仏の具体的生成および理想の現実への具成を重視すれば華厳や山外派に強みがあると言わざるをえない。

　以上のような天台と華厳、山家派と山外派の論争は、インドにおける中観派と唯識派との論争に淵源する。本を糾せばそれは如来蔵系経典（『如来蔵経』『勝鬘経』『大般涅槃経』など）と阿頼耶識系経典（『解深密経』『大乗阿毘達磨経』など）とに遡る。龍樹が「空」に基づく仏教の真理観を確立した後、その真理を普遍的なもの（法身常住）として、現実が如来蔵・仏性に包まれているとしたのが如来蔵系経典だとすれば、それによっては生成変化する現実相が疎かになるとして、その具体的生成を説明するために阿頼耶識を設定したのが阿頼耶識系経典である。後者を理論化したのが無著と世親であり、彼らによって唯識学派が成立し、空と中とによって発展した中観学派との間に論争が生じたことについては、既にインド仏教の展開のところで述べた通りである。この中観学派と唯識学派との論争が、中国では天台と華厳、山家派と山外派との論争という形で蒸し返されたのである。

　とすれば、普遍的真理の統一性・具体性と純一性・力動性とが綜合されれば論争は収束するはずである。インドでも両者を綜合する試みが為されなかったわけではない。如来蔵と阿頼耶識とを綜合した『入楞伽経』や『大乗密厳経』などがこれに当たる。『大乗起信論』は更にこれを推し進めたものだが、これは中国撰述の可能性が強い。しかしインドでも真の綜合は達成されなかった。中国でも事情は同じである。先ず華厳は現実世界の有限性・矛盾対立を重視しつつも、純一の真理を理想化する余り、世界を真理の自己展開のように見なして、力動性を欠く抽象的一元論に堕してしまった。それは恰もヘーゲルが生成の矛盾対立や媒介を重視しつつも、世界を絶対精神の自己展開としてしまったのと同様である。他方、天台の山家派も、現実の具体性・多様性を重視しつつも、綜合統一性を重視する余り、現実世界の有限性・矛盾対立の契機を見失い、やはり抽象的一元論に堕してしまった。華厳・山外派は流出論的一元論に傾き、天台・山家派は観念論的一元論に傾いたと言える。それゆえ両者の真の綜合統一がありうるとしたら、それは普遍的であると同時に現実を変革しうるものでなければならない。普遍的・一元的であると同時に個別的で相対差別を重視するものでなければならない。しかしインドでは専ら普遍性・一元性が重視されて現実性・歴史性を欠く観想的なものとなり、逆に中国では現実性・具体性が重視され、いかにして現実に随順するかが専ら関心事となった。その後この問題は日本でも繰り返され、平安中古天台本覚論の絶対的一元論と鎌倉新仏教の現実重視との対決という形で展開される。いずれにせよ、天台と華厳は禅の中に生き続ける。中国禅は天台止観の継承であり、天台の無情仏性説を受容するが、その思想の中心は飽くまでも華厳である。華厳の唯心説、四種法界、六相説などが禅籍にしばしば現れているのがその何よりの証左であろう。

第5節　無情仏性説と禅宗——業報輪廻説の解体

　中国仏教における三世思想を前提とした輪廻転生説の解体は、遂に山川草木などの無情・非情にも仏性を認める無情仏性説或いは非情成仏説を形成するに至る。本節では無情仏性説の形成過程を、主として禅宗との絡みで論ずることにしたい。

　インド仏教最大の思想の一つは「仏性」である。特に「一切衆生悉有仏性」と高らかに告げて万人の成仏可能性を説いた『涅槃経』の仏性思想は、インド仏教では闡提成仏つまり無性有情の問題を中心に展開された。中国では道生が逸早く、経文には無かった闡提成仏説を提唱したのであったが、曇無讖（385-433）が『涅槃経』を漢訳するや、それは中国仏教にも大きな影響を与えた。この闡提成仏、無性有情の成仏如何の問題は、これはこれで三乗系の法相宗と一乗系の天台宗・華厳宗との論争を巻き起こしたのだが、仏性論はまた中国で新たな展開を遂げるに至る。それが無情仏性説である。インドでは仏性の有無は有情、要するに人間を含む生類に限られていた。山川草木などの無情の物には仏性の遍在を認めなかったのである。ところが中国では、やがて無情にも仏性を認めるようになる。これはまったく中国仏教の独創である。仏性を無情にまで拡張し、人間と世界の全存在者の成仏可能性を最初に主張したのは三論宗の吉蔵であるが、これは天台宗の湛然によって深化され、宋代には禅宗にも浸透し、日本にも定着する。しかし問題は、なぜ吉蔵や浄影寺慧遠（523-592）が無情にも仏性の遍在を認めたのか、認めねばならなかったのか、である。なるほど、中国の仏性論が伝統的な神不滅論（霊魂不死説）の変容・展開であったこと、また中国の「空」理解がインド中観仏教のように徹底的否定性としては捉えられずに、「妙有」へと容易に蘇生しうる「真空」として実在視されたことも看過されてはならない。だが、その具体相はどうであったのか。この無情仏性説は僧肇の万物一体観、更には荘子の万物斉同説、つまり中国人の自然観にまで遡ると思われるのだが、これを論ずる前に先ず無情仏性説の成立過程を簡単に追わねばならない[*49]。

　曇無讖訳『大般涅槃経』巻三十七「迦葉菩薩品」第十二之五には、

　　　非仏性とは、所謂一切の牆壁・瓦石・無情の物なり。是くの如き等の無情の物を離る、是れを仏性と名づく。

とあり、南北朝の仏教学者もまた無情に仏性を認めない見解を継承した。例えば、僧亮は、無情には「悟解の性」が無いから「非性（＝非仏性）」であると述べ（『大般涅槃経集解』第六十八）、定林寺僧柔も、無情は「心識霊知」が無いから、菩提の果を感得できないとして無情非仏性を説いた（唐均正『大乗四論玄義』巻七）。その他、光宅寺法雲も梁の武帝も無情に仏性を認めていない（同）。この無情非仏性の伝統は唐代においても継承され、禅宗では無情非仏性説が比較的多く見られる。例えば北宗禅から南宗禅に転じた荷沢神会（668/686-760）は、牛頭山袁禅師と次のような問答を交わしている。

　　　牛頭山袁禅師問ふ、仏性は一切処に遍ずるや否やと。答へて曰く、仏性は一切の有情に遍ずるも、一切の無情には遍ぜずと。問ふて曰く、先輩大徳は皆云ふ、青青たる翠竹、尽く是れ法身、鬱鬱たる黄花、般若に非ざるは無しと。今、禅師何の故にか云ふ、仏性独り一切の有情に遍ずるも、一切の無情には遍ぜずと。答へて曰く、豈に青青たる翠竹を以て功徳法身に同じうせんや、豈に鬱鬱たる黄花を以て般若の智に等しうせんや。若し青竹黄花、法身般若に同じければ、如来、何れの経に於いてか、青竹黄花に与へて菩提記を授くると説けるや。是くの若く、青竹黄花を以て法身般若に同じうすとは、此れ即ち外道の説なり。何

____

49　当該問題については特に鎌田茂雄『中国華厳思想史の研究』（上掲）434-465 頁を参照する。

を以ての故に。涅槃経に云はく、具さに明文有り、無仏性とは
所謂無情の物、是れなりと。

　その他にも、南宗禅の開祖、六祖慧能（638-713）の思想を述べたとさ
れる『六祖壇経』は、確かに『涅槃経』の仏性について述べてはいるが、
無情仏性については何も言及していない。また北宗禅系統の『少室六門』
では、「一心」は「瓦石・竹木・無情の物」を破するに似ていると述べ、「一
心」を絶対的と見なし、無情物よりも一心を優位に置いている。この一心
とは仏性であるから、仏性は主体の側に求められていることになる。黄檗
希運（8c.- 9c.）も「諸仏菩薩と一切の蠢動含霊とは、此の大涅槃の性を同
じうす。性即ち是れ心、心即ち是れ仏、仏即ち是れ法なり。」（『伝心法要』）
であるとか、「上堂して云はく、即心是仏、上は諸仏に至り、下は蠢動含
霊に至るまで、皆仏性有りて同一心体なり。」（『宛陵録』）であるとかと述
べて、仏性を一切の蠢動含霊つまり有情にのみ認めている。

　禅宗が「即心是仏」を強調し、仏性を物の側にではなく、心の側にのみ
認めるのは、その実践重視の立場からして当然とも言える。というのも、
特定の所依の経典を持たず、「見性成仏」を宗とする禅宗において、「見性」
とは差し当たり自己の本性を見抜くことであるが、その場合、自己の本性
とは即ち仏性に他ならず、仏性を見るとは自心を見ること、むしろ仏性を
修行によって自心に見（＝現）すことであるからである。この実践的探求
という契機無くして禅は成り立たない。禅宗のこの性格を明らかにするた
めに、『無門関』第一則として有名な趙州従諗（778-897）の「狗子無仏性」
の公案を例にとることにしよう。『無門関』の本則は、

　　趙州和尚、因みに僧問ふ、狗子にも還た仏性有りや無しや。州
　　云はく、無。

と短い。この趙州の「無」は、通常の理解では、有無相対を絶し内外打成
一片せる（心意識と対境とが一如となった）妙悟の端的を示すもの、と見

なされている。しかし、この典拠となった『趙州録』巻上の本文は、後（宋代）の公案禅的な扱いとは些か趣きが異なっている。即ち『趙州録』にはこうある。

　　　問ふ、狗子にも還た仏性有りや無しや。師云はく、無し。学云はく、上は諸仏に至り下は螻子（＝蟻）に至るまで、皆仏性有り、狗子になんとしてか無き。師云はく、かれに業識性（＝迷いの性質）の在る有るが為なり。

と。この狗子の話頭は『伝燈録』巻七の惟寛禅師（馬祖の法嗣）の条にも見えるから、禅家の仏性論議として一般に行なわれていたのであろう。さて、趙州が、犬には業識性が在るために仏性が無い、と言うのは一応筋が通っているようでもあるが、しかし仏性は業識性の在るところにこそ認められねばならないはずである。しかし、趙州がそこで「無し」と言ったのは、安直な仏性遍在論を批判したのであろう。現実の迷妄（業識性）は「一切衆生悉有仏性」などという理念によっては解脱されえないからである。つまり、趙州は仏性（悟り）と業識性（迷妄）との断絶を敢て指摘することで、悟りの理念化に陥った学人を、無明という自己の現実に立ち帰らせようとしたものと思われる。

　一方、頓悟主義を標榜する南宗禅の無情非仏性説に対して、漸悟主義を採ると言われる北宗禅は、その仏性観においても南宗禅とはかなり異なっていた。北宗禅は、唐代に禅宗が飛躍的に発展しつつあった 7 世紀から 8 世紀にかけて隆盛を極めた禅の宗派であり、神秀（606?-706）、普寂（651-739）が則天武后に親任されて、長安を中心に大いに勢威を振るった。さて、北宗禅系の燈史『楞伽師資記』の第四祖道信（580-651）伝には、

　　　涅槃経に云はく、一切衆生悉有仏性と。牆壁瓦石は仏性に非ず、
　　　云何が能く法を説かん、と説くべけんや。

とある。道信のこの発言の前提として、当時、仏性と非仏性、一切衆生と
牆壁瓦石とを区別する考えが有ったことが分かる。

　ここで注目すべきことは、道信が「一切衆生」を人や動物などの有情
に限ることなく、牆壁瓦石などの無情にまで拡大しているということだ
ろう。同じく五祖弘忍（601-674）伝では、『楞伽経』の「境界法身」説に
基づいて、人が坐禅するときには一切の土木瓦石も坐禅する、と語ってい
るだけでなく、弘忍の著書とされる『最上乗論』にも「守本真心、妄念不
生、我所心滅、自然与仏、平等不二」とあり、ここに自己と万物との一体
観が現れ、無情仏性説や無情説法説の萌芽が現れている。既に触れたよう
に、三祖僧璨の『信心銘』には華厳思想に基づく万物一体観が顕著であっ
たし、そもそも『楞伽師資記』の達摩伝からして、既に大師が無情説法を
説いていたとしている。例えば、「山杖能説法不」や「又云、樹葉能説法、
瓶能説法、柱能説法、屋能説法、及地水火風、皆能説法、土木瓦石亦能説
法者何也」といった言葉がそれである。柳田聖山によれば、これは『楞伽
師資記』を貫く思想が般若主義であって楞伽主義ではなく、僧肇以来の特
殊な中国的伝統から来ていることによるらしい[50]。般若主義（空思想）で
あって楞伽主義（如来蔵・仏性思想）ではないというのは実に慧眼である
が、ともかく本書の撰者、浄覚[51]の「自序」に『肇論』を踏まえた言葉が
夥しいことは確かである。北宗禅の伝統の中に無情仏性説が流れていたこ
とは以上からも明白だが、この無情仏性説が僧肇に淵源するとすれば、仏
教の中国的変容がこの点でも荘子の万物斉同説の影響を強く受けているこ
とを示している。

　無情仏性説の萌芽は、先ず天台智顗の色心平等観に現れ、次いで地論宗
の浄影寺慧遠、三論宗の吉蔵などによって思想的に明確化され、天台宗の
湛然によって一応の完成を見る。

50　柳田聖山『禅の語録 2 初期の禅史 I』（筑摩書房、昭和 46 年）35 頁。なお、『楞伽
師資記』と北宗禅の基調に関しては、小川隆『神会——敦煌文献と初期の禅宗史』（臨
川書店、2007 年）73-100 頁を見よ。
51　この人物の身内の数奇な運命については、柳田同書、30-33 頁を参照せよ。

1　天台智顗

　天台智顗の思想の根本は「一色一香無非中道」に現れた色心等分観である。この言葉を智顗はしばしば用いるが、ここでは『摩訶止観』巻一上の有名な（但し弟子の章安灌頂の）「円頓章」のみを引くことにしよう。

　　　円頓とは初めより実相を縁ず。境に造るに即ち中にして、真実ならざること無し。縁を法界に繋け、念を法界に一うす。一色一香も中道に非ざること無し。己界及び仏界、衆生界も亦た然り。陰入皆如なれば苦として捨つべき無く、無明塵労即ち是れ菩提なれば集として断ずべき無く、辺邪皆中正なれば道として修すべき無く、生死即涅槃なれば滅として証すべき無し。苦無く集無きが故に世間無く、道無く滅無きが故に出世間無し。純ら一実相にして実相の外更に別の法無し。法性寂然たるを止と名づけ、寂にして而も常に照らすを観と名づく。初後を言ふと雖も二無く別無し。是れを円頓止観と名づく。

　ここで「一色一香無非中道」とは、無情も中道であり、中道は仏性であるから、無情にも仏性を認めたことを意味する。これが無情仏性の理論的根拠となってゆくのだが、但し仏性の範囲についての厳密な規定は為されていない。

2　浄影寺慧遠

　地論宗南道派の浄影寺慧遠（523-592）は、限定つきで草木に仏性を認めた。彼は『大乗義章』巻一「仏性義」で、仏性を能知性（認識主観）の仏性と所知性（認識対象）の仏性とに二分する。彼は『涅槃経』の「凡そ心有る者は悉く是れ仏性なり」を引用し、「此等は皆是れ能知性なり」と

述べ、「此の能知性は衆生に局在し、非情には遍せず」と、これを有情の
みに認め、非情には認めない。一方、「所知性とは、法性・実際・実相・
法界・法経・第一義空・一実諦等の如きを謂ふ」とし、「経中に第一義空
を名づけて仏性と為し、或いは中道を名づけて仏性と為す、と説けるが如
し。（中略）此の所知性は内外を該通す。故に経に説いて言はく、仏性は
空の如く、一切処に遍ずと。」と述べて、法界・実相などの所知性も仏性
であり、これは内外とも情非情に通ずるとする。しかし能知性としての仏
性は「真心覚知の性」なるがゆえに「無明と合すれば便ち妄知起こり、無
明を遠離すれば便ち正智となる」から真正の仏性と言えるが、「草木等の
如きは無智性の故に夢知有ること無く、亦た悟知も無し」であるから、実
は仏性ではなく、「法性」にすぎないとする。このように慧遠は仏性を二
義に分かち、所知性としての仏性については、これが非情・無情に内在す
ることを認めた。

3　吉蔵

　吉蔵は『大乗玄論』巻三「仏性義」の冒頭で、仏性義に関する十一家の
異釈を列挙している。第一は衆生を仏性とするもの、第二は六法（五陰及
び仮人）、第三は心識、第四は神識の冥伝不朽の性、第五は避苦求楽の用、
第六は真神（神我）、第七は阿梨耶識自性清浄心、第八は当果、第九は得
仏の理、第十は真諦、第十一は第一義空である。以上から南北朝時代には
多くの仏性義があったことが分かる。吉蔵自身は第十一家の釈を採り、「仏
性とは第一義空と名づく」と言い、また「中道を以て仏性と為す」とも言う。
これは「河西の道朗法師」が曇無識訳『涅槃経』に『涅槃経義疏』を作っ
て以来の「正解」であると言う。要するに吉蔵は仏性を第一義空或いは中
道と解するのだが、この点で吉蔵は浄影寺慧遠と立場が同じようにも見え
る。だが彼は慧遠を超えて、衆生だけでなく草木にも仏性を認めた。仏性
を有情に限らず無情にも認めたのである。吉蔵は言う、

　　　唯識論に云はく、唯だ識のみにして境界無し（唯識無境界）と。
　　山川草木皆是れ心想にして心の外に別の法無し（心外無別法）と
　　明かす。此れは理内の一切諸法依正不二なりと明かすなり。依正
　　不二なるを以ての故に、衆生に仏性有らば則ち草木にも仏性有り。
　　此の義を以ての故に、但だ衆生に仏性有るのみには非ず、草木に
　　も亦た仏性有るなり。

と。このように吉蔵が草木仏性を認める根拠は「依正不二」であり、その
ために彼は唯識仏教の「唯識無境界」を援用する。「心外無別法」ゆえに
山川草木は皆「心想」であるから、衆生に仏性を認めるなら、その対境た
る無情物にも仏性を認めるべきだと言う。かくして、能知即所知として仏
性が有情無情を該通すると見た吉蔵によって中国仏教史上初めて草木成仏
が説かれたことになる。

4　智儼

　華厳哲学は、この問題にいかに対処したのだろうか。
　智儼は『五十要問答』上「衆生作仏義。十稠林後釈」において、小乗教、
三乗始教の成仏説を説いた後、三乗終教の成仏と一乗円教の成仏との二つ
を説いている。それによれば、終教は『涅槃経』に拠って「草木等」を「除
く」「一切有情衆生皆悉成仏」を説き、円教は『華厳経』に拠って「一切
衆生通依及正並皆成仏」を説くとする。
　華厳円教の成仏説が依正に通ずるというのは吉蔵の「依正不二」の継
承であるから、天台宗の湛然が『金剛錍論』で華厳の立場を終教の立場と
見なして攻撃するのは正鵠を射たものとは決して言えない。但し、『孔目章』
巻二の「三種仏性章」で智儼が「仏性とは覚時に拠って語るなり」と述べ
たのは、彼が開覚仏性という実践重視の立場に立つということの意思表明
であるから、これは当然のことながら浄影寺慧遠の「能知性としての仏性」
と同じ性格をもっている。従って智儼は理論的には無情仏性を認めつつも、

実践的には仏性を有情のみに限定し、無情には仏性を認めていないことになる。明確な無情仏性の立場に立つ湛然にとって、この点が批判の対象になるのも当然だろう。

5　法蔵

　続いて法蔵は『義海百門』「体用顕露門」第五で、「塵及び一切法を覚するに、縁に従って無性なるを名づけて仏性と為す」と言い、「是れ開発如来性の功徳を名づけて仏性と為す」とも言う。これは智儼の開覚仏性説の継承である。また、有情に仏性有りとするのでも、無情に仏性無しとするのでもない（「不以有情故有、不以無情故無」）と述べているのは吉蔵と同じ立場だが、続いて「今独り有情と言ふは、意は、人に勧めて器と為すなり」と述べるのは、仏性の有無を理論的に語ることの無意味を衝いたものであり、人間に悟りを開いて法器と成ることを勧めるためにこそ、有情のみに認めようとしたことが分かる。

　天台が色心等分の立場から仏性論を展開するのに対し、華厳は唯心縁起の立場から仏性を論ずるのだが、唯心縁起にも二種類有る。一つは終教・頓教二教における一相の唯心、もう一つは華厳円教における一多無尽の唯心である。これらに応ずる形で法蔵は仏性義を終頓円三教に通ずる通門と、華厳の別教一乗のみに通ずる別門との二つから論ずる。仏性を開覚仏性の意に解し、唯心真如説によって基礎づけ、仏性の性は唯心であって有情に局るとしたのは、まさに通門の仏性義である。他方、別門の立場からは「又真理名如名性、顕用名起名来、即如来為性起、此等従人法及法用題品目」（『探玄記』巻十六）と述べ、真理を如・性、顕用を起・来と名づけ、「如来」を「性起」と為し、これらを「人法及び法」に対して用いるのは、仏性が依正色心に通ずるとする別門の仏性義である。このうち前者を湛然は華厳宗の立場と見なして批判したが、華厳別教一乗の重重無尽の仏性義は依正に通ずるものであるから、湛然の批判が的外れなのは智儼批判の場合と同様である。ともかく法蔵の場合、仏性は唯心であり有情に局るとする通門の仏性説と、別教一乗の融三世間の義から仏性は依正色心に通じ無情にも仏性を認める別門の仏性説との二種類が有ると言える。

6　湛然

　天台宗の湛然は『止観輔行伝弘決』巻一之二で智顗の「一色一香無非中道」を解釈して、中道は即ち法界であり止観であるとし、更に中道に二義有りとして、その第二義において仏性と中道との関係を論じている。彼は「色香無非中道」の「色香」が「無情」を意味すること、それゆえ色香中道によって無情仏性が成り立つと主張する。続いて彼は無情仏性の根拠を明示するのだが、結局それは依正不二、万法唯心に帰着する。彼の主張は、「真理」の立場においては有情と無情との対立が無くなり、仏性も遍満するということにある。色心平等観の当然の帰結である。「依正不二」と「万法唯心」とを根拠として有情と無情との同一性を主張する点では吉蔵と同一である。このように湛然に至って無情仏性説は完成する。湛然は『金剛錍論』で、無情仏性の成り立つ理由を十か条に纏めて無情仏性説の正統性を主張し、華厳の唯心縁起に立脚して無情仏性を認めぬ人々を批判した。

7　澄観

　華厳宗の澄観の仏性説は、仏性を唯心の転じたものと理解する点でも、二種から成るとする点でも法蔵の立場に近い。だが違いも有る。澄観は『華厳経疏』巻十七で、仏性の三因を論じているが、その中で「今、此の経宗（＝華厳宗）は、法性を宗と為すが故に、法性を以て仏性と為す」と言い、仏性を法性と解する立場から、仏性は「内に非ず外に非ず、物の迷悟に随って強いて升沈を説く」と言う。仏性を法性と解するところは法蔵とは異なる。この法性即仏性という考えは、『華厳経疏』巻十七の註釈『演義鈔』巻三十七で一層明確にされるのだが、それによると「若し性を以て相に従へれば」、つまり「相」に重点を置けば、衆生には「智慧有るが故に」仏性をもつことが可能だが、無情である「牆壁瓦礫」には「智慧有ること無きが故に」仏性は無いとされる。だが「若し相を以て性に従へれば」、つまり本性から見れば「第一義空」としての仏性は「在らざる所無く」、牆壁瓦礫などの無情にも仏性が有るとされる。以上の要説が同じ『演義鈔』巻三十七に見える。ここで澄観は法性・仏性を心性と捉え、仏性を心性とすれば「法として心性に非ざる無し」と言う。心性としての仏性は内外を隔てず、体・性として見れば内外の別は無い。内外の別は「相」の立場でのみ生ずる。心性としての仏性は有情無情に遍満している。更に澄観は外境に関して、外境もまた唯心の所造であるから、すべて仏性ならざるは無しと言う。外境として変じたものは実在性をもたないため、一般に牆壁瓦礫に仏性は無いと言われるが、外境は内に因って変じたものであるから、境は心に異ならず、「心と境と皆即ち真性にして、真性不二なり」と言う。澄観はこのように法性としての仏性は内外、心境、情非情に遍ずると見なす一方で、開覚智慧としての仏性は有情に局るという説を堅持していることは上述の通りである。仏性を法性としての仏性と開覚智慧としての仏性との二つに分け、前者は情無情に通じ、後者は有情に局るというのが澄観の仏性論の基本だと言えるが、これが浄影寺慧遠の立場と基本的に同一であることは明白である。

　しかし、澄観には非情にさえ覚性を認めるもう一つの仏性説が有るではないか、と鎌田茂雄は言う[*52]。鎌田は『演義鈔』巻五十一の文を引いて、こう述べる。「彼［＝澄観］は性と相とは非一非異であり、情と非情も非一非異とする。情と非情とを非一非異とする立場からするならば、涅槃経にあるように牆壁瓦礫を揀去し、有情のみに覚性ありとする立場となり、性と相とを非異とする立場からすれば、真性のうちには、「心」も「境」もなく、法性は情非情を貫くものであるからという。さらに無情性にも覚性を融ずるならば、情も非情もすべて覚性にあらざるはなくなる。無情性に覚性を融ずることは、無情に仏性を認めることになるであろう。この性

____

52　鎌田茂雄『中国華厳思想史の研究』（上掲）452-453 頁。

相不二、情非情不二の立場は、性相融会の華厳の立場から生まれたものである。」と。しかも鎌田によれば、澄観が更にこれに続けて述べる「色心不二」は天台の色心等分説に他ならず、澄観にも「天台の湛然の影響」を受けて「無情仏性説が存した」と推定される。果たして澄観がこの第三の意味での無情仏性説をも形成するに至ったのかどうか、私にその判断がつくはずもないが、法蔵の別門の仏性義と考え併せるならば、鎌田の説は充分に説得力を持っている。いずれにせよ華厳にも無情が法性＝仏性をもつとする第二の意味での無情仏性説があること、それが三論宗・地論宗・天台宗などとの交流によること、そして隋代に慧遠、吉蔵が端緒を開いた無情仏性説が中国仏教思想の主流となってゆくこと、以上のことだけは確かである。

8　仏性思想の中国的変容

　ところで、ここで一つの疑問が起こる。インド仏教には存在しない無情仏性説がなぜ中国仏教で主流となったか、という疑問である。つまりは仏性思想の中国的変容という問題である。

　湛然が無情仏性の論拠としたのは、「三界無別法」と「万法唯心」に基づく「依正不二」なのだった。「万法唯心」はインドの唯識派の思想であり、これが無情仏性説を形成する契機となったことは、吉蔵が経証に『唯識論』を引いていたことにも明らかである。すると無情仏性説はインド仏教でも成立しえたはずである。ところが唯識派にその痕跡は無く、それを継承した中国法相宗においても無情仏性説はまったく展開されなかった。これは何を意味するのか。

　インドの唯識思想は中国で地論宗・摂論宗を成立させたが、最も組織的な宗派は玄奘三蔵・基法師の法相宗だった。そして三乗系の法相宗において無情仏性説は成立せず、成立したのは一乗系の三論宗や天台宗においてであった。このことは、無情仏性説の論拠が「三界無別法」そのものというよりは、むしろ「色心等分」「色香無非中道」にあったことを窺わせる。

218

そもそも、無情物に仏性の内在を認めるということは、物を人間から独立した存在とは見ずに、人間と自然とを一体のものと見るということである。とすれば、この思想は中国の伝統的な自然観、即ち万物斉同・万物一体思想に基づいているのではないか。無情仏性説がインド仏教においてではなく、中国仏教において初めて成立した背景には、中国独特の自然観が有るように思われる。この点をやや詳しく見てみよう。

　吉蔵は『勝鬘宝窟』巻下において、「何故に経に、仏性は亦た色・非色なりと云ひ、また妙色は湛然として常に安住す、と言ふや」という問いに答えて、『大乗起信論』の「色性即智、智性即色」を引いて「色心不二」を説き、仏性が色と非色（＝心）とに遍満していることを主張する。ここから見ても無情仏性説の根拠が「色心不二」即ち天台の「色香無非中道」にあることが分かる。吉蔵は更に色心不二を「境智不二」と捉え直し、境は単なる境ではなく「智の境」であり、智も単なる智ではなく「境の智」であると言う（『浄名玄論』巻三）。そして境智不二を論証するために、吉蔵は鳩摩羅什の弟子、曇影の「中論序」（『出三蔵記集』巻十一）を引用している。曇影はその中で「故に聖人は無心の妙慧を以て、かの無相の虚宗に契へば則ち内外並んで冥じ、縁（＝境）と智とは倶に寂なり」と言う。吉蔵が境智不二を論ずる上で曇影を引いていることは極めて重要である。と言うのも、曇影はかの僧肇の弟子でもあったからである。つまり、境智不二説が僧肇に淵源すると思われるからである。実際、吉蔵は『大乗玄論』巻三で草木仏性を論証するに際し、『涅槃経』『唯識論』『維摩経』『大集経』とともに『肇論』「不真空論」を引き、「故に肇法師の云はく、道遠からんや、物に即して而も真なり。聖遠からんや、悟れば即ち是れ神なり（道遠乎哉、即物而真、聖遠乎哉、悟即是神也）と。」と述べている。「不真空論」の原文は「然れば則ち、道遠からんや、事に触れて而も真なり。聖遠からんや、之を体すれば即ち是れ神なり。」（然則道遠乎哉、触事而真、聖遠乎哉、体之即神）となっている。「道はどうして遠くにあると言えようか、現実の事に即せばすべてが真理である。聖人の境地もどうして遠くにあると言えようか、これを体得すれば、それが即ち神聖である。」と言うのである。

ここには、飽くまでも現実に即して真理を捉えようとする姿勢が見られる。吉蔵が僧肇の原文の「触事」を「即物」に変えたのも、万物に仏性を認めるこの思想をより鮮明にするためであろう。

　仏性思想が中国仏教界に広く受容されるに至ったのは曇無讖訳『涅槃経』以後だが、羅什の弟子だった道生は既に闡提成仏を主唱していた。『肇論』に「仏性」という語は見られないが、同じ羅什門下の僧叡には、「果を顕はさば、則ち常住仏性を以て本と為し、因を明かさば、則ち無性中道を以て宗と為す」（「大品経序」第二）という言葉があり、「常住仏性」を本とし、「無性中道」を宗とする思想のあったことが分かる。吉蔵が仏性中道を唱えたのは、こうした羅什門下の思想を背景としていたからであろう。つまり吉蔵の無情仏性説の論拠は僧肇にあるのである。現に僧肇は「涅槃無名論」の中で、「然れば則ち玄道は妙悟に在り、妙悟は即真に在り。真に即せば即ち有無斉しく観じ、斉しく観ずれば即ち彼と己と二莫し。所以に天地と我と同根、万物と我と一体なり。我に同じければ則ち復た有無に非ず。我に異なれば則ち会通に乖く。」と述べている。この万物一体を僧肇は「涅槃」と捉え、これを「彼此寂滅、物我冥一」とも言い、「以て知りぬ、涅槃の道は妙契に存し、妙契の致は冥一に本づく。然れば則ち物、我に異ならず、物我玄会して無極に帰す。」と述べる。僧肇のこの万物一体観は、これを辿れば結局『荘子』「斉物論篇」の「万物与我並生、而万物与我為一」に帰着する。つまり荘子の万物斉同説が僧肇の万物一体観に影響を与え、これが吉蔵の境智冥合の思想を生み、遂に無性仏性説を成立させたということになる。

　勿論、インドにも万物一体観が無かったわけではない。ウッダーラカ・アールニの一元論はバラモン教を根本から規定した。インドの場合、現象世界の差別相の根底に唯一者としての有（sat）が存在し、現実相は唯一者の開展と見なされる。一即多を説く『華厳経』も新プラトーン主義のプローティーノスの流出論に影響を与えたと言われるように、また三界唯心説が示すように、多を一へ、万物を一心へと収め取る傾向が強い。これとは逆に、中国の万物一体観はその自然随順が示す如く、自己が自然に融合

し、物我一体となろうとする。こうした中国的万物一体観を基盤として仏
教の仏性思想が受容された結果、依正不二、境智冥合の思想が生まれ、遂
には仏性を自然の中に認めるに至ったのであろう。こう見ると、無情仏性
説は仏性思想の中国的変容を最もよく示す例だということになる。中国人
は差別を差別のままとして、そこに斉合・同一性を見ようとする。それが
中国的思惟の特質である。中国仏教史で万物一体観が表舞台に登場し、仏
性を自然の中に見ようとする動きが顕著となるのは中唐以後だが、この時
期は最も中国的な仏教とされる禅宗が飛躍的に発展を遂げる時期と重なっ
ている。中国仏教史を辿れば、先ず六朝初期は受容期であり、南北朝は格
義仏教を乗り越えてインド仏教を正しく理解しようとした研究期であり、
次いで隋・唐初において中国独自の仏教が形成されるが、これは宗教と呼
ぶには余りに綜合学問的・哲学的であった。これは学僧や士大夫の一部以
外には到底理解不能なものであった。時代は仏教教学を踏まえつつもそれ
を実践へと凝縮するような仏教を求めていたのである。それに応えたのが
禅であり浄土教であったが、その際基盤となったのはやはり中国の伝統的
思想であった。禅宗の場合、それまで否認される傾向の強かった無情仏性
説が主流となり、日本仏教では「大地有情同時成道、草木国土悉皆成仏」
として発展する。

9　禅宗の無情仏性説

　以下では、禅宗における無情仏性説の形成について簡単に言及すること
にしよう。
　北宗禅に無情仏性説が貫流しているらしいということについては既に
触れたが、北宗禅の中心人物で五祖弘忍の法嗣、神秀（606?-706）もまた
「他即自」「自即他」の自他平等観に基づいて「有情修証すれば、是れ非情
も修証するなり」「非情、修無く証無ければ、是れ有情も修無く証無きな
り」（永明延寿『宗鏡録』巻九十八）と、有情と非情との同時修証を説い
た。ところで、同時修証が成り立つには、有情と非情とが同質的で、両者

に等しく仏性が内在しているのでなければならない。もしそうであるなら、神秀も無情仏性を説いたと見て間違いない。これは師の弘忍が説いた、人と土木瓦石との同時坐禅を継承したものであろう。

　一方、南宗禅にも無情仏性説を大胆に取り入れ、これを宣揚する者が現れる。最初に無情仏性を説いたのは六祖慧能の法嗣、南陽慧忠国師（?-775）である。『景徳伝燈録』巻二十八には、国師と南方の禅客との長い問答が録されている。先ず師が南方の所説を問うと、僧は「即心是仏」と答え、更にこれを説明して「仏」とは「覚の義」であり、人は悉く「見聞覚知の性」を具していて、この性は「正遍知」とも言われるように、身中に遍く行き渡っており、「此れを離れて外に更に別の仏無し。此の身は即ち生滅有れども、心性は無始より以来、未だ嘗て生滅せず。（中略）即ち身は是れ無常にして、其の性は常なり。南方の所説は大約此くの如し。」と言う。すると師は、それはこの身中に常住不変の神性有りとする「先尼外道」の有我論と同じではないかと批判し、『浄名経』（『維摩経』）の「法は見聞覚知を離る」とする説にも反している、と述べる。僧はここで「仏心」とは何かと問い、師は「牆壁瓦礫是れなり」と答える。僧は、もしそうなら『涅槃経』が「牆壁など無情の物を離るるが故に仏性と名づく」と説いていることに相違しているではありませんか、と反問するが、師は氷と水の比喩を用いて「衆生の迷ふ時は性結ぼれて心と為り、衆生の悟る時は心釈（＝融）けて性と成る」のであって、仏性と心とは別ではなく、また無情に仏性無しとすれば『華厳経』の「三界唯心」に矛盾するであろう、と答える。そしてこの無情仏性説に基づいて、「他［＝無情］は熾然として常に説いて間歇有ること無し」と「無情説法」を説き、その根拠として『華厳経』の「刹も説き、衆生も説き、三世の一切も説く」を引く。南陽慧忠国師は華厳に通じていたらしく、「華厳六相義」をも引用して「同中に異有り、異中に同有り」と言う。慧忠国師はまた僧肇の語、「真を譚れば則ち俗に逆らひ、俗に順えば則ち真に違ふ。真に違ふが故に性に逆ひて返ること莫く、俗に迷ふが故に言淡くして味無し。中流の人は存するが如く亡ずるが若く、下士は掌を拊って顧みず。」をも引いている。彼の無情仏性説の根拠が吉蔵や湛然（711-782）の場合と同様に、華厳の三界唯心、心外無別法の思想であったこと、彼が僧肇の思想に通じていたらしいことを考えると、南宗禅における無情仏性説の成立の根底にもやはり中国の伝統的万物一体観が有ったと見てよい。

　次に馬祖道一の法嗣で、有名な『百丈清規』を定めて禅宗教団の基盤を確立した百丈懐海（749-814）も「無情有仏性」を説いている（『百丈広録』）。但し、彼は仏性を悟者と未悟者とに分けて論じ、「若し仏の階梯を踏めば無情にも仏性有り、若し未だ仏の階梯を踏まざれば有情にも仏性無し」と言うのであって、禅者として実践重視の態度を堅持している。即ち、すべてにおいて取捨心が無く、無取捨という知解さえ無いことを「無情有仏性」と言い、その「情繋無」きことを指して「無情」と呼んでいることに注意せねばならない。

　一方、中国曹洞宗の高祖、洞山良价（807-869）が南陽慧忠の無情説法の話頭を問うべく、先ず潙山霊祐（771-853）に参じ、潙山の勧めで更に雲巌曇晟（780?-841）に参じて大悟したことは有名だが、これを『洞山悟本禅師語録』で見てみよう。

　　師、潙山に参じ問ふて曰く、「頃（このごろ）南陽の忠国師に無情説法の話有るを聞く、某甲（それがし）未だ其の微（深意）を究めず。」潙曰く、「闍黎、記得すること莫しや（貴僧、その話をはっきりと覚えているか）。」師曰く、「記得す。」潙曰く、「子、試みに挙すること一徧せよ。看ん。」師、遂に挙す。「僧問ふ、如何なるか是れ古仏心。国師曰く、牆壁瓦礫是れなり。僧曰く、牆壁瓦礫、豈に是れ無情ならざらんや。国師曰く、是。僧曰く、還って説法を解するや否や。国師曰く、常に説くこと熾然にして、説くこと間歇無し（常にさかんに説法していて、やめるときが無い）。僧曰く、某甲、甚麼（なん）としてか聞かざる。国師曰く、汝自ら聞かざるも、他の聞く者を妨ぐべからず。僧曰く、未審し、甚麼人か聞くことを得る。国師曰く、諸聖聞くことを得。僧曰く、和尚還って聞くや否や。国師曰く、我聞かず。僧曰く、和尚既に聞かず、争か無情の、説法を解するを知らん。国師曰く、頼（さいわい）に我聞かず、我聞かば即ち諸聖に斉し、汝は即ち我が説法を聞かざらん。僧曰く、恁麼（いんも）（そのよう）ならば則ち衆生、分無きなり（衆生〔＝有情〕にはその説法を聞く分際が無いということになってしまいます）。国師曰く、我、衆生の為に説きて、諸聖の為に説かず。僧曰く、衆生聞きて後如何。国師曰く、即ち衆生に非ず。僧曰く、無情説法、何の典教にか拠る。国師曰く、灼然（明らかに）、言、典を該（か）ねざれば（発言にちゃんとした典拠が無ければ）君子の所談に非ず、汝豈ぞ見ざる。華厳経に曰く、刹説衆生説三世一切説（刹〔＝国〕も説き、衆生も説き、三世の一切も説く）と。」師、挙し了る。潙山曰く、「我が這裏（しゃり）（ここ）も亦た有り、祇だ是れ其の人に遇ふこと罕（まれ）なり。」師曰く、「某甲未だ明らめず。乞ふ、師、指示せよ。」潙山、払子を竪起して曰く、「会すや。」師曰く、「不会。請ふ、和尚説け。」潙曰く、「父母所生の口、終に子（なんじ）が為に説かず。」師曰く、「還って師と同時に道を慕ふ者有りや否や。」潙曰く、「（前略）雲巌道人といふ有り、若し能く撥草瞻風せば（深山幽谷に分け入り、草を撥って宗師を求め道を問うならば）、必ず子が所重と為らん。」（中略）師、遂に潙山を辞し、径に雲巌に造（いた）る。前の因縁を挙し了って便ち問ふ、「無情説法、甚麼人か聞くことを得ん。」巌曰く、「無情聞くことを得。」師曰く、「和尚聞くや否や。」巌曰く、「我若し聞かば、汝即ち吾が説法を聞かず。」師曰く、「某甲甚麼としてか聞かざる。」巌、払子を竪起して曰く、「還って聞くや。」師曰く、「聞かず。」巌曰く、「我が説法、汝尚ほ聞かず、豈に況んや無情の説法をや。」（中略）師、此に於いて省有り、乃ち偈を述ぶ。「世太奇、世太奇（すばらしい、すばらしい）、無情説法や不思議なり。若し耳を将て聴かば終に会し難し、眼処に声を聞きて方に知ることを得ん。」

　なお、無情説法の経証として南陽慧忠は『華厳経』を引いていたが、雲巌は『阿弥陀経』の「水鳥樹林悉皆念仏念法」を挙げている。

　それからまた、「尽大地は是れ汝なり」と喝破したのは大禅匠、雪峰義存（822-908）であったが、その法嗣で雲門宗の祖、雲門文偃（864-949）は何度か無情説法の話頭を挙し、一切声は仏声であり、一切色も仏色であると述べ、無情説法を法身説法とも呼んでいる。例えば『雲門匡真禅師広録』巻中には次のような言葉が見える。即ち、「無情説法を挙すに、忽ち鐘声を聞いて云はく、釈迦老子説法するなり、驀ち柱杖を拈起して僧に問ふ、者箇は是れ什麼ぞ。僧云はく、柱杖子。師云はく、驢年に夢を見る＊53。」「師、有る時、柱杖を拈じ、打床一下して云はく、一切声は是れ仏声、一切色は是れ仏色なりと。」「挙す、古に云はく、我身空なるが如く諸法空なり。千品万類悉く皆同じと。師云はく、身不可得、一切諸法豈に是れ有ならんや。所以に古人道はく、無情有仏性と。又云はく、無情と喚ばず、法身説法と作すと。」などである。その他にも、船子徳誠の法嗣、夾山善会（805-898）は、「百草頭に老僧を識取せよ。市門頭に天子を認取せよ。」と、一切諸法（百草頭、市門頭）の上に第一義（老僧、天子）を識取することを言い、更に夾山の法嗣、楽普（洛甫）元安（834-898）も、「一塵、才に挙すれば、大地全く収まる。一毛の獅子は全身総べて是なり。」と述べているが、これは華厳の事事無礙円融、主伴具足の消息を述べたものであり（『伝燈録』巻十九、雲門文偃禅師の条を参照せよ）、禅宗の無情仏性説がやはり華厳思想と関係の深いことを窺わせる。

　この無情仏性説は、中唐時代、僧肇作とされた偽作『宝蔵論』の中でも説かれ、宋代になると、昭覚常総に参じ、無情説法の話頭によって大悟した東坡居士（蘇軾 1036-1101）は「谿声は便ち是れ広長舌、山色は清浄身に非ざるなし」の偈を作り、道元が『正法眼蔵』「谿声山色」巻でこれを提唱したこと、また「山水経」巻では芙蓉道楷（1043-1118）の「青山常運歩」と雲門の「東山水上行」を引いて無情説法について論じ、更に「無情説法」巻では既に紹介した南陽慧忠と僧、雲巌と洞山との問答、投子と

────────────────

53　「驢年夢見」とは、十二支に驢馬年が無いように、幾ら年を重ねてもまるで見込みがないということか。

僧との商量などを通して無情説法の尽界相と無情得聞の体達とについて説示したことは周知の通りである。つまり、無情説法とは単に「樹林の鳴条する、葉華の開落する」ことではなく、情識分別を絶した無情（身心脱落底の人、甚麼人〈なにびと〉）によってこそ聞かれうる、尽有尽界の一切の無常現成の実相をいうのである。道元は「辨道話」においても、「もし人、一時なりといふとも、三業に仏印を標し、三昧に端坐するとき、遍法界みな仏印となり、尽虚空ことごとくさとりとなる。」と言い、「このとき、十方法界の土地・草木・牆壁瓦礫、みな仏事をなすをもて、そのおこすところの風水の利益にあづかるともがら、みな甚妙不思議の仏化に冥資せられて、ちかきさとりをあらはす。」と述べている（なお、道元については本書第四部第二章「道元」の項で詳述する）。中国仏教に現れた無情仏性・無情説法は、こうして脈々と受け継がれてゆく。

　ここまで来れば、三世の存在を前提した輪廻転生説は既に完全に解体していると見ることができる。死後に地獄や畜生道或いは極楽などの他界に趣くなどということは、最早些かも問題となってはいない。無情説法とは、情・無情の相の差別を超脱し、説く者・説かれる者の区別をも透脱して、真理が真理を、仏法が仏法を説くことに他ならない。無情とは、百丈の言う情繋無き者、道元の言う身心脱落底の人をいい、説法とは「古仏の道現成」としての「而今の山水」、即ち諸仏の発心・修行・菩提・涅槃の道場、つまりは行仏威儀の一切をいうのである。それを聞きうる者は諸仏諸祖と一つに成り切った真理の体得者のみである。それゆえ無情仏性とは、修行も何もせずに凡夫のままでよい、ということとはまったく違う。本来仏である衆生でも、自己の本来の面目を自覚しない限りは、無情説法を聴取できない。衆生本来仏なり、とはいっても、仏性は修行無くしては現れない。そして修行できるということそのこと自体が仏性の現成以外の何ものでもないのである。修証一等、因果同時である。仏性を身現することを措いて他に仏性の現成は無い。だから、その意味では六道輪廻が無いというわけでもない。むしろそれは厳然として有る。但し、六道輪廻とはその場合、六道という他界を転変することではない。我々のこの世での迷妄に満ちた生き方そのものを意味する。そしてその自己の闇の現実を自覚する時、そこにこそ仏の光が射し込んでいたことが真に自覚される。禅については今までにも既にそこここで触れたことでもあるし、またその実践性を考えれば、「不立文字、教外別伝」を標榜し、宗の拠るべき典籍を否定した禅宗の教学を強いて論じてみても益は無い。それゆえ禅宗が三界六道についてどう述べているかを見た方が、中国仏教のうち最も中国的とされる禅宗の輪廻観を窺い知ることができるように思われる。どれを引用しても同じような気もするが、ここでは禅籍の中で最も有名な『臨済録』「示衆」の一節を引くことにしよう。

　　山僧が見処に約せば、如許多般無し〔そこばくはんなし＝面倒なことは何も無い〕。祇だ是れ平常なり。著衣喫飯、無事に時を過ごすのみ。你、諸方より来たる者、皆是れ有心にして、仏を求め法を求め、解脱を求め、三界を出離せんことを求む。痴人、你、三界を出でて什麼の処にか去らんと要する。仏祖は是れ賞繫底の名句（褒め言葉）なり。你、三界を識らんと欲するや。〔それは〕你が今聴法する底の心地を離れず。你が一念心の貪・是れ欲界、你が一念心の瞋、是れ色界、你が一念心の痴、是れ無色界。是れ你が屋裏の家具子なり。三界自ら、我は是れ三界なり、と道はず。還って是れ道流（道を学んでいるお前たち）、目前（私の目の前で）霊霊地に万般を照燭し（すべてをはっきりと見通し）、世界を酌度する底の人、三界のために名を安ず（三界に名をつけている）。

　　大徳（修行僧たち）、四大色身は是れ無常なり。乃至、脾胃肝胆、髪毛爪歯も、唯だ諸法の空相を見（＝現）すのみ。你が一念心の歇得する（止んだ）処、喚んで菩提樹と為す。你が一念心の歇得す能はざる処、喚んで無明樹と作す。無明に住処無く、無明に始終無し。你若し念念心歇し得ずんば、便ち他の無明樹に上り、便ち六道四生に入って披毛戴角せん（畜生となるだろう）。你若し歇得せば、便ち是れ清浄身界（清浄法身の世界）なり。你、一念不

　生にして、便ち是れ菩提樹に上り、三界に神通変化し、意生化身
　して（意のままに六道に生まれて）、法喜禅悦し［＝法喜食と禅悦食、
　出世間五食のうちの二つ。物質的な食物によらず、法を得、禅定
　に入って法身を養うこと］、身光自ら照らして、衣を思へば羅綺千
　重、食を思へば百味具足して、更に横病（横死）無し。菩提に住
　処無し、是の故に得る者無し。

　ここに登場した「無明無住処」と「菩提無住処」は、迷悟ともに無自性
空であること、即ち大乗仏教の涅槃観の根本たる無住処涅槃を喝破したも
のだが、ここで重要なのは、三界六道の輪廻が一念心を生ずること、即ち
外物を逐う思いを生ずることに他ならないと言われていることである。そ
れゆえ三界六道はまさに即今当処に現在する。それは同時に「一心既に無
なれば、随処に解脱す」（同上）ということでもある。要するに、すべて
は一心の有り方次第ということなのだが、その根底には無常即仏性という
思想がある。無常であることが仏の本性そのものであり、生滅する現実以
外に不生不滅の真理は無い。それゆえ無常とは常と無常との対立そのもの
の超脱であり、その超脱を仏・仏性という。かくして無常の如実知見に徹
した釈尊の根本精神が禅宗の中にも貫流していることは明白だろう。

第6節　浄土教と輪廻転生説

　最後の問題は浄土教と輪廻転生説との関係である。

　浄土観と仏身論とが密接に関係していることは言うまでも無いが、大乗仏教における仏陀観の展開に伴って、仏の教化する世界が仏国土として説かれるようになる。この点については既に触れたことだが、その主なものを挙げれば、阿弥陀仏の西方極楽浄土、阿閦仏の東方妙楽浄土、薬師如来の東方瑠璃光浄土などである。仏国土ではないが、未来仏としては、現在弥勒菩薩が修行しているとされる兜率天、観音菩薩の補陀落世界なども浄土の一種に数え入れられる。これに対して我々が住む釈迦仏の娑婆世界は浄土ではなく、煩悩に満ちた穢土だとされる。ところでこれらの浄土には或る種の類型化が顕著である。例えば阿閦仏の妙楽浄土では、建物や樹木は七宝で飾られ、池は八味の水を湛え、風は美しい音を奏でて芳しく、暑からず寒からず、常に光明に溢れている。住人は生活上の労苦が無く、七宝の家に住み、食べたい物着たい物があれば自然に得られる。また男女には愛欲が無く、因縁によって自然に愛し合い、出産に伴う苦痛も無い。このように当時の人々の極めて素朴で切実な欲求を反映した、或る意味では抽象的な楽土が初期の浄土観である。これが発展すると、そこには地獄・餓鬼・畜生の三悪道や貪瞋癡の三毒が無く、声聞・縁覚の二乗のいない菩薩だけの世界も想定されるようになる。

　かくして浄土観は次の三種に類別される。第一に、浄土はこの苦悩に満ちた穢土たる娑婆世界以外のどこかに存在する他界と考えられる。この浄土観は、現世を逃れてせめて死後そこに生まれたいという願いによって形成されたものである。しかし、他者としての仏・菩薩に救済を求めることが仏教本来の自業自得の原則に反するように、この現実世界と空間的・時間的に隔絶した所に浄土を設定することも仏教本来の立場からの逸脱である。仏教本来の目的は、自力の修行によって悟りを開くことにあり、更に大乗の菩薩においては自利に加えて利他の精神が求められる。自覚覚他である。ここから第二に、浄土はこの娑婆世界の外に実在するものではなく、むしろ大乗の修行者自身の心を浄めることで現実世界の中に実現すべきものだという考え方が生まれる。『維摩経』の「心浄土浄」（「心浄ければ、土も浄し」）の思想がそれである。『法華経』でも「仏土を浄めんが為の故に、常に勤め精進し、衆生を教化せん」（「五百弟子受記品」）と言われている。この浄仏国土の思想が更に発展すれば、第三に、娑婆と浄土とは不二であるとして、現世を離れて浄土は有りえないという「娑婆即寂光土」の思想が生まれる。この場合、浄土は空・真如そのものであり、絶対一元の世界である。久遠実成の釈迦仏の「霊山浄土」、毘盧舎那仏の「蓮華蔵世界」、大日如来の「密厳浄土」などはこの系列に属する。

　こうした浄土観の展開は仏陀観の進展と深く関係している。

　大乗仏教の仏陀観の代表は三身説或いは四身説である。三身説にはおよそ二種類がある。一つは、天親（世親、ヴァスバンドゥ）の『妙法蓮華経優波提舎』系統の法身・報身・応（化）身であり、もう一つは『金光明経』系統の法身・応身・化身である。法報応三身の中の法身は非因非果・無始無終の絶対究極の真理（法性・真如）を仏陀と見たものであり、仏陀の所証の理境である。報身は仏陀の能証の智慧で、菩薩が本願によって修行した結果この智と境とが一如した（成道した）仏陀、即ち真如の具現を報身或いは受用身と呼ぶ。一如すべく因行を修するから因果乗々であり、一如の前後があって元来は有始無終である。応（化）身は境智冥合の後、化他の慈悲に出た仏陀であり、衆生の機根に応じて現れる現実的・歴史的仏陀である。化縁があれば生じ、化縁が尽きれば滅する垂迹の仏であるから、元来は有始有終であり、歴史上の釈尊はこの応身と見られる。この三身の場合は報身が中心であって、報身が因果を修証して法身を悟り、化他に出て応（化）身を現ずることになる。次に、法応化の三身の場合、法身は法報応三身の法身とほぼ同義だが、法身に活動を認める点が異なる。即ち、本体である法身が縁に触れて活動を起こして化他の働きを為すときには、地上の菩薩に対する場合を応身と呼び、地下の凡夫に対する場合を化身と呼ぶ。法身は元来非因非果であるから、仏陀の成道不成道は問題とならない。非因非果の法身およびその働きだけに着眼した仏身観のため、本体である法身を中心に据えるのは当然である。この系譜の代表である真言宗では、法身大日如来を自性法身として受用法身・変化法身・等流法身の四種法身を立て、すべてを大日如来の流転とする。また、前者の法報応三身説では、三身に応じて仏陀の仏土も法身土、報身土・受用土、応身土・変化土と呼ばれる。また、三身のうち報身・受用身を二分して自受用身（悟りの内容である法の喜びを自ら享受して他に説かない）と他受用身（法の喜びを他に説いて享受させる）とに分けたのが四身説である。この場合仏土は法身土、自受用土、他受用土、応身土・変化土・浄穢土・化土とされる。そして極楽浄土は他受用土、釈迦出現の仏土は穢の化土、弥勒の兜率天の如きは浄の化土とされる。

　中国になると、浄土は各宗派によって様々に説かれる。代表的宗派の仏身・浄土観を簡単に見ておこう。

　先ず法相宗は仏身論に応じて法性土・受用土・変化土の三土説、または受用土を自受用土と他受用土に分かつ四土説を採る。このうち法性土は真如そのもの、自受用土以下の三土は仏陀の清浄な智慧が教化の対象の機根に応じて現出した仏土である。自受用土は大円鏡智が永劫の過去から永劫の未来に至るまで現出した仏土であり、他受用土は平等性智の慈悲力によって菩薩のために現出した仏土、変化土は成所作智の慈悲力によって一切衆生のために現出した仏土である。

　次に三論宗は、先ず国土を浄土・不浄土・浄不浄土（未来仏弥勒の仏土のように、初めは浄だが後に不浄となる）・不浄浄土（娑婆世界のように、初めは不浄だったが、釈迦仏が現れて浄土となる）・雑土（浄穢相雑）の五種に分かつ。これらは衆生が感受する報土であるとともに、仏陀が教化する仏土でもある。これら五土のうちの浄土を更に四種に分かって、凡聖同居土（極楽のように凡夫と聖者が共存する世界）・大小同住土（大乗の菩薩と小乗の声聞・縁覚が共存する世界）・独菩薩所住土（菩薩だけが住む世界）・諸仏独居土（諸仏だけが住む世界）とする。三論宗にはその他、法身土・報身土・化身土の三土説もある。三論宗の浄土観は明らかに天台宗などの影響を受けている。

　その天台宗は、化法四教（説法内容の上から分類した蔵・通・別・円の四教）に応じて、凡聖同居土・方便有余土・実報無障礙土・常寂光土の四土を立てる。凡聖同居土は蔵教（小乗教）の徒の世界で、そこに応現する仏は特殊・有限な劣応身とされる。方便有余土は通教（三乗に共通の教え）、即ち大乗の一般的教理に通じた者たちの世界であり、この土の仏も応身ではあるが、肉体的制約を脱して精神的自在を得ているから勝応身とされる。通教の徒は空観を修して一応（方便）煩悩を断じ、一切を平等に見る一切智を身につけてはいるが、現実の差別ある事象に対して的確自在に対処できないため、生死の現実界に留まって断惑を実証する余地を残している。ゆえに有余と言う。実報無障礙土は、別教（専ら菩薩を対象とした教え）の徒の世界で、この土の仏は報身仏である。別教の徒は仮観を修して真実の果報を受けているために実報と言い、道種智を身につけて現実の差別ある事象に的確自在に対処できるため無障礙と言う。そこから更に一切種智を修し、理想と現実、平等と差別の綜合統一された即空即仮即中の中道王三昧の世界へと赴く。それが円教の世界、常寂光土である。これは静（寂）と動（光）とが本来（常）一体の世界（土）であり、この土の仏は真如・法性そのもの即ち法身仏である。しかし天台宗の本領は『法華経』に依拠しつつ、80歳で入滅した歴史上の釈尊は確かに応身だが、その当体は永劫の昔に悟りを開いて仏と成った報身仏であり、未来永劫常に霊山浄土で説法していると考えるところにある。これを「久遠実成」と言う。普遍的（理）にして個別的（事）、超歴史的にして歴史的、静にして動、久遠にして実成（実修実証）の釈迦を法・報・応の三身相即の「報身仏」（『法華文句』巻九下）と見なすのは、現実性・具体性を重視したいかにも天台智顗らしい解釈である。法身仏は単なる理身仏であってはならず、現実世界に降り立って、その只中に浄土を建立するのでなければならない。かくして三身相即の上での応身や報身が前面に出てくる。

　華厳宗は一乗円教を同教一乗（相対差別）と別教一乗（絶対無差別）

とに分ける。同教一乗に立てば、穢土即浄土、浄土即穢土となり、同一の土を悟った者は浄土と見、迷える者は穢土と見るにすぎぬとして浄穢不二を説く。他方、別教一乗に立てば、仏陀の悟りの内容は説示不可能（果分不可説）であり、この果分不可説の仏土を国土海と呼び、因分可説の仏土を世界海と呼ぶ。世界海は更に雑類世界、十重世界、蓮華蔵世界に三分される。雑類世界は無量の世界の各々が無量であり、衆生の一身も一世界海であることを説き、十重世界は娑婆三千世界の他にも無限の十重世界が在ると説き、蓮華蔵世界は十身具足の毘盧舎那仏の教化する世界、つまり一切諸仏の国土を内包する全宇宙である。それゆえ蓮華蔵世界こそが華厳宗の理想的な浄土である。

　しかし、以上は多分に哲学的・理論的な浄土観であり、実際に中国の民衆によって信仰された浄土は、主として弥勒菩薩の兜率天と阿弥陀仏の極楽浄土との二つであった。兜率天往生を信じた最初期の例は道安であり、弥勒を宗祖とする唯識法相宗もまたこれを信仰し、一般にも普及したが、後世への影響はさして大きくない。ただ元朝末の白蓮教徒の反乱が「弥勒下生」を旗印としたことを考えれば、民間信仰の中に弥勒信仰が生きていたことは明らかである。他方、極楽往生は廬山の慧遠の白蓮社念仏、曇鸞の浄土教以降、後世に至るまで幅広く信仰される。浄土教は宋代になると天台や禅などに取り入れられて、また民衆の中に深く浸透してゆく。以下では中国浄土教の特徴を見極めたい。

　浄土教成立の基盤が六朝初期の業報輪廻説受容にあることは既述の通りである。現世で善業を行なうことが因となって来世で福という報果が得られるという方向は、明らかに浄土教を指し示している。こうした基盤の上に、中国浄土教の開祖、曇鸞（476-542）は、阿弥陀仏が普く衆生を浄土に迎え取ろうとする『無量寿経』に拠って、阿弥陀仏を信じ念ずることで浄土に往生できると説いた。それは自力による難行を必要としない他力易行の教えであり、速得成仏の頓悟思想を示している。ここに中国仏教の著しく現世主義的傾向が現れている。しかも曇鸞の場合、既に指摘したように、この傾向は道教色の残滓という形を取っているのだった。

　隋代に入るや、天台や三論の学僧も浄土思想に関心を抱き、浄土教の発展が準備される。

　こうした流れを受けて浄土教を大きく発展させたのが、隋末唐初に現れた道綽（562-645）である。彼は 14 歳で出家し『涅槃経』に通じたが、玄中寺で曇鸞の碑文に導かれ、48 歳にして浄土教に帰依したと言われる。道綽は曇鸞の『浄土論註』に基づいて自己の信仰体験の経証を広く仏典の中に求め、『観無量寿経』を中心として、それを『安楽集』の中で組織的に述べた。その中で道綽は、曇鸞の難易二道説に依りつつ仏教を、自力の学問修行によって悟りを得ようとする聖道門と、阿弥陀仏の力に頼って往生する浄土門との二門に分けて説いた。道綽は自宗を浄土門、他宗を聖道門とする教相判釈を示し、かくして浄土教は独立した宗派として成立する。彼は『観無量寿経』を講説するとともに、専ら阿弥陀仏を念じて日に 7 万遍の念仏を称え、その数を数えるのに初めは小豆を用い、後には数珠を用いたとされる。口称の念仏を中心に据えた点で後の浄土教の基礎を作ったが、同時に仏の形像を心に憶念する観想の念仏をも認め、また念仏以外の万善を行なうべきだと説いたため、なお浄土門としては不徹底なところを残している。それは道教との妥協にも現れている。例えば『安楽集』には次のような問答が見える。障を除いて福を得させると言われる念仏三昧は、念仏の行者に「延年益寿」をも得させるのか、という問いに対して、道綽は、必ず得られる、と答えて道教色の濃厚な疑経『惟務三昧経』の次のような話を引く。それは、観相によれば 7 日のうちに死ぬはずだった者が、持戒念仏の功徳により死を免れたというものであり、ここには鬼や閻羅王も登場する。また『譬喩経』からは、50 歳になっても罪福を信じなかった者が、10 日のうちに鬼に連行されるだろうと夢占師に告げられたが、仏の許に赴いて許しを乞い、仏から、一心に念仏すれば死を免れることができる、と告げられ、その通りにしたところ百歳の長寿に恵まれ、死後は天に至ることができた、という話をも引いている。

　道綽の浄土教は本拠地（山西省）の民衆に広く浸透したが、それでもその影響は一地方に限られていた。それを長安の民衆にまで広めたのは浄土教の大成者、善導（613-681）の功績である。その善導にも道教と妥協した面が認められる。例えば『観念法門』は、「現生即得延年転寿」、と道教の不老長生を強調している他に、道教色の濃い『浄土三昧経』の次の言葉を引いている。「仏、瓶沙大王に告ぐらく、もし男子女子ありて、月々の六斎日及び八王日に於いて、天曹地府に向かひ、一切の業道を数々に首過し、斎戒を受持する者あらば、仏は六欲天王に勅して各二十五善神を差し、善く来たりて随逐し、持戒の人を護持せん、と。」『法事讃』も道仏混淆の『四天王経』を取り入れて、「四天王を奏請し、直に道場中に入る」と述べている。六欲天王も四天王も、斎日に人々の行為を査察して帝釈天に報告することを職務とし、帝釈天はその報告に基づいて寿命の増減を決めるとされる。このように、中国浄土教を開いた曇鸞だけでなく、これを基礎づけた道綽、大成した善導にさえ道教との妥協が見られるのだが、これは浄土教が民衆に浸透する上では必須でさえあった。というのも道綽・善導の頃になると他宗でも浄土往生を願う者が増え、浄土論も多く作られたが、その場合一般に浄土往生できると見なされていたのは、飽くまでも様々な修行を積んだ僧侶たちだけであり、決して凡愚の民衆ではなかったからである。従ってその念仏も簡単な称名念仏ではなく、観想念仏であった。

　これに対して善導は、いかなる衆生も称名念仏によって浄土往生することができると説く。即ち彼は『観無量寿経疏』の中で、往生のための行として、専ら阿弥陀仏に関わる読誦・観察・礼拝・称名・讃歎供養の五種を正行と定め、その他の行を雑行とし、更に正行の中で称名念仏を往生のための正定業として、他の四行はその助業にすぎないとした。善導が道綽と同様に称名念仏以外の修行をも認めたことは確かに不徹底だが、称名念仏を中心に据えたことは極めて重要である。勿論、称名念仏とはいっても、六字の名号を単に口で称えればよいというものではない。飽くまでも信心が根本である。実際、善導は『観無量寿経』に説かれた、浄土往生を願う者の具えるべき「至誠心・深心・廻向発願心」のいわゆる「三心」を重視している。しかも善導の独創的な点は、浄影寺慧遠や、道綽の弟子で善導より年長とされる迦才らが、三心を起こしうるのは利根頓機の高位の者のみであると考えたのに対し、善導は三心をそれぞれ「誠の心」「疑い無く深く信ずる心」「往生したいと願う心」と解して、これらはいかなる人間でももつことができる、と説いたところにある。但し、三心すべてを具えれば必ず往生できるが、一心でも欠ければ往生はできない。以上から善導は更に「浄土の教門は定んで凡夫の為にし、聖人の為にせず」と言い、浄土門は五濁悪世[*54]に生まれた凡夫のためにこそ開かれたものだとさえ主張する。かくして善導は長安に出て民衆に欣求浄土の教えを説いた。その教化方法も説法だけでなく、絵画・写経・法会、塔寺の修復、造像と多彩だった。そのため『阿弥陀経』を誦する者は何十万人にも及び、中には極楽往生を願って捨身する者さえ現れたらしい。『新修浄土往生伝』には、善導の「厭離穢土、欣求浄土」の教えに感激した多くの僧尼士女が自殺したという話が載っているし、入水や身燈（焼身自殺）などによって極楽往生の奇瑞を示した事例も収められている。このように浄土教は民衆に深く根を下ろすに至った。

　既に明瞭なように、曇鸞の浄土教と道綽・善導の浄土教との間には性格上の違いがある。いずれも「欣求浄土」を説きながら、曇鸞では余り目立たなかった「厭離穢土」が前面に出ているという違いである。曇鸞の場合道教の影響が比較的強く、それだけ現世主義的だということでもある。この違いは勿論、末法思想の影響を受けたか否かの違いによる。

　末法思想とは、周知の通り、釈迦入滅から時代が下るにつれて仏法が衰退するという歴史観に立って、仏滅後、正法（教・行・証の三つが具わっている時期）、像法（教・行のみあって証が無い時期）、末法（教のみあって行・証が無い時期）と続き、終には教も滅尽した法滅期がやって来ると

54　既に触れたように、仏教の宇宙観では、宇宙が成・住・壊・空の四劫を繰り返すとされる。その第二期の住劫（持続期）には、人間の寿命が20回にわたって増減を繰り返す。そしてその減少期には五つの穢れが生ずるとされる。これを五濁と称する。①劫濁——時代の穢れによって飢饉・疫病などの天災や戦争などの社会悪が蔓延し、以下の四濁を発生させること。②見濁——邪見がはびこり、正しいものの見方ができなくなること。③煩悩濁——煩悩が激しくなり、快楽に耽り、様々な悪事を犯すこと。④衆生濁——身心が衰えてゆくこと。⑤命濁——寿命が短くなって十歳にまでなること。五濁は時代悪の象徴であり、五濁悪世・末世五濁などと並記される。

いう思想である。これは6世紀頃北インドの成立とされ、正・像・末の三時の期間については、古来四つの説があるが、年数自体にさしたる意味は無い。中国では552年（北斉文宣帝の天保三年）が末法第一年とされ、日本では552年が仏教伝来の年に当たるとされたため、1052年（永承七年）説が採られた。中国で隋唐時代に末法思想が盛んになった背景には、経典・仏像の破壊、僧尼の殺害・還俗などを断行した北魏太武帝の廃仏（438）や北周武帝による二度の廃仏（574, 577）がある。このため廃仏を経験した僧侶が隋唐期になって、それまで理論的教説として知られていたにすぎない法滅尽を自己の歴史的現実として自覚し、末法思想を基調として仏教復興運動を展開したのである。末法思想の影響を受けた顕著な例は、信行（540-594）の三階教と浄土教とである。

　信行は『法華経』（「常不軽菩薩品」）『大方広十輪経』『楞伽経』『涅槃経』『華厳経』（「明法品」）などの教説に依拠して三階教を興した。彼は仏の教えを正法・像法・末法の三段階に分かち、今は末法（第三階）の世であるから、正法（第一階）や像法（第二階）の一乗や三乗の教えでは救われず、「普仏法」によらねばならぬ、と説く。「普仏法」とは普遍的な仏の教えの意で、普仏（あらゆる仏）・普法（あらゆる経典）・普敬を内容とするが、その中心は「普敬」（すべての人は僧俗男女を問わず皆平等に本来仏であり未来仏であるとして敬うこと）と「認悪」（本来仏でありながら顛倒妄想を遠離できない自己の悪の根深さを認め自覚すること）にある。信行は一闡提の救済を明確な目標として掲げ、長安の街で『法華経』の説く「常不軽菩薩」のように、道行く男女を礼拝したと言われ、また生涯1日1食、衣1枚しか纏わず、民衆とともに労働する高潔厳格な生活を送ったとされる。弟子の信義は師の教えに基づいて「無尽蔵」を設け、一種の金融事業を行なって貧民救済・社会福祉活動を展開したため、三階教は隋から中唐まで隆盛を極め、その教勢は浄土教を遥かに凌いだ。しかし信行没後間もない600年を初回として隋唐の間に5度、禁教の憂き目に遇い、断続的に弾圧を受け、終に壊滅した。三階教の隆盛と壊滅の理由を考えることは、中国浄土教の性格および中国仏教そのものの性格を照射することになると思われるので、この点をやや詳しく見ておきたい。

　ここで予め念頭に置いておくべきことが有る。それは、日本の末法思想が、上は天皇・貴族から下は庶民に至るまで、等しく社会全体に浸透したのとは対照的に、中国の場合、末法思想は専ら僧侶によって説かれただけのように見えるということである。日本の場合、末法思想は僧侶の間ではかなり早くから説かれていたが、これが貴族たちの精神に深刻な影響を与えるようになるのは、末法第一年が近づきつつあった永承年間（1046-1052）の頃とされる。この時期は藤原頼通（992-1072）の時代に当たっており、この頃になると中下流貴族の不安定な政治的地位や、地方における武士団の成長や農民の武力行動によって摂関政治の根本が揺るぎ始め、都では盗賊団の横行や放火の頻発によって治安が急速に悪化し始める。更には平安末期から鎌倉時代にかけての戦乱、天災や飢饉の頻発によって、貴族だけでなく武士や民衆も末法の意識を強く抱くようになった。これが「厭離穢土、欣求浄土」を標榜する浄土教の流布した根本的要因である。つまり日本の場合、末法思想が社会全体を覆うに至ったのは、貴族階級の没落と武士階級の台頭という社会構造の根本的変化によると言えるのである。ところが、中国で末法思想が盛んとなった南北朝末期・隋・唐初にも社会構造そのものが変化したわけではない。中国では日本の武士階級に相当する階級は清朝末期まで終に形成されず、皇帝・士大夫・民衆という身分構成は秦から清まで二千年以上変わらなかった。この点で中国は世界でも稀に見る安定した社会だった。確かに王朝の交替や異民族の侵入に伴う戦乱は頻繁に起こった。これに巻き込まれた民衆の被害や貧困は甚だしかっただろうが、彼等はそれを乗り切る智慧と逞しさをもっていた。ここでも運命随順が中国民衆の人生観の根幹を成している。要するに、中国の末法思想は民衆にまで浸透しなかったのではないか。

　とすれば、末法思想に依拠した三階教はなぜ禁教令を出されるほど民衆に支持されたのか。同じく末法思想の上に立つ浄土教と比較してみよう。三階教も浄土教も現世を「穢土」と捉える点では共通している。しかし三階教は浄土教と違って「厭離穢土」は説かない。三階教は現世が五濁悪世であるからこそこれを浄化せねばならず、本来仏である人間は悪に陥っているからこそ、仏性を取り戻さねばならない。穢土を厭離して来世に浄土に赴くのではなく、穢土を現世で浄土とせねばならない。要するに、三階教は現世での救済を説き、現実社会の改革を目指したのである。民衆とともに働き、無尽蔵院を設けて貧民救済に励んだのもそのためである。その三階教が五度の禁教令を出された後、終に壊滅に追い込まれたのはなぜか。その徹底した万人平等観によって皇帝の権威を蔑ろにしたこともあるだろうが、主たる理由は、社会改革という要素を多分にもち、民衆を動員しうる巨大な力をもっていたことだろう。そもそも中国における民衆の反乱は、後漢末の太平道の黄巾の乱、宋元明清の四代にわたって断続的に起こった白蓮教徒の反乱、清朝末期の太平天国の乱など、そのほとんどが宗教教団を中核としていた。それゆえ為政者が、熱狂的な信徒を集めた現世志向の強い社会改革型の宗教教団の動向に、神経を尖らせたのも無理は無い。比較的最近の事例を挙げれば、気功集団「法輪功」の幹部が中国当局に逮捕されたのも、それが宗教結社へと発展する危険を感知されたからであろう。三階教が隋唐の朝廷から度々弾圧を受けたのも、そのような性格の宗教教団だったからではなかろうか。因みに日本で三階教に最も近い宗派は日蓮宗であろう（日蓮聖人自身は、信行をかなり手ひどく批判しているにもかかわらず、である）。

　一方、浄土教には弾圧を受けた形跡が無い。それは三階教と同様に熱狂的な信徒をもちながら、浄土教が「厭離穢土」を強調する来世志向型の、社会改革志向の希薄な教団だったからだろう。現世での幸福を求める中国民衆には、来世志向型の浄土教より現世志向型の三階教の方が魅力的だったのだろう。善導が他力易行の称名念仏を往生のための正定業とし他の四行を助業と見なしたのは、無知蒙昧な民衆を教化対象とした以上、当然の選択だったが、彼が助業をそれなりに認めて称名念仏のみに徹しなかったのも、「現生即得延年転寿」を強調して道教と妥協したのも、更には善導以後の浄土教が現世志向型の仏教諸宗派と協調して他宗に吸収される方向に進み、終に一宗として独立しえなかったのも、すべては中国仏教の現世的性格の浄土教的反映である。ところが、来世志向の強いはずの善導にも、より本質的な現世志向があったように思われる。それは、命終の後に浄土へ往って生まれるとする当得往生ではなく、即今当処に往生を果たすとする、曇鸞によって既に説かれた速得成仏を継承する頓悟思想である。善導が「指方立相」を説き、西方に具体的形態をもった極楽浄土の存在を考え、これが法然にも流れてゆくことは周知の事実だが、弥陀の極楽世界は仏の悟りの境界に他ならず、本来は空性そのものを意味する。この点について善導が『観経疏』「定善義」の中で第八像想観を釈し、

　　　　今この観門等は唯だ方を指し、相を立てて、心を住して境を取らしむ。総て無相離念を明かさざるなり。

と述べていることは重要である。これによれば、指方立相とは、浄土を具体的に示すことで迷い易い凡夫の心を安定させる方便にすぎないということになる。つまり善導においても、浄土往生とは即ち空性の体得だということである。この方向を推し進めたのは日本の親鸞や一遍の即得往生である。この点から見ると、輪廻転生説を前提として穢土と浄土、娑婆と極楽の二元論に立つはずの浄土教も、その究極においては輪廻転生説そのものの超克を課題としていたことになる。しかし、善導以後の中国浄土教は純粋化、徹底化の方向を辿らなかった。

　善導の思想にも様々な要素が有り、その意味では不徹底とも懐が深いとも言えるが、それでも他力易行の口称念仏を中心に据えたことは紛れも無く彼の功績である。ところが善導以後早くも浄土教は変質し始める。例えば善導の弟子の懐感は初め唯識を学び、善導に謁して念仏往生の疑義を質し、念仏に励んで霊験を得、念仏三昧を体得した。彼は師と同様に凡夫往生の可能性を認めつつも、凡夫の見る浄土はなお有漏三界に属すと見なしたり、念仏三昧を重視する余り、称名を却って観仏の方便と見なした。これは明らかに善導の「念唱是一」即ち口称念仏からの離反であり、浄土門から聖道門への後退である。また後世の中国浄土教の方向を決定づける者

も現れる。慈愍流の開祖、慧日（680-748）である。慧日は幼少から義浄（635-713）のインド求法に憧れ、出家後 18 年間インド、西域 70 余国を旅行し、その間浄土の法門を受け、帰国後玄宗から慈愍三蔵の号を賜わる。その頃中国で教勢を伸ばしつつあったのは禅宗だった。当時の禅宗は新興の教団らしく、浄土教に対しても敵対的態度で臨んだ。慧日の『浄土慈悲集』巻上によれば、禅宗は、念仏誦経して浄土往生を願うことは差別の相に著するものであり解脱の因たりえない、ただ心を浄めればそれが即ち浄土であり、この唯心浄土を措いて他に西方浄土が在るわけではない、と浄土教を論難した。これに対して慧日は、禅宗が修行を廃して見性成仏のみを主張する点を厳しく批判する。慧日は、六度万行はすべての仏教にとって必須であり、浄土教もまた念仏だけでなく、持戒・禅定・誦経・礼拝などに精進し、浄土往生を果たすのだと説いた。かくして慧日の禅宗に対する反論は、却って諸行往生説を生み出し、善導流の浄土教の専修念仏を変質させた。慈愍流が後世の念仏禅の基礎となったと評される所以である。

　禅と念仏との双修自体は既に初期禅宗からあったが、その場合、念仏とは観想念仏を意味した。唐代は念仏禅に対して否定的な禅者が多かったが、宋代になると、例えば禅宗五家七宗（曹洞宗・法眼宗・雲門宗・潙仰宗・臨済宗楊岐派・臨済宗黄竜派）の一つである法眼宗の第三祖、永明延寿（904-975）は、禅家の立場から禅浄一致を唱えるようになる[* 55]。但し、

55　智覚禅師永明延寿は禅浄双修だけではなく、万善同帰思想をも説いた。多くの著作があるが、その中の『万善同帰集』は、教学への執著、禅への執著の双方を批判して、種々の経論を引用しつつ、仏教的営為のすべてを実相に基づくものとして肯定しようとしたものである。事実、『智覚禅師自行録』によれば、延寿は日課として法華懺法、念仏、坐禅、説法、経典・陀羅尼の読誦、三宝や十方仏への敬礼など様々な修行を自ら実践していたらしい。また、主著『宗鏡録』百巻は、延寿が華厳・唯識・天台に精通する弟子を集めて議論させ、最後に延寿自身が「心宗」によって統合したと言われるように、禅宗を始めとする仏教各派の主要な著作から要文を引用して、仏教思想が根本的には一致するという自らの主張を論証しようとしたものである。これは教学を重視する法眼宗の伝統の継承でもあるが、華厳宗第五祖、圭峯宗密（780-841）の説いた教禅一致の影響でもあろう（『宗鏡録』巻三十四を参照せよ）。宗密の『禅源諸詮集』百巻は、その総序たる『禅源諸詮集都序』を除いて、実際には撰述されなかったと思われるが、延寿の『宗鏡録』こそは、その遺志を継ぐものであったと見ることができる。ただ、両者の間には決定的な違いも有る。宗密が禅思想の形成過程で現れた人物であるのに対して、延寿はその完成後に現れた人物であるという点である。禅が新興勢力であった段階では、禅は既成の宗派との違いを強調して従来の教学や浄土を否定することに存

禅浄一致を唱えたとは言っても、坐禅と念仏とをまったく同格と見なした
わけではない。持戒習禅は上品の因、行道念仏は中下品の行と見なすのが
延寿の基本姿勢である。要するに、利根頓機の知識人（僧侶・士大夫）は
禅浄を双修すべきだが、鈍根下機の凡愚な民衆は専ら念仏に励んで極楽往
生を願え、と言うのである。ここには既に、後世念仏禅の基本的枠組とな
る士大夫は禅浄双修、民衆は専修念仏という役割分担が現れている。だが、
なぜ坐禅のみならず念仏をも修すべきことを延寿は勧めるのか。一つには、
延寿の思想の根底に華厳の「三界唯心」説が有り、この立場ではあらゆる
教学や実践修行が真理として肯定されうるからである。もう一つは、禅を
も含む中国仏教独自の論理による。中国仏教は、「真空妙有」という語が
象徴するように、一度徹底的に「分別」を否定して「無分別」に達し、し
かる後に再び「分別」へと立ち戻ろうとする＊56。延寿の禅浄一致・禅浄双
修の根拠は、この絶対否定の後の絶対肯定に有ると見ることができる。

　このように、浄土教が諸行往生説に基づいて禅定を受け容れうる基盤が
準備されていたところに、禅宗の側から禅浄双修が主張されることで念仏
禅が形成されてゆくのであるから、浄土教が善導の他力易行の口称念仏を
堅持し、禅宗も持戒習禅のみに徹していれば、水と油の混合の如き念仏禅
は成立しなかったはずなのである。それでは、なぜ浄土教は難行難解の諸
行をも認める方向へ進み、なぜ禅宗は念仏を摂取する方向へと進んだので

在意義を見出そうとしたが、既に仏教の主流と見なされるに至った段階では、当然の
ことながら今度は禅自体の欠点を意識し始めたのだろう。延寿は、教学や浄土への執
著も、禅への執著も、どちらも執著以外の何ものでもないと気づいていたに違いない。
いずれにせよ、延寿の思想は従来の禅思想に新たな局面を開き、後世に大きな影響を
与えた。延寿については、伊吹敦「唐から宋へ（下）－要説・中国禅思想史 13 －」（『禅
文化』204 号、禅文化研究所、2007 年）115-118 頁を、宗密については、鎌田茂雄『禅
源諸詮集都序』（筑摩書房、昭和 46 年）の「解説」を参照のこと。

56　禅にも宋代の青原惟信（生没年不詳）のよく知られた次の語がある。「上堂して曰
く、老僧［われ］三十年前、未だ参禅せざりし時、山を見ては是れ山、水を見ては是れ水。
後来［のち］親しく知識に見［まみ］え、箇の入処［にっしょ］有るに及至［およ］び
ては、山を見ては山に不是［あら］ず、水を見ては水に不是［あら］ざりき。而今［いま］、
箇の休歇の処を得ては、依前［あいかわ］らず山を見ては只だ是れ山、水を見ては只だ
是れ水なるのみ。大衆よ、這［こ］の三般［みとおり］の見解、是［は］た同じか是た
別か？人の緇素得出［しろくろつけうる］もの有らば、汝［なんじ］親しく老僧に見［あ］
えりと許［みと］めん。」（『嘉泰普灯録』巻六）訓読は、小川隆「『碧巌録』雑考（二十）
―天平和尚両錯⑧―」（『禅文化』204 号、禅文化研究所、2007 年）49 頁。

あろうか。森三樹三郎は、浄土教の方向転換の要因を、浄土教の学僧の多くが「朝廷や士大夫という上層階級の信仰を得ることに重点をおき、無知の民衆に対する関心が相対的に低かったことにあるのではないか」と述べている[57]。他方では、禅宗も民衆にとっては難行難解であり、縁遠いものであった。その禅宗が念仏を摂取したのは民間弘通を図ったためであったろう。しかし、宋代に禅浄双修が盛んになったとはいっても、それは僧侶や士大夫の間で行なわれたにすぎず、無知蒙昧な民衆には依然として無縁であった。宋代に民衆の間で特に盛んになるのは念仏結社であり、白蓮教も成立するが、そこに禅浄双修の痕跡はまったく見られない。明代になると念仏禅が仏教界全体を覆うに至るが、念仏禅を行なったのは僧侶のみであり、民衆は専ら念仏のみを行なった。要するに禅浄双修は結局のところ民衆からまったく顧みられることがなかったのである。

　実は、ここには極めて中国的な事情が有るらしい[58]。

　中国では「士庶の別は天隔なり」という語もあるほど、知識人・士大夫と無知無学の庶民とは隔絶している。日本の場合ならその違いは程度の差に止まるが、中国の場合は質的な違いに達している。この二重構造はあらゆる局面に現れる。宗教もまた例外ではない。元来政治家である士大夫は理知的・意志的であり、従って宗教には冷淡だが、六朝・隋・唐の士大夫は半ば門閥貴族化していたため、まだしも仏教を受容する余地があった。だが五代を経て宋代に入ると、士大夫は本来の官吏・政治家としての自覚を取り戻す。そこでは神仏や他界の存在は迷信と見なされ、自力を放棄して神仏に縋ることは軽蔑される。こうして宋代以後の士大夫は、神仏を頼まぬ禅宗に走ることはあっても、他力本願の浄土教に向かうことは極めて稀になり、仏教は士大夫の禅宗と庶民の浄土教との二極に分裂する。しかも宋代の浄土教学は禅宗・天台宗・華厳宗などの僧によって兼修されるだけで、事実上その寓宗と化してしまった。一方、民間では念仏結社を中心とした浄土信仰が甚だ盛んだった。ところが奇妙なことに、浄土教には禅

57　森三樹三郎『老荘と仏教』（上掲）225頁。

58　同、225-235頁。

宗に見られるような僧侶や寺院が存在した形跡がほとんど無い。そこには如何なる事情が控えているのだろうか。白蓮教の祖、南宋代の茅子元（?-1166）の事例を考えてみよう。子元は初め天台の教観を習学し、壮年を過ぎてから浄土教に帰したのだが、彼の思想の根本は当時の一般的な禅浄双修を超えるものではない。彼の本領は飽くまでも貧しい庶民に念仏を広めたことにある。彼は異端の嫌疑を受けて配流されたが、そこでも熱心に民衆に布教したため、赦免されると同時に宮中に招かれ、朝廷から慈照法王の号を賜わったが、その後も民間に布教し、一信者の家で病没したらしい。彼にもまた寺院らしい寺院を建てた形跡が無い。子元のような貧民だけを相手にしていた僧には、寺院を建てるだけの余裕が無かったのだろう。これは、換言すれば、宋代の浄土教には大寺に住んで教学を研究するような学僧がいなかったということ、本物の浄土教の僧は庶民のうちに埋もれていたということである。こうして民衆に根を下ろした白蓮教は民衆一揆の温床となり、かつての三階教のように断続的に弾圧を受ける。当然、学僧ではないその指導者たちは一般の仏教界からは異端視され、その信徒もまた無知不逞の輩として白眼視される。子元が異端の説を唱えた廉で告発されたのも、浄土教が一宗として独立しえなかったのも、結局は中国特有の「士庶の別」によると言えよう。

　最後に中国仏教のその後の展開に触れておくことにしたい。既述の通り、中国仏教は中国の伝統的世界観・人生観の影響を濃厚に受けている。元来中国には多神教或いは汎神論の伝統が強く、一神教の育つ余地がほとんど無かった。これは一つの神や思想を唯一絶対化するのではなく、すべての神々や思想を包摂・融合することへと向かう。これが哲学や宗教においては三教一致説や禅浄双修説や万善同帰思想として現れる。初唐までに成立した仏教諸宗派も、例えば天台と華厳とは晩唐の頃には交流し始め、宋代になると三教一致説が盛んになる。更に近世になると仏教と道教とは甚だしく混淆し、民衆信仰では見分けがつかなくなる。現世利益は道教の神々に頼り、来世は阿弥陀仏に頼るという分業も為される。日本でも神仏習合が起こるが、それでも浄土宗や浄土真宗などの一神教型宗教が育つ余地は

あった。だが中国浄土教は善導の後すぐに聖道門へ向かい始める。善導に
さえ老荘や道教と妥協した面が多分に見受けられる。中国浄土教には、「偏
依善導」を唱えて念仏を「選択」した法然も、他力易行を徹底した親鸞も
現れず、ただ包摂・融合へと向かった。僧や士大夫だけでなく、浄土教を
純粋に受け容れたはずの民衆にさえこの傾向は強い。その場合には禅浄
双修となる代わりに、道教などの民間信仰と習合することになる。更に元
朝末期の白蓮教徒による紅巾の乱（1351-1366）の際に、韓山童・韓林児
父子は「弥勒下生、明王出世」を唱えて民衆を集めた。これは宋代以後禁
教とされていた民間信仰である弥勒教とマニ教とを取り入れたものである。
明末ともなれば、白蓮教は弥勒教の一派と見なされるほど変質している。
反乱を起こす際には、弥陀の来迎よりも、弥勒仏が下生して民衆を救い給
う、と説いた方が民衆を集め易かったのだろう。白蓮教が、弥勒教はまだ
しもマニ教とも習合するとは、中国民衆の包摂力たるや恐るべし、と言わ
ざるをえない。これに比べれば禅浄双修などはむしろ不徹底に映るほどで
ある。

第7節　総括

　中国仏教史を輪廻転生説に即して振り返れば次のように纏めうるように思う。つまり、中国仏教哲学を一貫している動向は、因果応報説による因果応報説そのものの超脱・解体である、と。

　例えば、浄土教では称名念仏という行為が因となって極楽往生という果報を引き出すのであるから、明らかにこれも一種の因果応報である。しかしながら、救済者として阿弥陀仏という他者の関与を認めたために、仏教の根本である自業自得の原則が崩れ、しかも極楽は輪廻の世界（三界六道）を超越した悟りの世界であるから、極楽往生は事実上成仏に等しい。かくして、因果応報は本来の善悪―禍福という対応関係を逸脱して、善悪―迷悟という対応関係にまで発展し、因果を超えた悟りが現世における因（善業）の究極の果報だと見なされる。ところで、浄土教の凡夫往生説、三階教の闡提成仏説の根拠は『涅槃経』の「一切衆生悉有仏性」である。涅槃はアビダルマでは因果の世界を超越した境界と見なされ、涅槃と輪廻との間には断絶が有るとされたが、大乗仏教において一切衆生が悉く仏性を有すると見なされるに及んで、衆生と仏とは同質的に捉えられるようになる。凡夫の覚ったのが仏、仏の迷ったのが凡夫であると。これは現実の人間の迷妄に満ちた様々な有り方が六道輪廻に他ならないこと、しかも六道を離れて涅槃は有りえないということであるから、三世思想に基づいて死後に他界としての六道を流転すると見なす輪廻転生説は総じて無意味となる。これが中国では頓悟思想として発展し、浄土教の即得往生、華厳の一念成仏、禅の即心是仏となり、他方、天台では六道に悟りの世界である声聞・縁覚・菩薩・仏を加えた十界、十界の各々がそれぞれ十界を含む百界、更には十如是、三世間を網羅した三千世界が凡夫の一念に無礙円融すると見なされ、華厳では現実の個物と個物が無礙円融する事事無礙法界観となり、遂には無情物までもが仏性をもち説法するという無情仏性・無情説法説となる。ここまで来ればインド仏教の業報輪廻説は大きく変質し、解体してしまっているとさえ言えるだろう。だがこれは期せずして、誰もが現世で涅槃に達しうるとした釈尊の教えへの還帰となっている。修行が因となって因果を超えた菩提・涅槃という果を得るというのは形式論理からすれば明らかに自己矛盾であろう。しかし因果への信仰が人間の生存条件であるとしても、それは仏教からすれば迷妄にすぎない。それゆえ仏教は因果関係からの解脱、生死輪廻の際断としての菩提涅槃、要するに而今現成を説く。即ち仏教の究竟は修証一如・因果同時である。だから、仏教が撥無因果を厳しく戒めながら同時に因果の超脱を説くのは仏教の自己矛盾というよりは、言語仮設に必然的に伴う自己矛盾である。それゆえ問題は、むしろこの矛盾を真摯に受け止めないで、安直な因果応報つまり現世利益に走ることにある。仏・菩薩に縋れば救われるとか、経典を読誦・書写すれば功徳があるとか、逆に、仏法僧の三宝を敬わず、戒律を破り悪事を行なえば、地獄や畜生道に堕ちることとなるなどという信仰がそれである。だがそれらは因果応報ではなく、常に因果同時なのである。かくして極楽往生という観念は、これとは対極的な成仏の絶対的不可能性という観念を生む。その典型が一闡提（断善根・極悪人）であり、その場所としての「地獄」である。これには更に閻魔による死者の裁きという新しい観念が結合する。元来六道の一つにすぎなかった地獄が六道全体を代表するようになり、ここに地獄と極楽（仏国土）、穢土と浄土という新たな二元論が形成される。この観念は浄土観の発展と密接に関係するが、ともに中国・日本の因果応報説話で特に好んで取り上げられる。

　以上を要約すればこうなろう。つまり、士庶の別によって中国仏教が学僧・士大夫の仏教と民衆の仏教との二つに分裂した結果、前者は理論仏教としての天台・華厳、実践仏教としての禅・浄土というふうに、それぞれの形で因果同時・修証一如を説いた。これは因果応報・輪廻転生の超脱であるから業報輪廻説の解体なのだが、それらの極めて高度な仏教哲学は結局のところ民衆に何の影響も与えることなく終わり、他方、民衆の仏教は主に道教と習合することで輪廻転生説を残すことになった。中国仏教は因果応報・輪廻転生を福音として受容することに始まり、中国伝統思想に基づいてそれを克服したが、結局はそれを俗信・迷信として残すことになった。仏教哲学の精華が民衆に何も残さず、残ったのは現世利益・来世願望と結合した因果応報・輪廻転生説だけだったという悲しい事実は、人間が因果への信仰を超脱することがいかに困難であるか、因果を信じ切っている人間に因果同時・因果一如を説くことがいかに困難であるかを示している。だがそれは「方便」という名の人々を誑かす「嘘」である。この「嘘」は多少ながら形を変えて日本仏教でも繰り返される。

Author: Akira Nitta
Born in Fukushima Prefecture, Japan, 1956.
PhD (Literature), Philosopher, Lecturer at Waseda University and Risshou University in Tokyo, Well known as a researcher of Nietzsche.
著者：新田　章
1956 年福島県生まれ　早稲田大学大学院文学研究科博士課程修了
博士（文学）早稲田大学・立正大学講師　哲学者

主要著書
『ニーチェ解読』（共編著）早稲田大学出版部、1993
『ヨーロッパの仏陀―ニーチェの問い』理想社、1998
『サンサーラ 第 1 部ギリシア・ローマの輪廻思想』テクネ、2014
『サンサーラ 第 2 部 インドの輪廻思想』テクネ、2014
『サンサーラ 第 3 部 中国仏教と輪廻転生』テクネ、2014
『そのつどの今』　悠光堂、2015
『サンサーラ 第 4 部 日本仏教と因果応報（上）』テクネ、2015
『サンサーラ 第 4 部 日本仏教と因果応報（中）』テクネ、2016

翻訳
ヨーゼフ・デルボラフ『ヨーロッパ倫理学の足跡』川原栄峰編（共訳）早稲田大学出版部、1984
『バイオエシックスの基礎―欧米の「生命倫理」論』加藤尚武・飯田亘之編（共訳）東海大学出版会、1988
エミール・ケッテリング『近さ―ハイデッガーの思惟』川原栄峰編（共訳）理想社、1989
リヒャルト・ヴィッサー『人間存在と問い 批判的・危機的・人間学』（共訳）南窓社、1994
ヴォルフガング・ミュラー＝ラウター『ニーチェ論攷』理想社、1999
その他

Myth of Samsara III　Chinese Buddhism and Rinne thought in China
『サンサーラ―輪廻という神話 』第3巻 第3部「中国仏教と輪廻転生」

Hardcover Edition: Published on 10 February, 2020
Written by Akira Nitta（新田 章）
Printed by Ingram Spark
Published by Texnai, Inc.　　　　　　e-mail: info@texnai.co.jp　http://www.texnai.co.jp/
3-5-24-406 Nakanoshima Tama-ku, Kawasaki-shi, Kanagawa-ken, Japan zip 214-0012
Tel: 81-44-863-9545 Fax: 81-44-863-9597
株式会社テクネ /〒 214-0012 神奈川県川崎市多摩区中野島 3-5-24-406
　　　　　　　Tel: 044-863-9545　　　　Fax: 044-863-9597
© Akira Nitta, 2020
ISBN 978-4-909601-544

www.amazon.co.jp;　　www.amazon.com
info.texnai.co.jp　　　tel: 044-863-9545

第1巻　第1部　序説 霊魂と他界・ギリシア・ローマの輪廻思想（既刊）

そもそもいわゆる宗教は、原始的なアニミズムないしシャーマニズムにおいて麻薬や呪術による陶酔や憑依といった非日常が日常に対してもつ独自な価値だった。これはこれで今日も生きている。例えば、わが国でも今なお健在な恐山のイタコなどの霊能者の口寄せや、伝統宗教・新興宗教を問わず見られる各種の神秘体験という形で。その後時代が進んで部族の神々、農耕の神、風雨の神などに捧げられていた呪術や祭祀、つまり共同体的な儀礼が次第に平民の様々な苦難に応える必要に迫られ

A5 版　　378 ページ　　アマゾン定価 ¥3,629. －（送料・税込み）

てくると、その過程で救済神信仰が生れた。救済神は特定の預言者を選んで、彼に神の救いの約束とその救いのために必要な神の命令を伝えた。かくかくしかじかのことを行なえ、そうすれば救われる、という救いの約束というこの構造は、それまでの呪術的世界像を合理的なものへと変えてゆく。当然のことだが、だからといって現実の堪え難い苦難や不条理が無くなったわけではない。その不条理への痛切な憤激は、神はなぜ私を苦しめるのか、なぜ私は苦しまなければならないのか、という問いとなって噴出する。ここには当然、私は苦しめられるような、或いは苦しまねばならないような悪事を犯した覚えが無い、という言い分が前提となっている。これは苦の神義論を要求する。これに応えることで世界像の体系化は一神教的超越神論或いは多神教的汎神論として更に進んでいったのだが、ともかく、善い行為が幸福な生活と繋がらない現実や、善人が損をし悪人が得をする現実について、宗教の側は何らかの説明をする必要に迫られた。そうして宗教の出した回答こそが、一神教においては終末論的応報審判説であり、後者においてはインドのサンサーラ（輪廻転生）説だった。＜中略＞しかしながら、私たちはあの圧倒的な悲劇的現実を目撃した者たちである。そうである以上、私たちが行為の善悪と幸不幸との帳尻を何とか合わせようとすることなど、果たしてどのような意味をもつのか、懐疑的にならざるをえない。因果応報思想は、ひょっとしたら妄説なのではなかろうか？　神も仏も無い、善悪と幸不幸とは些かも対応しない、というのがやはり唯一の現実なのではなかろうか？本書はこの問題を古今東西の哲学・宗教に亘り縦横無尽に論じようというものである。応報律・因果律の解体、要するにあらゆる種類の「因果応報説」を解体しようというわけである。ところが、ここには大問題が控えている。先に因果応報は人間の存在構造に根差した思想だ、と述べたが、もしそうだとすれば因果を想定することなくして私たちにはサスペンス小説を書くこともできないし、そもそも小説を書くことなどできないだろう。するとこれは、一切の散文的な（敢て、詩的な、とは言わないでおく）言語活動が不可能だということを意味するはずである。要するに、因果応報説の解体は言葉を用いる人間が自分の拠り所を破壊することであるから、極めて危険で自殺的行為だとさえ言えるのである。しかし、幸いにも先哲の中には因果応報説を乗り越えようとした人たちも少数ながらいる。彼らが言い止めようとした事柄を追究すること、これこそが本書最大のテーマになるはずである。（著者序文より）

www.amazon.co.jp; www.amazon.com
info.texnai.co.jp tel: 044-863-9545

第2巻 第2部 インドの輪廻思想（既刊）

第1部では古代ギリシア・ローマの輪廻思想を論じた。それでは古代インドではどうであったのか。──本書第2部の扱う問題を要約すればこうなる。

さて、ギリシア人もインド人も遡ればアーリャ人であり言語の起源も同じである。事実、ギリシアの原初的哲人たちの言葉にはヴェーダやウパニシャッドの言葉に酷似したものも多い。しかしながらソークラテースからプラトーン、アリストテレースに至るアテーナイ期の哲学が抽象概念の実在性を重視する方向へ進み、後にキ

A5版　274ページ　アマゾン定価￥2,523.─（送料・税込み）

リスト教と結合してヨーロッパ的思惟を形成して行くのに対し、インド的思惟はギリシアとは同じ道を辿らなかった。インド的思惟は実在性を具体的存在者の中に求めるのである＜中略＞（序文より）。

インド哲学の場合もまた、その根本は質料─形相の二元論だと言うこと ができる。もしもギリシア語のイデア・エイドスに該当する語をサンスク リットに求めるとすれば、それは"nāmarūpa であろうと思われる。これは "nāma"（名称）と "rūpa"（形態、色、見かけ、像）という二つの語を結び つけた用語で、漢訳仏典では「名色」と訳される。ところが、この「名色」はウパニシャッド以前から "存在者の構成要素" となり、仏教では十二支 縁起の一支となって、「色」もまた個人存在を構成する五つの要素の集ま り（五蘊──色受想行識）の一つとして用いられる。このように「名色」は、インドの場合、イデア・エイドスのような抽象的概念ではなくて、具体的 個物を表す方向へと向かった。また、これも五蘊の一つであり「諸行無常」にも登場する「行」は、["諸々の構成要素から具体的個物を] 形成すること（saṃskāra, saṅkhāra）或いは "形成されたもの"（saṃskrta, saṅkhata「有為」）を意味するのであるが、何かが形成される以上、その形成の基になる「図 面、型」、ギリシア語のエイドス、つまり "ものが実現する以前に既に有 った理念" が必要となるはずであるが、インド思想の場合は、際どいとこ ろで、それが実在しないと見る方向へと議論が展開してゆく。。例えば、仏教が存在者の存在を「縁起」（pratītyasamutpāda, paṭiccasamuppāda「縁って起こること」）による五蘊の仮和合、つまり仮有と説いてその実体性を否認する場合、この仏教の根本的世界解釈である「縁起説」は、インド的思惟の以上のような傾向を極限まで推し進めたものだと言える。

恐らくはギリシアとインドのこうした思惟の方向性の違いが、両地域にほぼ同時期に現れたほぼ同様の輪廻説のその後の運命をも決定したのだろう。ギリシアの場合、これは不死なるプシュケーという新しい霊魂観と二世界説（霊肉・善悪二元論）という決定的影響をもたらしたが、輪廻転生説そのものは結局のところ支配的観念とはならず、やがてキリスト教神学に吸収されてゆく。これに対してインドの場合には、この教説そのものが思想界共通の原則となってゆく。

（著者序文より）

www.amazon.co.jp;　www.amazon.com
info.texnai.co.jp　　　tel: 044-863-9545

第3巻　第3部　中国仏教と輪廻転生（既刊）

釈尊の出世に先立ち、輪廻転生の観念は既にインド思想共通の前提となっていた。しかし、釈尊は霊魂（アートマン）の不滅や死後の人間の運命、つまり前世や来世の存在については「無記」とし、要するに完全に沈黙を守った。彼が語ったと思われるのは、いわゆる四法印或いは四聖諦であった。釈尊は現実の生存の一切を苦と捉え、苦の根拠を執著に看取し、諸行無常・諸法無我の如実知見によって執著から離脱すべきことを説いた。ところが、その後間も無く仏教には業報に基づく輪廻転生という教説が流

A5版　252ページ　アマゾン定価￥2,362. −（送料・税込み）

入した。これは明らかに釈尊の教えからの逸脱であった。この動向は、初期仏教の十二支縁起説の変質過程に容易に看取することができる。十二支が十二「有支」とも呼ばれるように、元来、十二支縁起とは、人間の迷える生存（有）を12の項目に分かち、老死等の苦が何に基づくかを解明するものであり、その根本因として渇愛、或いは無明を突き止め、それが滅することによって最終的に老死等の苦が滅する、と見なすものであった。それゆえ、十二支縁起説は四諦説の発展形態であり、そこに輪廻転生の観念を持ち込む必然性はまったく無かったのである。ところがアビダルマ教学になると、「有」は「前世の生存」と見なされ、十二支縁起は三世両重の因果として六道輪廻の緻密な理論となった。これは業報輪廻或いは業感縁起と呼ばれ、因果応報（善因楽果・悪因苦果の異熟因−異熟果の関係）・三世思想（前世・現世・来世）・自業自得（自己責任）の三原則から構成されている。要するに、強力な善悪業はその余習を感覚的には捉えられない無表業（無表色）として残し、それが肉体の死後も微細な五蘊から成る主体を通して来世の生存へと相続される、と考えるのである。

　しかし、それでも因果応報の観念は揺るがない。その中心は、惑業によって現在の果を生ずる、とするアビダルマ的業感縁起と、八識種子を因とし悪業を縁として異熟の果を生ずるとする唯識派のアーラヤ識縁起とである。しかも、これに反する諸説は「撥無因果」として厳しく批判された。現実世界の生起の因を絶対者の創造によるとする創造神説、前世の業を決定論的に理解する宿命論、無因或いは偶然論、更にはサーンキャの因中有果説、ヴァイシェーシカの因中無果説などがそれである。だが、既述の通り、業感縁起やアーラヤ識縁起による業報輪廻説の基礎づけは破綻している。それでも仏教は、方便としてにせよ、輪廻転生説を認め続ける。いずれにせよ、因果応報の世界は輪廻の世界であり、生存の苦という現実に他ならず、インドの場合には、この輪廻転生の悪循環からいかにして解脱しうるかが問題なのであって、この解脱こそが救済なのであった。ところが、仏教が東アジアに伝わった当初、輪廻転生説つまり三世応報説こそが仏教の中心思想であるかのように誤解された。それどころか、輪廻転生は望ましいことだとさえ見なされたのである。（著者序文より）

www.amazon.co.jp;　　www.amazon.com
info.texnai.co.jp　　　tel: 044-863-9545

第4巻　第4部　日本仏教と因果応報・上（既刊）

私の考えでは、インド発祥、中国・朝鮮経由で伝来した仏教が日本人の精神に浸透してゆくにつれて輪廻転生・因縁・無常・往生などの仏教的諸観念が絡み合い、また新しい和語（宿世・報い・前の世の契り・前の世の報いなど）を生み出しながら、幾多の物語の中でごく自然に用いられるようになってゆく。時代の違いによって、また文学ジャンルの違いによって、これらの諸観念のどれに重点が置かれるかは違うが、これらに通底する最も根本的な観念は、やはり「因果」であったと思う。

A5 版　　308 ページ　　アマゾン定価 ¥3,078. −（送料・税込み）

仏教的な「因果」つまり「因果応報」とは、要するにこういう教えである。——現実は善人が滅び、悪人が栄える不条理に満ち満ちているように見えるが、これは現世に限るからそう見えるだけなのだ。理不尽なことなど、実はどこにもない。なぜなら、これを三世（前世・現世・来世）の業の報いという広い観点から見てみれば、善因善果、悪因悪果、正しくは善因楽果、悪因苦果はちゃんと貫徹されているからだ。善人は前世の善い行ないのゆえに、死後は天に生まれるか再び人に生まれることができるが、悪人は前世で犯した罪のゆえに、地獄・餓鬼・畜生道の悪趣に堕ちざるをない。因果応報とはそういう教えである。つまり、これは飽くまでも道徳なのであって、煩悩具足の衆生を悪行から遠ざけ、道徳的善へと導く方便に他ならない。なぜこれが道徳にすぎないのか。それと言うのも、仏教とは本来、この因果応報・業報輪廻そのものの「解脱」を、つまりは「成仏」（ブッダ・覚者に成ること）を示す道だからである。それは道徳性の次元を超越した宗教性の次元に立つ教えであるから、仏教本来の救済は衆生を道徳的な善へではなく、宗教的な善としての成仏へこそ導くべきものである。とすれば、因果の超脱としての成仏という契機を欠いた単なる因果思想の流布は、仏教道徳の浸透とは言えても、結局は仏教の世俗化にすぎない。そもそも仏教は伝来当初の日本人にとっては外来宗教であった。それが在来の神祇信仰と対立・統合・分離を繰り返しながら日本仏教として形成され展開し浸透してゆくのだが、他方、土着の神祇信仰もまた仏教との関わり合いの中で、やがては神道を形成するに至った。周知の通り、これを「神仏習合」と言う。しかしここで誤解してならないのは、神仏習合とは、仏教と神道という2つの既成宗教が存在していてそれが統合したということではなく、外来宗教にすぎなかった仏教は神祇信仰との接触により「日本仏教」として、他方、在来の神祇信仰も仏教との接触により「神道」として形成されてゆく、その2重の過程を意味するということである。だから現在の神道も中世末期頃に確立をみるのであって、古代から今のような姿をしていたわけではない。本書「第1章　神と仏」は、こうした神と仏との関わり合う過程とそれにまつわる諸問題を追究する。（著者序文より）

www.amazon.co.jp; www.amazon.com
info.texnai.co.jp tel: 044-863-9545

第5巻　第4部　日本仏教と因果応報・中（既刊）

　　奈良時代から平安時代までの、いわゆる古代文学における因果思想が最も明瞭に現れているのは仏教説話の類においてである。そもそも日本人が仏教に寄せた関心は、「ブッダに成ること」ではなく「現世安穏・後生安楽」であった。日本人は前者を薬師などの仏像や密教僧・陰陽師・修験者などの呪術者に期待し、後者を阿弥陀如来や観音菩薩に期待した。これら仏教説話が諸国遍歴の聖（唱導僧・談義僧）たちによって民衆教化のための種本として用いられた以上、それらの中に現れた因果思想は、

A5版　254ページ　アマゾン定価￥2,377.－（送料・税込み）

なるほど仏教の世俗化としての現世中心主義という面を濃厚にもっている。だが事はそれほど簡単ではない。最初期の『日本霊異記』においてさえ、既に因果応報思想の日本化つまり変質や逸脱が生じているのである。　それは更に各種の往生伝や『法華験記』が編集される過程で顕著となり、善人往生・善人正機から悪人往生へ、更には悪人往生から悪人正機へと展開してゆく。　その場合、編集者は厖大な往生譚を採集・収録したわけだが、それらはいかにして創作され、真実として定着・流布したのだろうか。言い換えれば、「モノ語り」はいかにして「物語」になるのだろうか。この点が重要なのは、その構造とメカニズムが、実は伝説や昔話、ひいては現代の呪術・祈禱に至るまで変わらないと考えられるからである。その際大きな役割を演じているのは「夢告」と「託宣」である。以上がこの第3章、第1節で扱われる諸問題である。続く第2節では「かな文学」が扱われる。その主たる系譜はいわゆる「作り物語」であり、当然ながら「虚構」である。ただし、虚構としての物語が、これまた虚構としての因果応報を道具として単に用いるだけならば、底の浅い荒唐無稽な話に堕するだろう。従って、作り物語の作者は虚構によっていかに真実を描くかに腐心するはずである。『竹取物語』『源氏物語』、そして輪廻転生をモティーフにした『浜松中納言物語』の作者は自分の作品をいかに構想し、そこにいかなる真実を描こうとしたのか。その際無視できないのは、彼ら・彼女らの無常なる現実への眼差しである。平安文学は「無常感」から「無常観」への深化と言い換えてもよい。作者たち、特に紫式部は「無常観」と格闘することによって『源氏物語』を創作した。すると我々は日本文学における無常観の進展を見ておかなければならないが、そのためには『古今和歌集』以後の勅撰和歌集と日記文学を論じておく必要がある。＜中略＞かくしてこの第3章の後半部、即ち第4節以下は、近世の仏教文学における因果観、儒学・国学・神道の仏教批判、これらの因果思想への態度とその問題点、近代仏教の問題点、現代日本文学と因果思想との関わり、最後に現代日本人と科学的因果律との関わりなどの諸問題に論及することになるはずである。ともかく、「因果」という問題は、単に仏教の因果応報のみにとどまらない広がりと深さとをもっているのである。（著者序文より）

　1998 年から 2004 年にかけ、スペイン北部の旧石器洞窟美術の画像情報化作業がスペイン・カンタブリア大学とテクネの共同プロジェクトとして実施された。その成果はマルチメディア・データベースとして結実したが、本シリーズはそのＰＯＤ版である。

解説：カンタブリア大学　セサル・ゴンサーレス・サインス、ロベルト・カチョ・トカ
写真・文：深沢武雄　　日本語訳：吉川敦子　　監訳：関　雄二　　編集：平出教枝

スペイン北部の旧石器洞窟壁画・概説篇
四六判 412 ページ　アマゾン定価¥3,920.-（送料・税込み）

　スペイン北部の旧石器洞窟壁画をヨーロッパ南西部ならびにイベリア半島の旧石器洞窟美術の中に位置付け、バスク州、カンタブリア州、アストゥリアス州に開口する主要洞窟二十三ヶ所の洞窟壁画について概説する。

スペイン北部の旧石器洞窟壁画・図録集（上）カンタブリア篇
四六判 442 ページ　アマゾン定価¥4,082.-（送料・税込み）

スペイン北部旧石器洞窟壁画の図録集（上）カンタブリア篇。アルタミラやエル・カスティージョ、ラ・ガルマなどカンタブリア州の主要洞窟 13 箇所の壁画約 400 点の他に魚眼撮影を含む洞窟内景観、洞窟周辺景観の写真を多数収録、これに現地カンタブリア大学セサル・ゴンサーレス教授らの詳細な解説を付した。洞窟壁画の図録集としては資料性を重視し、普通は無視してしまうような些細な点や図形の痕跡もあえて収録した。各洞窟については現地撮影を担当した深沢が概説篇を補うかたちで実際に入洞した際の印象を記した。

スペイン北部の旧石器洞窟壁画・図録集（下）バスク・アストゥリアス篇
四六判 330 ページ　アマゾン定価¥3,256.-（送料・税込み）

スペイン北部旧石器洞窟壁画の図録集（下）アストゥリアス・バスク篇。エカイン、ティト・ブスティージョ、ピンダル、アレナサなどアストゥリアス州ならびにバスク州の主要洞窟 10 箇所の壁画約 300 点の他に魚眼撮影を含む洞窟内景観、洞窟周辺景観の写真を多数収録、これに現地カンタブリア大学セサル・ゴンサーレス教授らの詳細な解説を付した。各洞窟については現地撮影を担当した深沢が概説篇を補うかたちで実際に入洞した際の印象を記した。

スペイン北部の旧石器動産美術・概説・図録篇
四六判 426 ページ　アマゾン定価¥4,034.-（送料・税込み）

スペイン北部の旧石器動産美術の概説・図録集。カンタブリア州、アストゥリアス州、バスク州の主要旧石器洞窟 36 箇所から出土した装飾骨角器など動産美術約１５０点の写真・図版を収録、これに現地カンタブリア大学セサル・ゴンサーレス教授らの詳細な解説を付した。1998 年から 2004 年にかけ、スペイン北部の旧石器洞窟美術の画像情報化作業がスペインのカンタブリア大学とテクネの共同プロジェクトとして実施された。その成果はデータベースとして結実したが、本書はそのＰＯＤ版の第 4 巻動産美術の概説・図録篇である。

魔術の文法学─記号論的エッセー──（既刊）

　西欧的人文研究の伝統上では、魔術論はおおむね科学史－思想史系統と文化人類学系統に二分される。前者の代表はソーンダイクとイエイツ（ブルーノ論）であり、後者の基軸はフランスの社会学的パラダイムが形成する（モース、レヴィ＝ブリュール、レヴィ＝ストロース他）。しかし両者は魔術を〈思考の未開的形式〉と捉える点では重合しており、これは例えば両者の伝統の中間に位置するフレイザーの魔術論（『金枝篇』の基本的パラダイム）が、ちょうど科学史と社会学を媒介する論理を展開していることによっても確認される。これらの西洋－ロゴス的分析の特性は、魔術の操作性を前・ロゴス的、前・合理的なものと捉えつつも、なおほとんど無意識的に、魔術の普遍性を操作する個の普遍性と等置する点にある。つまり彼らは魔術師を科学者の未完成型、先駆型と考える。このロゴス的伝統の欠如態は呪術的伝統（共同体的呪術儀礼）の希薄さにある。東洋における魔術的なものは早くから共同体的な呪術と重合し、複雑な個⇔共同性の弁証法を展開するのに対して、西欧においては魔術がほぼ全面的に古代的呪術を統合摂取し、魔術師は当初から操作する個としてのアウラを発し続けている。これは語彙そのものにおいても、東洋は呪と魔を弁別するのに対し（もちろん内部での重合はつねに生じる）、西欧においては呪が魔の操作的範疇にほぼ統合され、独立した範疇性を示さない。つまり、「呪術文化は共同体文化だった。対して魔術文化、科学文化はアトム化された個の志向である。マクロに通観すれば、東洋の文化的基調は共同体志向的であり、したがって呪術文化が制度にも神話にも言語にも浸透している。それとは反対に西洋の文化的基調は魔術から科学への連続性によって最も範例的に特徴付けることができる。」（本書〈結び〉より。しかしこのマクロ文化的伝統の二項的対立を概観することのみが、本書の目的ではない。われわれの呪術文化においても、また彼らの魔術文化においても、本源的な個⇔共同体の弁証法は反照され、内部で複雑かつ豊饒な文化複合を産み続けている。足元の日本の精神史においても、戦後焼跡のカオスに醸し出された科学的アヴァンギャルドの吶喊精神は、呪術的共同性に魔術的操作性が移植された大きな最近の例であった（『月光仮面』、『鉄腕アトム』、『火の鳥』はこの移植の習合を示す文化複合体だと考えられる）。こうした地場の現象をも一瞥しつつ、本書は新たな魔術論への展望を得ようとするものである。

抒情的オカルティズムと内的共同体──メタ宗教の記号学──（既刊）

　オカルティズムは洋の東西を問わず、また時代の先後にもひとまず関係なく、散発的かつ局地的に現象する普遍的な文化現象である。しかしこの普遍性にもかかわらず、これまでの人文研究の基調の範囲では、オカルティズムはほぼ例外なく一種の病理現象だと考えられてきた。この病理を診断してきたのは、「健全な」共同体パラダイムであり、これもまたつねに見られた人文的軽侮の構図である。しかしこの軽侮にも例外がある。その最大の実例は、ルネサンス研究には欠かせない要因であることが長く認知されてきた（少なくともワールブルク派の図像学的研究の成果以来）、ヘルメティズムの伝統である。しかし興味深いことに、その実体は、当時の歴史的文脈においても表の（ハレの）「健全な」制度常識（強権的傭兵隊長たちの地方政権およびカトリック教会の強権主義）からすれば、強い疑いの念を持って見られ、時には弾圧の対象ともなるサブ・カルチャーだった。そして彼らの生産するテクスト、図像は著しい秘教性、秘匿性とともに、大きな共通の倍音を伴っていた。それは汎・世界観的な拡がりを見せる抒情性であり、これもまた本源のヘルメティズムに内在するジャンル原理であった。つまり文化史的に認知されたほぼ唯一のオカルティズムであるルネサンス期のヘルメティズムは、そのモデルである古代末期のヘルメティズムと同じ記号的シンタクス性を、その秘教性、加入礼性、世界観性、そしてなによりもその脱自的抒情性によって示している。著者は特にこの最後の要因、オカルティズムに内在する本源的抒情性こそが、オカルティズムという特殊な、しかしまた普遍的に現象する（しうる）内的共同性理念の記号的核心である、と考え、その見地からヘルメティズムの共同体理念をシンタクス分析によってモデル化することを試みた。このシンタクス構造のオカルティズムにおける普遍性を検証する、西洋外の伝統として、元末の白蓮教運動、鎌倉期初頭の時宗運動を選び、その共根性と地域的、時代的偏差を分析しつつ、新たな共同体理論構築の前哨を目指した。

チベットの屍鬼４７話　上　　　　チベットの屍鬼４７話　下

A5 版 294 ページ　定価￥2,965.-（送料・税込み）　　　A5 版 304 ページ　定価￥3,046.-（送料・税込み）

　本書は、チベットに伝わる『チベットの屍鬼の物語』の中で、最も学問的に資料価値の高い二つの著書をチベット語から日本語に翻訳したものである。第一部（上巻）は、ニューデリー版『学匠の龍樹とシャータヴァーハナ王朝のガウタミープトラ王との二人によって著作された素晴らしい屍鬼のシィディヴァトの物語』。略称、ニューデリー版『素晴らしい屍鬼のシィディヴァトの物語』である。　第二部（下巻）は、カンパ版『勝者 (仏) によってこの世界に出現することが予言された龍樹とシャータヴァーハナ王朝のガウタミープトラ王によって著作された魅惑的な黄金の屍鬼の物語』。略称、カンパ版『魅惑的な黄金の屍鬼の物語』である。『チベットの屍鬼の物語』、即ち、『ロォトゥン (Ro sgruṅ)』は、インドの屍鬼の物語である『ヴェターラ (Vetāla)』がチベットに伝わったものである。本書の中で、伊藤清司等によって主張された日本のかぐや姫、即ち、『竹取物語』の原話が『金玉鳳凰』の中に掲載されている斑竹姑娘の民話であると言う学説を批判した。田海燕は、中国語に翻訳されていた日本のかぐや姫の民話を斑竹姑娘と名前を変え、『金玉鳳凰』の中に掲載した。伊藤清司はその斑竹姑娘を日本のかぐや姫の源話であると主張した。

Amitabha in Tibetan Buddhism
English Edition　　A5 版 330 ページ　定価￥2,995.-（送料・税込み）

　Amitabha thought is a part of Mahayana Buddhism and it is also called the Pure Land thought. Sakyamuni Buddha in the 6th century BC, in India taught many sutras about Amitabha including the Lager Sukhavativyuha sutra. This Amitabha thought was originated in India and spread to east Asia countries. One route is from India to Tibet and then Mongolia. Amitabha thought is popular in Tibet but not established as a separate sect. Many Tibetan spiritual masters like Tsongkha pa wrote the Amitabha thought books. Also, Tsongha pa wrote prayers to Amitabha and the Land of Bliss (Sukhavati). They are called bDe smon (A Prayer Book on Rebirth in the Land of Bliss). Tibetan common people recite and practice bDe smon every days. This book contains work of seven spiritual masters from three different traditions of Tibetan Buddhism. Gelug sect, Tsongkha pa (1357-1419), first Panchen Lama (1567- 1662), 1st Lcan skya (1642-1714), Nyingma sect, Petrul Rinpoche (1808-1887), Mi pham (1846-1912), 3rd Dodubchen Rinpoche(1865-1926), Sa skya sect, Sa skya Pandita(1182-1251).